바이든과 오바마

바이든과 오바마

전설이 된 두 남자의
유쾌하고 감동적인 정치 로맨스

스티븐 리빙스턴 지음 | 조영학 옮김

메디치

레너게이드와 켈틱*

버디무비는 미국적 장르다. 주로 남성 유대의 가치를 조명하고 동시에 전형적인 남성상을 비감성적이고 무신경한 존재로 치부한다. 영화는 대부분 성격과 세계관의 차이로 티격태격하는 두 남성을 주인공으로 내세운다. 지난 수십 년간, 영화는 서로 다른 인종을 내세워 현실 세계에서 두 인종이 어울릴 수 있는지 여부를 실험했다.

영화의 경우 흑인과 백인 남성의 화합과 하모니에는 발전이 있었으나 전형적인 틀을 깨는 데는 여전히 한계를 드러냈다. 백인 스타를 모시고 있는 한, 흑인은 기껏 백인 세계의 부속물이자 부려먹기 좋은 조정자에 불과했다. 심지어 영화가 상상력으로 역사를 뒤집어도, 흑인의 성취는 교묘히 백인의 영웅주의로 둔갑하곤 했다.

버디무비는 때때로 '착한 흑인**' 영역으로 넘어가기도 했다. 그런 영화에서는 구원을 추구하는 과정에서 흑인 남성 조연이 백인 주인공을 변화시키기도 하지만, 그 역시 백인 남성

---

* Renegade and Celtic: 두 사람의 경호암호명. 오바마가 레너게이드(변절자), 바이든이 켈틱(켈트족)이다.

** Magical Negro: 영화나 소설의 캐릭터이며, 백인 주인공을 위해 조언하거나 희생하는 역할을 한다. 이런 캐릭터는 백인 주인공이 얼마나 착한지 강조하는 도구로 이용될 때가 많다.

이 직접 구세주로 나서지 않을 경우에만 그러했다.

　21세기의 첫 10년이 끝나갈 무렵, 미국의 수도에서 두 인종의 버디무비 정치 버전이 상영되고 있었다. 그것도 무려 8년 간이다. 열정적인 지지자들이라면 역동적인 두 남자가 혁명적으로 워싱턴 D.C.를 정복했다고 주장할지도 모르겠다. 버락 오바마와 조 바이든이 흑인 배트맨과 백인 로빈으로 도시에 쳐들어와 대통령 조지 W. 부시와 부통령 딕 체니라는 악령을 무찌르고 어둠 속에 명멸해가던 대지에 찬란한 빛을 비춘 것이다. 바로 이 지점이야말로 버디무비가 슈퍼히어로 플롯으로 위장하고 파트너십의 장점을 십분 살려 판돈을 한껏 끌어올리는 순간이다.

　기존의 버디무비와 다른 점이 있다면 주인공이 흑인이었다는 점이다. '착한 흑인' 영화와 달리, 흑인은 구원의 원천이자 상징이었으며 동시에 구세주 자신이었다. 일반적인 슈퍼히어로 영화와도 물론 다르다. 앞장서서 칼을 휘두르는 이가 바로 흑인이기 때문이다.

버락과 조는 모범적인 협력관계를 구현했다는 사실만으로도 이미 국정에 크게 기여한 셈이다. 조금 과하긴 해도 이를 '오바이드노시스Obidenosis'라 부르기로 하자. 오바마는 미국 최초의 흑인 대통령이었다. 키 크고 명석하고 카리스마가 넘쳤으며 혼혈 혈통 또한 자기 말이나 연설에 무게감을 더해주었다.

오바마는 우리가 흑인이나 백인의 미국이 아니라, 미국에서 살고 있는 사람들이라고 했는데 그의 유전자가 바로 그 증거이기도 했다. 바이든도 지도층으로 수십 년간 나랏일을 돌보았다. 그는 스물아홉 살에 상원에 당선된 불세출의 정치인이자, 셰이머스 히니*를 인용하며 미국인들의 마음을 다독여준 자부심 강한 아일랜드인이다. 오바마의 탁월한 정치력은 천재적인 두뇌에서 나온다. 여기에 더해 최적의 타이밍을 냄새 맡는 후각 덕분에 언제, 어떤 것이 필요한지 기막히게 알아냈다. 바이든은 상원의원 경력이 누구보다 길었다. 대통령후보 경선을 위해 두 차례 상원을 떠났지만 안타깝게도 두 번 다 고배를 마셨다.**

바이든의 정치적 입지를 다져준 은인이 바로 오바마였다. 그를 부통령으로 지명한 것이다. 이 버디무비에서 누가 주인공이고 누가 조연이었는지는 분명했다. 제2인자로서 입지를 굳히기 위해 바이든은 종종 대장의 어깨를 주물러주어야 했다.

...

오바마와 바이든의 위대한 파트너십은 두 남자의 합의에 따른 결과였다. 형식뿐인 지위가 아니라 부통령의 상징성을 높이고 대통령과 연대하고 우애를 공고히 다진 덕분이었다. 먼저 연락을 한 사람은 오바마였다. 의외였다.

---

* Seamus Heaney: 1995년 노벨 문학상을 수상한 아일랜드의 시인. 예이츠 이후 아일랜드 시인으로 가장 뛰어나다는 평가를 받는다.

** 1988년, 2008년 민주당 대통령후보 경선에 나왔다가 중도 포기했다.

"바이든이라고? 실적보다 실언으로 명성이 높은 양반 아니야?" 2008년 경선 와중에도 오바마의 '깔끔하고 똑 부러지는' 태도를 흑인 특유의 특성이라며 무례한 인종적 평가를 내린 적도 있었다. 바이든이 경선 도중에 사퇴하기 전이었다. 어쨌든 제안이 들어오자 바이든은 영광으로 여기면서도 조건을 내걸었다. 무엇보다 매주 단독 회동을 하고 대통령이 이끄는 주요 회의마다 참석을 보장받기를 원했다. 더욱이 가장 중요한 조건은 따로 있었다. 바이든은 자기 관점대로 말할 수 있기를 바랐다. 오바마는 모두 흔쾌히 수용했다.

예측이 가능하든 않든, 바이든이 이런저런 실수를 저지르긴 했어도 두 사내는 대체적으로 모범적인 정치동지로서 국가의 가장 바람직한 선善을 이루는 데 이바지하였다. 바이든의 유명한 '실수' 하나 더! 바이든 특유의 용기와 정직함 때문에 오바마보다 한 발 앞서서 동성 결혼 지지를 천명해버리는 바람에, 과묵한 수장이 과거에 비공식적으로 밝힌 입장을 어쩔 수 없이 공식적으로 인정해야 하는 모양새로 몰아가고 말았다. 오바마는 TV 프로그램 〈키 & 필Key & Peele〉에 등장하는 가공의 '분노의 통역사'를 좋아했는데* 바이든도 오바마의 속내까지는 아니더라도, 이따금 이런 식으로 오바마의 공적 양심(?)으로 활약했다.

스티븐 리빙스턴은 오바마와 바이든의 관계를 과감하게 파헤쳤으며, 두 사람의 특별하고도 이질적인 개성이 어떻게 연

---

* 2015년 백악관 주최 연례 만찬 기념연설에서
오바마는 유명 코미디언 '키건 마이클 키Keegan-
Michael Key'를 '분노의 통역사 루터'로 등장시켜
이벤트를 벌인 바 있다.

금술처럼 결합하여 그 차이를 국가 이익으로 바꾸어 놓았는지 보여주었다. 오바마가 내향적인 학구파라면 바이든은 외향적인 문학도다. 하지만 둘은 함께, 버락의 학자적 사색과 조의 서정적 지성을 엮어, 국가의 기운을 정확히 읽고 심각한 침체에 빠진 나라를 일으켜 세웠다.

리빙스턴 덕분에 오바마와 바이든의 어떤 매력이 어떻게 서로를 끌어당겼는지 볼 수 있다. 두 사람 모두 스포츠 마니아로서 연설할 때 스포츠를 조미료처럼 이용했다. 둘 다 아이들을 사랑하고 배우자를 존중했다. 두 사람의 성취를 향한 찬사는 극구 사양하고, 무대 밖에서 그들보다 더 열심히 일한, 수많은 협력자와 직원들에게 영광을 돌렸다. 그렇다, 오바마와 바이든은 미국의 꿈과 이상을 너무도 사랑했다.

그리하여 서로에게 공감하고 사상과 생각을 공유했으며, 진정한 우애와 진실한 동지애를 쌓았다. 두 사람은 서로를 아낌없이 지지하고, 빛나는 우정 속에서 서로를 칭찬했으며, 다소 과할지는 몰라도 무엇보다 서로를 사랑하기 시작했다.

리빙스턴은 어두운 면도 주저 없이 드러냈다. 선하거나 유능한 정치가들이 대체로 그렇듯, 오바마 역시 지극히 계산적이고 전략적이었다. 오바마가 2012년 재선에 나섰을 때, 자신의 정치 생명을 고려해, 러닝메이트 바이든을 힐러리로 대체할지 여부를 논의했는데, 이는 논쟁거리가 되었다. 실제로 교체가 기정 사실로 보이기도 했으나, 결국 바이든을 선택하면서 오바마는 재선에도 이기고 우정도 지켜냈다.

2016년 오바마가 백악관을 떠날 즈음, 바이든은 대통령 경선을 저울질하고 있었다. 결국 버락은 바이든을 설득해 출마를 포기하게 만들었는데 그 과정에서 바이든이 상처를 받기도 했다. 오바마가 자신을 후계자로 점찍었으리라 믿었던 것이다. 당시 정치 상황을 고려하면 바이든보다 힐러리가 정권을 지켜낼 적임자로 보이긴 했다. 어쨌거나, 상처는 상처일 수밖에 없었다.

바이든은 다시 2020 대통령 경선에 뛰어들었다. 오바마는 바이든을 인정한다면서도, 그게 무슨 대수냐는 듯 유력 후보군을 만나고 민주당에 새로운 피가 필요하다며 역설하고 다녔다. 바이든을 거론하거나 대통령 후계자로 끌어안는 데는 한없이 냉정하기만 했다. 오바마는 자신을 지지한 흑인들에게 대놓고 사랑을 표현하면서도 자신을 찬양한 사람들에게 때때로 미적지근했다. 자신이 받은 사랑을 돌려주는 데도 인색하기 짝이 없었다.

백악관에 있는 동안 오바마는 바이든을 제2인자로서 성심껏 대했다. 무시하거나 외면한 적은 거의 없었다. 그런데 막상 임기를 마치고 백악관을 나와서는 오바마의 태도가 확연히 달라졌다. 과거의 파트너를 여전히 친근하고 자애롭게 대했다고는 하나 예전보다 냉담한 것도 분명한 사실이다. 지지하는 모습도 현저히 줄었다. 공직을 떠나기 여드레 전, 바이든의 아들 보의 장례식에서 상주의 뺨에 입을 맞추고 목에 자유훈장Medal of Freedom을 걸어주던 세상 따뜻한 남자가 아니었던가! 흑인이 대개 그렇듯, 오바마도 상징적 표현을 즐겨 사용했다. 다만 정치 행위로서의 대중적 사랑이나 종교계의 열렬한 지지 같이 정작 중요한 경우에 은유적 표현은 오히려 본뜻을 전하는 데 장애가 되기 일쑤다.

•••

오바마가 대통령으로 있는 한, 적어도 그 의미가 유효한 한, 버락과 조의 연대는 역사의 한 페이지가 된다. 여러분이 읽는 이 책은 그 역사의 첫 번째 장일 것이다. 두 남자의 동료애, 우정, 진실한 사랑으로 무장한 형제애…. 독특하고도 가치 있는 관계가 어떤 의미인지 알고 싶다면 이 책보다 나은 책을 만나기 어렵다. 스티븐 리빙스턴의 글은 미국 정치의 중심에서 인종 문제와 사나이다움을 건드린다는 점만으로도 멋지고 가치 있다. 이 버디무비는 위대한 이야기를 담고 있다. 작가는 시적 열정을 무기로, 이야기를 스릴러처럼 펼쳐냈으며, 일류 소설 특유의 속도감과 반전으로 포장하고 있다.

이야기를 보다 가치 있게 만들려면, 바이든은 오바마의 실언

하나를 극복해내야 했다. 오바마가 프로이트의 실언을 통해 진심을 드러냈다고 볼 수 있기 때문이다. 2008년 처음으로 대중 앞에 부통령 러닝메이트를 소개할 때였다. "자, 여러분께 차기 대통령을 소개합니다." 오바마는 곧 자신의 잘못을 깨닫고 미국의 차기 부통령이자 자신의 러닝메이트라고 서둘러 말을 바꿨다.

백악관을 향한 욕심이 커질수록 과거의 경험들이 바이든을 괴롭히겠지만, 어쩌면 그 반대로 도움이 될 수도 있다. 실언도 마찬가지다. 현재 백악관 주인인 도널드 트럼프와 그 패거리들이 미국 대통령의 수준을 바닥까지 끌어내린 덕에 그 정도 실수는 위협적인 반발력을 잃거나, 적어도 예전보다는 온건한 행동으로 비춰질 가능성이 크다(특유의 포옹, 키스 등의 사교적, 의례적 제스처는 자칫 #MeToo 고발로 이어질 수도 있었다).

특히 좌고우면하지 않는 솔직한 바이든의 화법은, 그가 진솔한 정치가로 남는 한, 짜증 없는 트럼프이자 악의 없는 트럼프이며 증오심 없는 트럼프로 비쳐질 수 있다. 사과 따위는 아예 모르는 무지한 트럼프와는 격이 다르다. 트럼프처럼 인종차별주의자도 아니고 여성을 혐오하지도 않는다. 트럼프는 결국 그 때문에 자신의 임기를 지옥으로 만들고, 인간애와 인류애마저 지옥에 처넣고 말 것이다.

어쩌면 오바마의 실언은 실수가 아니라 의도치 않은 예언이 될 수도 있다. 그렇다면 이 책 또한 예상 외로 애초의 고찰과 통찰 이상의 것을 보여줄 것이다. 또한 (논쟁의 여지를 감안해서) 역사상 가장 중요한 부통령으로서 훌륭히 임무를 수행했을 뿐 아니라 언젠가 누군가의 로빈에서 배트맨이 되어줄, 한 사내를 평가함에 있어 최초이자 최적의 길을 보여줄 것이다. 이런 이유 때문이라도 《바이든과 오바마》는, 아름다운 두 남자가 이 나라를 다시 아름답게 만들고자 노력한 아름다운 역사를 기록한 아름다운 책이 분명하다.

마이클 에릭 다이슨[*]
2019년 5월 22일

---

[*] 마이클 에릭 다이슨은 〈뉴욕타임스〉 베스트셀러
《멈출 수 없는 눈물Tears We Cannot Stop》의 저자이며,
침례교 목사이고 조지타운 대학의 사회학과 교수로
재직 중이다.

차례

"그 양반들, 그립지 않아요?"

벌써 머나먼 옛날 같다. 버락과 조가 점심식사를 하며 한가로이 수다를 떨던 때가.

이제 모든 것이 달라졌다.

2018년 7월 30일, 도널드 트럼프가 깡패처럼 백악관에 쳐들어와 본차이나를 깨뜨리기 시작한 지 벌써 1년하고도 절반이 지났다. 지금은 혼란과 어둠, 부조리만 횡행한다. 오바마는 추문 하나 없이 8년을 근무했건만 트럼프는 범죄자 친구들로 백악관을 순식간에 가득 채웠다. 사실과 과학을 거부하고 독재자들에게 알랑거렸으며, 뉴스 매체를 모욕하고 백인 지상주의자들을 부추겼다. 무엇보다 국가 담론을 막말로 더럽혔다.

그러던 중 어느 순간 희망의 불씨가 살아났다.

그날 월요일 오후, 전 대통령 버락 오바마와 전 부통령 조 바이든이 조지타운의 '독태그 베이커리' 안으로 걸어 들어왔다. 만면에 웃음이 가득하고 발걸음도 상쾌하기 그지없었다. 마치 옛날로 돌아간 듯했다. 두 남자가 등장하면서 몇 해 전 유쾌하고 유능하고 정중했던 미국의 기억도 함께 돌아왔다. 버락과 조, 편안하면서도 친근한 두 사람, 넥타이 없이 황갈색 버튼다운 셔츠의 소매를 접어 올린 모습에, 미국은 과거의 자신을 보는 듯했다. 그리 오래지 않은 과거였건만, 사무치게 그리웠다.

• • •

트럼프가 취임한 후 버락과 조는 대부분 무대 밖에 머물렀다. 회동도 거의 없었다. 과거의 경우와는 사뭇 다른 행보였다. 잠깐 잠깐 소식을 듣기는 했다. 2017년 9월, 두 사람은 영국의 왕손 해리 왕자의 초청으로 토론토의 인빅터스 대회*에 참석했다. 버락은 '친구 조'와 함께 미국 팀을 응원했다며 트위터에 글을 올렸다.

생일이면 트위터로 서로 축하인사를 전했다. 2017년 8월 4일, 조가 버락에게 이렇게 썼다. "당신의 충절은 국가에 위대한 축복이었으며, 우정과 우애는 제게 커다란 선물이었습니다. 생일 축하합니다. @BarackObama." 2017년 11월 20일은 버락이 조에게 보냈다. "생일 축하합니다. @JoeBiden, 내 형제이자 역사상 가장 위대한 부통령께."

2018년 2월 초, 국립 초상화 미술관에서 조는 버락과 미셸의 초상화 제막식에 참가했다. 다만 전직 대통령을 위한 엄숙

---

* Invictus Games: 상이군인을 위한 스포츠 행사로 영국의 해리 왕자가 발족했다.

한 행사라 두 친구가 격의 없이 편하게 어울릴 수는 없었다.

그런데 오랜만에 '독태그 베이커리'에 나타나 변함없는 우애를 과시한 것이다. 이번 만남이 그저 가벼운 점심 식사는 아니었다. 버락과 조는 둘 다 검은색 SUV를 타고 등장해 작은 비영리 상점의 오후를 한껏 밝게 해주었다. 이 제과점은 상이군인들이 사회 진출의 가능성을 모색하는 곳으로, 퇴역장병들과 배우자들이 상점을 차리고 운영하도록 도와주고 있었다.

CEO인 메건 오길비Meghan Ogilvie의 말에 따르면, 연락을 받고 불과 6분 만에 전 대통령과 전 부통령이 다정하게 걸어 들어왔다. 두 사람은 제과점을 누비며 모든 손님과 악수를 나누고, "포옹을 하고 그들의 얘기에 귀를 기울여주었다." 한 여성이 요가 스튜디오를 열고 싶다고 하자 버락은 그와 함께 나무 자세를 취해 보이기도 했다. 한 다리로 서서 두 손을 가슴에 모으고 기도 자세를 취한 것이다. 그 사진은 번개처럼 사이버 공간에 퍼졌다.

버락과 조는 카운터에 가서 잠시 메뉴를 고민했다. 조가 마음을 정하려는 순간 버락이 말리고 나섰다. "잠깐, 잠깐. 여기 뭐가 들었죠?"

조는 접시를 들고 흰 포장지 안을 들여다보았다. "이 중 하나였는데… 이걸 뭐라고 부르더라." 조는 잠시 궁리하다가 선언하듯 말했다. "햄하고… 치즈인데요?"

"맛있어 보여요. 나도 그걸로 해야겠습니다." 버락도 마음을 정했다.

"여기 대장님께도 하나 드려요." 조가 엄지로 오바마를 가리키며 말했다. 누가 대장이었는지 헷갈리는 사람이 있을까 봐 한 행동이리라.

버락도 맞장구를 쳤다.

"계산은 졸병이 할 겁니다."

결국 조가 주머니에서 돈을 꺼냈다.

•••

둘의 조우는 인터넷을 달구었다.

"그 양반들, 그립지 않나요?" @MillenPolitics.

"그립고말고요." @skenigsberg 그러면서 슬픈 얼굴의 이모티콘을 덧붙였다.

미국은 회상에 젖었다. 선거 유세, 집무실, 만찬, 백악관 퍼팅그린 등, 버락과 조가 일하거나 휴식을 취하던 이야기와 사진들이 디지털 세계를 휩쓸고 지나갔다. 매체에서는 두 사람의 이야기를 끝도 없이 풀어냈고 가십성 기사도 넘쳐났다.

수많은 국민이 이들의 관계를 찬양했다. 사람들이 목격한 일이 있으면 어떤 것이든 친구들에게 사회관계망서비스SNS를 통해 공유하도록 허용해주었다. 오바마–바이든 팬들은 둘을 지켜보며, 함께 울고 함께 즐거워했다. 버락과 조가 이루어놓은 성과를, 지지자들은 자신들의 삶 속에서도 그들의 시대를 누리고자 했다. 우정은 전국적으로 인기 있는 스토리라인이 됐고, 대중은 감동적이거나 흥미로운 이야기를 만들어 나름의 장을 더해 나갔다.

"두 사람의 이야기를 좋아해요. 우리도 도움을 주었으니까요."《우정 치료: 근대세계의 재건The Friendship Cure: Reconnecting in the Modern World》의 저자, 케이트 리버Kate Leaver의 말이다.

매체는 두 콤비의 재등장을 환영했다. 〈코스모폴리탄Cosmopolitan〉 웹사이트의 헤드라인을 보라. "버락 오바마와 조 바이든이 어제 함께 점심을 했는데 여러분의 마지막 데이트보다 근사한 장면이었다." 부제는 한 술 더 떴다. "세상에, 샌드위치도 똑 같은 메뉴로 골랐지 뭡니까?"

〈코스모폴리탄〉은 미국이 여전히 두 친구의 우정을 갈망한다고 진단했다. "어제, 여러분이 좋아하는 만고의 브로맨스, 조 바이든과 버락 오바마가 잠시 은퇴생활에서 빠져나와 워싱턴 D.C.에서 함께 점심 식사를 했습니다. 두 사람의 애정? 지금도 100% 살아있어요!"

〈트래블 앤 레저Travel and Leisure〉는 이렇게 기록했다. "전 대통령과 전 부통령은, 서로의 우정이 어디까지 발전할 수 있는지 보여주었다."

〈뉴욕 데일리뉴스New York Daily News〉도 기회를 살려 두 남자의 '몇 년에 걸친 브로맨스'를 다시 게재했다. 모두 열일곱 장의 사진 속에서 대통령과 부통령은 울고 포옹하고 웃고 속닥이며 나란히 걷고 아이스크림을 먹었다. 등을 다독여주고 간이식당에서 식사를 하고, 깊은 생각에 잠긴 채 백악관 뜰을 어슬렁거렸다.

〈뉴욕 데일리뉴스〉는 사진첩을 소개하며 이렇게 덧붙였다. "대통령과 부통령으로서의 유통기한은 끝났으나 한 가지만큼은 절대 끝나지 않을 것이다. 버락 오바마와 조 바이든의 따뜻한 브로맨스."

• • •

이 책은 이 특별한 파트너십이 어떻게 시작해, 어떠한 형체를 갖추고 또 어떻게 깊디깊은 우정으로 발전했는지에 관한 이야기다. 미국 대통령 사에서는 듣도 보도 못한 대사건이다. 말 그대로 기적이 일어난 것이다. 버락과 조는 성격이 극과 극이라서 둘이 친구가 되리라고는 그들을 아는 사람 그 누구도 기대하지 않았다. 서로에게 끌리는 점은커녕 성격에서도 비슷한 면이 전혀 없었다.

아프리카계 미국인은 젊고 지적이라 어휘를 정확하게 사용하려 애를 쓰지만, 나이 많고 붙임성 좋은 백인은 화법이 대체로 충동적이었다. 2005년 처음 만났을 때, 버락은 성마른 초선 상원의원이고 조는 상원에서 32년을 묵은 베테랑 중에 베테랑이었다. 버락은 선배의 행보와 과시욕을 비웃었고 조는 상원의 전통을 존중했다. 두 남자는 코브라와 너구리처럼 서로를 노려보며 주변을 맴돌았다.

2008년 민주당 대통령 후보 경선에서는 운명처럼 정적이자 경쟁자로 만났다. 버락이 경선에서 이기고 조를 러닝메이트로 지명하면서 두 남자는 위태로운 적응 과정에 첫발을 디뎠다. 스타일은 엇박자를 냈으며, 오바마의 냉담한 성격은 바이든의 사교적인 성격과 사사건건 부딪쳤다.

"오바마는 내향적이고 초연한 성격이라서 애정 표현에 서툴렀다. 애정은 그 애정을 가능하게 만들어준 몇 사람, 즉 가족과 옛 친구들의 몫이었다." 조지 패커George Packer는 자신의 저서, 《우리의 남자, 리처드 홀브루크와 미국의 종말Our Man: Richard Holbrooke and the End of the American Century》에서 그렇게 평가했다.

애초부터 바이든은 자신과 버락의 거리를 의식했다. 바이든은 회고록에 이렇게 썼다. "오바마 대통령을 아는 사람이면 누구나 인정하는 사실이지만, 그는 다른 사람들을 쉽게 신뢰하지 않는다. 측근한테 듣기로는 '새로운 인연을 부담스러워 하기' 때문이다." 조가 회고록에서 밝혔다.

사실 조의 격의 없는 성품을 끝까지 외면할 사람은 아무도 없다. 버락과 조는 서로 존중하고 존경하기 시작했을 뿐 아니라 진정한 우애로까지 발전하고 있었다. 부통령으로서의 조는

　　　　바이든과 오바마

버락이 원하는, 포괄적인 조언자이자 외교와 의회 전문가였다. 역사상 대통령과 부통령이 그렇게 가깝게 일한 경우도, 백악관 콤비가 그렇게 개인적으로 친한 적도 없었다. 심지어 가족들까지 서로를 보듬지 않았던가.

그럼에도 두 차례의 임기 중, 여러 차례 의견 충돌이 있었다. 예를 들어, 하버드의 흑인 교수를 체포한 사건과 백악관 전쟁 정책에 대해 어느 장군이 대중을 상대로 부적절한 발언을 한 경우가 그랬다. 하지만 대부분 버락과 조는 효율적인 상부상조 팀으로 움직였다. 조의 아들 보가 뇌종양으로 죽어가는 과정을 함께하며 우정의 꽃도 활짝 피웠다.

둘의 우정은 많은 매체의 가십란, 비디오, 백악관 사진 등을 통해 전파되어, 전국의 남자들에게 특별한 메시지를 전해주었다. 《우정 치료》의 저자인 리버는 버락 오바마의 다채로운 백악관 사진을 보며 이렇게 적었다.

"오바마는 낭만적인 남편이자 훌륭하고 위대한 아버지다. 하지만 가장 사랑받는 모습은 아마도, 조 바이든과 어깨를 맞대고 일할 때의 최고의 벗 오바마일 것이다."

버락과 조는 혁명적인 장면을 연출해냈다. 사내들이 울고 서로 끌어안고 남자 친구를 향한 사랑을 드러내도 괜찮다는 것을 보여준 것이다. 리버는 버락과 조가 전형적인 '남성적 편견'을 자연스럽게 '전복'시켰다고 평가했다.

브로맨스야 유쾌하고 편안해 보이겠지만 둘의 관계는 다

소 복잡했다. 인터넷 덕분에, 미국인들은 대체로 버락과 조가 서로에게 헌신하는, 일차원적 전망만 접할 수 있었다. 우리는 두 사람의 아름다움만 보고자 했으며 둘이 어떻게 사랑을 표현하는지 지켜보았다. 그런 장면들은 지도층의 조화와 협력이라는 매력적인 신화에 적합하다. 우리로 하여금 세상이 평화롭다는 확신도 갖게 해준다.

하지만 권력자들, 더욱이 권력의 정점인 정·부통령의 파트너십은 공적, 사적으로 엄청난 압박에 시달리는 자리다. 정치는 필연적으로 우정과 협치가 불가능하며, 야심과 정치적 절박함은 언제든 서로를 향한 반격을 시도하게 한다.

조가 두서없는 연설을 할 때마다 이런 상황이 벌어졌다. 2016년 대통령 후보자 경선 출마 여부도 늘 시한폭탄이었다. 냉철한 버락은 그게 무슨 대수냐는 듯 우정보다 자신의 정치생명을 우선시했다. 2012년 재선 유세에 앞서서는, 측근을 통해 부통령 후보로 조를 버리고 힐러리 클린턴을 선택하는 안을 고려한 바 있었다. 힐러리를 지명함으로써 자신과 힐러리 티켓의 가치가 올라가리라 믿었던 것이다.

2016년 대통령 선거가 다가오면서 조도 출마를 저울질했지만, 오바마는 지지는커녕 격려조차 하지 않았다. 오바마가 보기에 조가 아들 보의 죽음 때문에 크게 위축된 데다 당시의 판세를 보아도 힐러리가 단연코 우세했다. 힐러리의 승리가 확실해 보였다. 총선 패배 탓에 자신의 정치적 행보에 먹구름이

끼리라는 사실도 감추지 않았다.*

•••

이 책은 단연코 오바마 행정부를 그린 역사서가 아니다. 오바마 정책의 성패를 분석할 생각도 없다. 그런 얘기는 역사가들 몫이다. 버락과 조는 집권 내내 대체로 정책 이슈에 동조했지만 이따금 극심한 의견 대립이 있기는 했다. 오사마 빈 라덴을 습격해 살해했을 때도 조는 반대했다. 혹시라도 작전이 실패할 경우 오바마가 재선에 실패할까 두려웠기 때문이다. 두 사람의 일대기를 전반적으로 다루지도 않을 것이다. 내 렌즈는 그보다 훨씬 좁다. 이 책에서 다루고자 하는 내용은, 일련의 위기 순간들을 통해, 대통령과 부통령이 공식적으로 혹은 개인적으로 어떻게 조화를 이루어 나가는지 살피는 것이다.

이야기는 주로 집권 초기에 초점을 맞추고, 두 남자가 서로를 알아가고 차이를 극복해내는 과정을 들여다볼 것이다. 여느 관계와 마찬가지로 두 사람의 관계도 기초를 다져야 했다. 우리는 버락과 조가 어떻게 함께 우뚝 설 수 있었는지 지켜볼 것이다.

후반부에서는 보다 진솔한 표현을 통해 두 사람의 굳은 우정을 확인하게 될 것이다. 버락과 조의 역사를 보면, 어떠한 사적 관계에서도 보편적 인간애가 존재한다는 사실을 알 수 있

---

* 2014년 11월, 민주당은 총선에서 패배, 상하 양원
  모두 공화당이 다수당이 되었다.

다. 스포트라이트를 받는 지도층도 다르지 않다. 바로 이런 보편적 관계가 국가와 국민을 감동시켰다.

•••

두 사람이 '독태그 베이커리'를 방문한 후 버락은 인스타그램에 셀카 사진을 포스팅했다. 제과점 문 밖에서 조와 함께 포즈를 취한 사진인데 버락도 기분이 좋아 보였다. 얼마나 활짝 웃었는지 커다란 두 눈이 안보일 지경이었다.

"형제이자 친구 @JoeBiden이 인스타그램에 돌아왔다. 복귀를 환영합니다, 조. 셀카를 찍지 않지만 당신은 언제나 예외입니다." 버락은 이렇게 설명을 달았다.

버락의 포스팅에 300만 명에 가까운 팔로어가 '좋아요'를 눌렀다. 아이디 Edzarco의 댓글이 가장 인상적이었지만 아마 대부분의 감정이 그와 비슷할 것이다. "진짜 대통령과 부통령의 모습, 8년 동안 추문 하나 없이 안정적으로 정부를 이끌었죠. 아, 옛날이여!"

1장

세상에, 그 양반
정말 말 많더군

과묵한 사나이 오바마는 바이든의
모터 달린 입에 경악을 금치 못했다.
"보면서도 믿기지 않더군요."
고문 데이비드 액셀로드에게도
그렇게 얘기했다. "맙소사, 그 양반
정말 말 많더군." 두 사람은 처음부터
태생적으로 맞지 않았다.

진보의 미국도, 보수의 미국도 아닌
오직 하나의 미합중국

2005년 상원 선서를 하고 2주밖에 지나지 않았건만 초선의원 버락 오바마의 인내심은 벌써 한계점에 다다랐다. 동료 상원의원 조 바이든의 연설을 들을 때였다. 상원 외교위원회에서 가장 말단이라서 버락의 자리는 말굽 모양의 테이블에서도 맨 바깥이었다.

32년 베테랑 의원은 쉴 새 없이 조잘댔다. 말하고 또 말하고. 바이든은 최고참이자 고급 민주당원이기에, 위원장 바로 오른쪽에서도, 등 높은 의자에 앉았다. 당시 위원장은 공화당의 인디애나 의원, 리처드 루가Richard Lugar였다.

오바마가 지켜보는 동안 바이든은 북한, 이란, 시리아 등 미국을 위협하는 '끔찍한 요인들'에 대해 쉬지 않고 떠들었다. 지금은 북이라크에 잠입해 실상을 파악한 이야기로 상원을 즐겁게 해주고 있었다. "자그마치 일곱 시간이나 산악지대를 달리지 않았겠습니까?" 과묵한 사나이 오바마는 바이든의 모터 달린 입에 경악을 금치 못했다. "보면서도 믿기지 않더군요." 고문 데이비드 액셀로드David Axelrod에게 그렇게 얘기했다.

위원회는 1월 18일 소집되었다. 재임 대통령, 조지 W. 부시가 국무장관 후보로 콘돌리자 라이스Condoleezza Rice를 지명해 인사청문회가 이틀간 예정되어 있었다. 베테랑 정치가들이 돌아가며 발언하는 동안 오바마도 숙고에 숙고를 거듭했다. 첫날 오전 4시간, 점심 식사 후 40분 동안 질문과 대답만 듣다가 마침내 발언할 기회가 돌아왔다. 엄격한 단서가 붙기는 했다. 루가 위원장은 발언권을 주면서 이렇게 조건을 달았다. "자, 이제 오바마 의원의 첫 질문을 듣겠습니다. 제한시간은 10분입니다."

불과 6개월 전만 해도 오바마는 그다지 유명하지 않은 일리노이주 의원으로 미국 상원에 도전하고 있었다. 2004년 7월 27일, 그는 민주당의 보스턴 전당대회 무대에 첫발을 내디뎠다. 존 케리John Kerry가 당의 대통령 후보 지명을 접수하기 이틀 전이었다. 오후 9시 45분경, 보스턴 플리트센터FleetCenter의 연단을 향해 걸어가는데 커티스 메이필드와 임프레션스Curtis Mayfeld and the Impressions의 연주로 장내가 쿵쿵 울렸다. 밴드의 시민권 촉구 음악인 〈계속 밀어붙여라Keep On Pushing〉는 마이크 앞에 선 흑인에게 적절한 서곡이 되어주었다. 대형 스피커에서 터져 나오는 가사 또한 오바마의 꿈을 대변해주었다.

난 계속 밀어붙여야 해 음~흠
이제 멈출 수 없어.
조금 더 높이 올라가야지.
어떻게든, 어떤 방법으로든.

조명 아래의 오바마는 날카로워 보였다. 짙은 색 정장에 흰색 셔츠 그리고 청색 비단넥타이를 맸다. 넥타이는 보좌관에게 빌렸다. 아내 미셸의 말을 듣고 마지막에 급히 바꿔치기한 것이다. 오바마는 박수갈채가 가라앉기를 기다렸다가 청중을 향해 손을 흔들고 미소를 지었다. 오바마는 침착하고 차분했다. 마치 챔피언 결정전에 나선 농구선수를 보는 듯했다.

케리의 지명으로 전당대회 기조연설을 해야 했다. 오바마는 자신의 독특한 출신 얘기로 시작했다. 캔자스 출신의 백인 어머니와 케냐의 작은 마을에서 염소 떼를 키우던 흑인 아버지…. 부모님한테는 아들을 위한 꿈이 있었다. 오바마는 몽환적인 억양으로 미국이 다양성을 받아들일 것을 촉구했다.

"내가 이곳에 선 이유는 내 이야기가 더 위대한 미국의 일부임을 알기 때문입니다." 그는 미국인들에게 혹독한 당파싸움 너머를 봐야 한다고 애원했다. "어떻게든 우리를 떼어놓으려는 사람들이 있습니다." 도발적이었지만 충분히 절제된 목소리였다. "오늘 밤 그들에게 이렇게 말하고 싶습니다. 진보의 미국도, 보수의 미국도 없습니다. 오직 하나의 미합중국이 있을 따름입니다." 그는 세련된 손동작으로 허공을 가르며 목소리를 조금 더 키웠다. "흑인의 미국도, 백인의 미국도, 남미의 미국도, 아시아의 미국도 없습니다. 오직 하나 된 미합중국이 있을 뿐입니다."*

오바마의 어조와 열변, 이야기는 충분히 감동적이었다. 해설자들도 넋을 빼앗긴 채 그를 과거의 거인들과 비교하였다. 1956년의 존 F. 케네디, 1984년의 마리오 쿠오모Mario Cuomo, 1988년의 앤 리처즈Ann Richards… MSNBC**의 사회자 크리스 매

---

* 오바마는 'United States of America'라는 어휘를 써서 '통일과 단합'의 의미를 강조했다.

** 1996에 설립된 마이크로소프트와 NBC가 결합된 이름의 케이블 채널이며, 미국과 캐나다에서 24시간 뉴스를 제공한다.

튜스Chris Matthews도 오바마에게 완전히 매료되었다. "솔직히 말하면, 지금 내 두 다리에 소름이 돋았습니다. 장담하건대, 지금 이 시간은 분명히 역사적 순간이 될 겁니다."

농구팬 오바마에게, 그 순간은 종료 직전에 3점 슛을 넣고 우승한 것과 마찬가지였다. 수석전략가 데이비드 액셀로드는 연설의 후폭풍을 직감했다. "순간 깨달았죠. 그의 삶이 완전히 바뀌게 될 거라고."

칼럼니스트 클레어런스 페이지Clarence Page도 〈시카고 트리뷴Chicago Tribune〉에 기고한 글에서 다음과 같이 선언했다. "슈퍼스타가 탄생했다. 버락 오바마를 향한 열광을 어느 누가 있어 막아설 것인가." 일리노이 출신의 이 혼혈 상원의원은 곧바로 민주당의 새로운 얼굴로 부상했다. 그에게 환호가 쏟아지고 전당대회 내내 사람들이 몰려들었다. 이튿날, 플리트센터에 돌아가 에스컬레이터를 타는데, 한 여인이 반대편에서 내려오다가 상체를 숙여 이렇게 고백했다. "의원님이 빨리 대통령이 되면 좋겠어요!"

젊고 지적인 상원의원 당선자 오바마

이틀 후 조 바이든도 대회에서 연설했다. 하지만 그의 12분 공연을 누가 기억이나 하겠는가? 전국에서 단 한 사람만 바이든에게 귀를 기울인 듯하다. "민주당 전당대회에서 버락 오바마의 연설이 격한 호평을 이끌어냈다. 빌 클린턴의 연설이 그랬듯이. 하지만 최고 연설을 고르라면 내게는 단연 조지프 바이든이다." 피터

베이나트Peter Beinart는 〈뉴 리퍼블릭New Republic〉에서 그렇게 평가했다.

바이든은 상원에서 수년간 외교 문제를 연구한 터라 당시의 미국 위기, 즉 대 급진 이슬람과의 전투에 대해 설명했다. 그는 그 싸움을 '테러와의 전쟁'이 아니라* 이슬람 극단주의의 사고방식과 싸우는 전쟁으로 규정했다. 그런 사고방식이야 말로 미국이 자유를 대하는 시각과 모순된다는 이유였다. "급진적 근본주의는, 우리 무기와 사상이 보여주는 위대하고도 신속한 대응에 무릎을 꿇을 것입니다." 바이든이 선언했다.

하지만 오바마의 연설이 온 사방에 메아리치는 터라 바이든의 연설은 대부분 허공으로 흩어지고 말았다. 외교 전문가 베이나트만 예외였다. "목요일 밤 여덟 시경, 네트워크에서 방송을 시작하기 한참 전이지만, 바이든은 지금껏 알려진, 민주당 사상 가장 감동적인 외교정책을 내놓았다."

2004년 11월 2일, 전당대회 4개월 후, 오바마는 공화당의 상대인 앨런 키스Alan Keyes를 가볍게 누르고 미국 상원의원이 되었다. 무려 70%의 압도적인 득표였다. 그의 낙승으로 두 가지가 확실해졌다. 우선 키스는 형편없는 후보였다. 두 번째가 훨씬 중요한데, 오바마가 강력한 정치 거물로 새롭게 등장했다는 점이다. 일리노이 미국 상원의원 선거 사상 가장 격차가 큰 낙승이었다.

오바마의 주가는 계속 올라갔다. 〈레이트쇼The Late Show〉에 출연해 데이비드 레터맨David Letterman과 농담을 하고, 백만장자 투자가 워렌 버핏Warren Buffett의 초대를 받아 오찬을 나누기도 했

---

* '테러와의 전쟁'은 부시 행정부의 주장이자 선동이었다.

다. 오바마가 상원선서를 하기 전 〈뉴스위크Newsweek〉는 '차기를 논하다' 커버에 그가 미소 짓는 사진을 실었다.

〈배니티페어Vanity Fair〉는 2005년 신년호에서 두 페이지에 걸쳐 젊은 상원의원을 칭송했으며, 〈사보이Savoy〉 2월호 표지에 정장 재킷에 넥타이 없는 드레스 셔츠 차림의 오바마가 팔짱을 낀 멋들어진 사진을 실었다. 그 옆에 미셸도 포즈를 취했으며 가슴 패인 흰색 블라우스, 연둣빛 재킷, 청바지 차림이었다. 헤드라인은? 바로 '카멜롯의 반란'이었다.

상원 당선자 오바마는 전국적으로 '섹시남'이라는 명성을 얻었다. NBC 시트콤 〈윌 & 그레이스〉에서 엉덩이를 소재로 대화하는데, 그레이스가 갑자기 일리노이의 젊은 의원을 거론했다. "엉덩이 얘기가 나왔으니 말인데, 어젯밤 또 몽정을 했지 뭐야. 이번에는 버락 오바마와 샤워를 하는 꿈이었어!" 그레이스는 고개를 젖히며 교태까지 부렸다. "오, 오바마… 그가 '벼락'처럼 덮쳤다니까!"

〈윌 & 그레이스〉에 깜짝 등장함으로써 초선의원 오바마가 선배 의원들과 얼마나 격이 다른지 여실히 드러났다. 그는 미국 정치의 세대교체를 의미했다. 전당대회 연설, 압도적 승리, 매체의 주목으로 오바마는 근엄한 상원에서도 가장 '쌈박한' 의원으로 자리 잡았다.

오바마는 상원에 적응하려 애썼다. 상원 선거 당일 밤 당선 연설을 할 때는 짙은 색 정장, 회색 타이, 빳빳한 흰색 셔츠 차림이었다. 〈워싱턴포스트Washington Post〉 패션 저널리스트 로빈 기브한Robin Givhan의 표현을 빌면, "떠들썩한 심야파티보다 기업의

중역실이나 법정에 어울려 보였다."

상원 고참들의 텃세도 만만치 않았다. 오바마도 고집이 있는 터라 말석 신분이라고 해서 굴하지 않았다. 지지자들은 그의 분노에 공감하고 이를 자신감으로 받아들였다. 절친 밸러리 재럿Valerie Jarrett은 그의 총명함을 강조하다가, 그만 뻔뻔하게 우월함을 뻐기는 인물로 묘사한 적도 있었다. "버락은 신이 그에게 주신 재능이 있다는 사실을 알아요. 아주 특별한 재능이죠. 자기가 얼마나 스마트한지도 알고 얼마나 총명한지도 잘 알고 있죠."

〈뉴요커The New Yorker〉의 데이비드 렘닉David Remnick과 인터뷰 할 때였다. 오바마가 머리가 좋고 사람의 마음을 잘 읽고, 사고의 폭도 넓은데다가 오바마 자신도 굳이 감추려고 하지 않는다고 말한 셈인데, 대통령도 아니고 상원의원의 묘사로서는 다소 과한 면이 있었다. "아마 지금껏 제대로 지적인 도전을 받은 적도 없을 걸요?"

오바마 자신도 어느 정도 잘난 구석이 있음을 자인하며 그 원인을 가정교육으로 돌렸다. 〈트리뷴Tribune〉의 기자 데이비드 멘델David Mendell에게 말했듯, 편모슬하의 혼혈인 아들이 기가 죽을까 모친이 자신감을 북돋아주었다는 것이다. "자존감 하나만큼은 짱짱해요." 그가 멋쩍게 웃으며 얘기했다. 자신의 저서, 《담대한 희망The Audacity of Hope》에서 오바마는 어느 정도의 자존감은 정치적 성공에 꼭 필요하다고 주장했다.

상원 선거 출마에 대해서도 이렇게 술회했다. "우연히 미국 상원의원이 되는 경우는 거의 없다. 어느 정도는 과대망상증이 있어야 한다. 요컨대, 일리노이에 능력자가 많고도 넘치지만, 그래도 내가 대표 자격이 있다고 믿어야 한다는 얘기다.”

상원에 입성한 후 오바마는 초선 역할에 적응해야 했다. 때때로 유머가 도와주었다. 임기 초기 〈시카고 트리뷴〉의 제프 젤러니Jeff Zeleny에게는 이렇게 투덜대기도 했다. “완전히 졸병이잖아요. 워싱턴에 도착하니까 칫솔을 주며 이러는 겁니다. ‘가서 변기 청소부터 해!’”

거물의 싹수를 알아보고 도와준 상원의 노익장들

인기도 많고 자신감도 충만했지만 상원은 여전히 이해불가인데다 적대적이기 까지한 영역이었다. 상원 왕국을 순항하려면 도움이 필요했다. 오바마는 보좌관 피트 루즈Pete Rouse에게 도움을 청했다. 루즈는 이전에는 사우스 다코타주의 상원의원 톰 대슐Tom Daschle의 수석보좌관으로 일했지만 대슐이 2004년 선거에서 예상 밖의 패배를 당했다.

의회에서 30년을 일했으니 정부 연금을 탈 때였지만 루즈는 곧바로 오바마의 가능성을 알아보았다. 이 젊은 의원은 틀림없이 미래의 민주당에서 큰 역할을 맡을 것이다. “그에게 마법이 있었다. 그건 누가 봐도 분명했다.” 루즈는 그렇게 회고했다.

두 시간의 회담에서 오바마는 노익장의 정치꾼 루즈에게 자신의 지성, 통찰력, 배울 의지를 팔았다. “내가 뭘 잘하는지는 압니다. 뭘 알고 뭘 모르는지도 압니다… 정치에 대해서도 잘 알고 일리노이에서 대민 활동도 많이 했어요. 다만 상원에 들어와 어떻게 해야 하는지 모르겠군요… 얼른 자리를 잡고 동료 의원들과 일하면서 훌륭한 의원으로 명성을 얻고 싶습니다.”

루즈는 예정된 은퇴까지 미루고, 오바마의 수석보좌관으로 승선하자마자, 오바마의 임기를 이끌 3대 기획을 내놓았다. 무엇보다 부끄럽지 않은 일리노이 의원임을 증명해야 했다. 그러려면 당연히 잘해야 한다. 둘째, 상원 동료들에게 자신은 팀원일 뿐, 루즈 표현대로, ‘헤드라인 사냥꾼’이 아님을 보여주어야 한다. 셋째, 미래의 비전을 구체적으로 만들어 임기 중반쯤에는 인지도를 높이고 잠재력을 발휘해야 한다.

루즈를 조타수로 삼은 이상, 시간 낭비를 할 이유가 없었다. 무엇보다 상원 동료 의원들의 의심을 잠재울 필요가 있기에, 스타 의원의 욕심부터 가라앉혔다. 일요일 토크쇼 출연 요청도 아쉽지만 거절했다. 임기 9개월 동안 다른 주 연설 요청은 단 하나만 수락하고 대신 일리노이의 시공회당 연설은 서른아홉 차례나 개최했다.

그 다음으로 민주당 원로들의 조언을 구했다. 그중 에드워드 케네디와 힐러리 클린턴도 있었다. 2001년 자기처럼 스포트라이트를 받으며 상원에 입성해 지금은 존경받는 의원으로 자리를 잡은 사람들이다. 2월 초, 오바마는 힐러리 클린턴과 무려 한 시간 동안이나 면담했다.

러셀 빌딩 4층 힐러리의 널따란 ‘집무실’이었다. 스위트룸에는 백악관에서 촬영한 그녀와 남편 빌 클린턴 대통령은 물론이고,

그녀가 좋아하는 영웅, 로버트 케네디와 엘리노어 루스벨트의 사진들이 걸려 있었다. 이른바 이미 다 이룬 사람의 훈장인 셈이리라. 대조적으로 오바마는 추레한 하트 빌딩에 '은닉처'를 마련했다. 그것만으로도 아직 본 게임에 들어가지도 못했음을 알 수 있었다.

힐러리 클린턴에게서도 배운 게 있었다. 소위 꼰대들의 퀴퀴한 무대에서 성공하는 방법은 의외로 단순했다. '알아서 기어라', '좆 빠지게 일해라', '5분 대기조가 되어라', '위원회 보직 배정 시 줄을 잘 서라', '지지자들에게 잘 보여라'. 힐러리와 오바마는 훈련도 완벽하고 추진력도 강한 것으로 정평이 나 있었다. 세세한 내용까지 집요하게 물고 늘어지기도 했다. 하지만 오바마가 그녀의 인내심과 장기계획 중심의 느긋한 행보까지 따라할 마음은 별로 없었다.

고참의원 중에서도 멘토를 찾아냈다. 바로 5선의 공화당 의원 리처드 루가였다. 상대당 의원이지만 두 사람 모두 말을 부드럽게 하고 대량 학살무기 확산을 막아야 한다는 입장도 비슷했다. 루가의 외교위원회에서 요직을 차지한 후 오바마는 액셀로드에게 이렇게 말했다. "루가는 좋은 사람이야. 쇼맨도 아니고."

한바탕 상원의 저명인사들을 예방하고 난 후, 43세의 오바마는 87세 고령의 로버트 버드와 시간을 보냈다. 동료 의원들의 평균 나이는 60세였다. 오바마는 버드를 '살아 숨 쉬는 역사'라고 불렀다. 버드는 초선 오바마를 위해 상원의 전통을 알려주었다. "규칙을 배우게. 규칙뿐 아니라 선례들도 알아야 해." 버드는 임기 중에 자신이 겪었던 의원, 의장은 물론 입법 내용까지 일러주었다. 덧붙여 "나보고 상원에서 잘해낼 거라고 하셨죠." 오바마는 그렇게 회고했다.

버드는 경고도 잊지 않았다. "너무 몰아붙이지는 말게. 요즘은 너무 많은 의원이 백악관을 노리고 있지만 권력 구조 내에서 상원이 최고라는 사실을 이해하지 못하고 있지. 상원은 공화국의 심장이자 영혼이라네."

노땅 한 명은 떠오르는 스타에게 일찌감치 경고를 날렸다. 오바마가 전당대회 이후 스타 반열에 오르며 상원 당선이 확실시되자 바이든 상원의원이 교통순경처럼 손을 내밀었다. 오바마가 여세를 몰아치고 나오려 하자 너무 성급하다고 판단하고 그의 측근을 부른 것이다. "물론 좋은 친구인 줄은 알지만 상원에 들어오면 속도를 늦춰야 한다고 전해주게나."

오바마 입장에서 보면 바이든은 '수다스러운 사람' 이상도 이하도 아니었다. 오바마도 그를 '훌륭한 선배'로 묘사는 했지만 늘 단서가 붙었다. "맙소사, 그 양반 정말 말 많더군."

30년 이상 상원의원으로 활동해온 조 바이든

30년 동안 일하면서 바이든은 상원과 상원의원들을 무척 소중하게 여겼다. 그는 초선의원들이 상원의 체계, 자문 스타일, 전통을 존중해야 한다고 믿었다. 잘 알려진 사실이지만, 그는 필요하다고 생각하면 어떤 주제든 거침없이 의견을 피력했다. 그건 정치 신인 때부터 지켜온, 자신의 장점이자 단점이었다.

1972년 3월 20일, 젊은 조는 델라웨어, 윌밍턴의 듀퐁 호텔, 배리룸에서 열정적으로 자신의 견해를 발표했다. 무려 40분 이상을 떠들었지만 핵심은 단 한 문장으로 요약할 수 있었다. "나는 오늘 미국 상원에 입후보할 것을 선언합니다." 당시에는 스물아홉 살의 뉴캐슬 카운티의 시의원이었다. 미국 헌법에 따르면 그가 이긴다 해도, 상원에 입성하는 것은 11월 선거 2주 후에나 가능했다. 그의 서른 해 생일이 그때이기 때문이다. 사실 조가 입성하는데 더 큰 장애물은 난공불락의 정적이었다. 공화당의 케일 보그스Cale Boggs, 예순셋 나이의 재선의원이자 25년 이상 공무원으로 재직한, 말 그대로 '늙은 생강'이 아닌가. 보그스를 이길 수는 없었다. 그를 모르는 사람은 없는 반면 조를 아는 사람은 거의 없었기 때문이다.

　　"보그스라니! 조, 너 미쳤구나." 친구들도 기가 막혔다.

　　"그 양반도 이제 늙었어." 바이든은 흔들리지 않았다.

　　오바마의 30년 후처럼, 조의 상승세에도 정치적인 계기가 있었다. 젊은 사람들이 깨어나고 있고 또 세상을 바꾸고자 했다. 티렉스, 데이비드 보위, 시카고가 록의 붐을 일으켰다. 게다가 이번 선거에서는 처음으로 18세에게 투표권이 주어졌다.

　　보그스도 성실하게 임기를 채웠지만 소위 한방이 없었다. 바이든은 투표권, 시민권, 수질과 대기질에 대해 자유주의적이고 역동적인 의제를 모으겠다고 약속했다. 전국 규모의 건강관리 프로그램을 요구하고, 관심을 외교정책으로 돌려 베트남전쟁에 반대했다. 델라웨어는 베트남의 비극이 임박했다는 사실을 알고 있었다.

"매주 미국의 젊은이들이 시신용 부대에 실려 도버 공군기지 영안실로 실려 갔다. 얼마나 많은 부모님이 잠을 이루지 못한 채 자식들이 무사히 돌아오길 걱정하고, 무슨 명분으로 목숨을 바쳐야 하는지 의아해했던가?" 바이든은 그렇게 회고했다.

그렇다고 바이든이 히피족은 아니었다. 그는 정중하고 재치 있고 단정하기까지 했다. 연설을 위해 듀퐁 호텔에 등장했을 때도 짙은 색 줄무늬 정장에 조끼 세트, 갈색 가죽구두 차림이었다. 경쟁 상대 보그스는 높은 인지도뿐 아니라 리처드 닉슨 대통령이라는 든든한 뒷배도 있었다. 닉슨은 인기 없는 민주당 후보, 조지 맥거번George McGovern을 상대로 재선을 노리고 있었다.

바이든은 맹목에 가까운 열정으로 유세를 펼쳤다. 교외를 전전하며 이 집 저 집 노크를 했다. 누이 밸러리Valerie가 선거사무장, 동생 지미는 기금모금 총책, 아내 네일리아Neilia는 대변인으로 나섰다. 기자 리처드 벤 크램퍼Richard Ben Cramer가 저서 《성공의 조건What It Takes》에서 조와 네일리아의 관계를 기막히게 그려냈다.

"조와 네일리아. 결정권자는 조였으나, 네일리아가 아니면 아무도 조를 말리지 못했다. 조는 열정으로 넘치고 주변의 평가에 예민했다… 그러면 네일리아는 이렇게 말했다. '조, 일일이 대꾸할 필요 없어요. 어차피 잊힐 테니까. 그 사람까지 적으로 만들 필요 없잖아요?'"

조가 네일리아를 만난 곳은 나소Nassau의 해변이었다. 1964년 봄방학, 조는 델라웨어 대학 3학년이었다. 그는 네일리아의 푸른 눈과 긴 금발 그리고 자신감에 홀딱 반했다. 다음 주말에는 시라쿠스 대학 기숙사까지 찾아가 로비에서 그녀를 기다렸다. 흰색 셔츠에 특유의 화려한 미소까지 장착한 채. "그 사람이 뭐랬는지 알아? 서른 살에 상원의원이 되고 그 다음엔 대통령도 하겠대." 후일 네일리아가 친구에게 한 얘기다. 두 사람은 1966년에 결혼했다.

1972년 유세 당시 두 사람에게는 자녀가 셋이었다. 세 살의 보, 두 살의 헌터 그리고 막내딸 나오미(가족들은 막내를 에이미라고 부르기도 했다). 사전투표는 바이든의 참패였다. 그의 이름을 아는 유권자도 20%에 불과했다.

하지만 시간이 지날수록 보그스의 우세는 주춤해졌다. 지쳤든 참모들이 게을렀든, 바이든의 도약을 제대로 파악하는 데도 실패했다. 선거를 채 1주일도 남기지 않으면서 판세는 확실히 막상막하였다.

11월 7일, 개표가 끝났을 때 바이든은 22만 8,000의 유효표 중 겨우 3,000표 차이로 승리했다. 그야말로 충격적인 역전승이었다. 양 진영의 젊은 표에 노년층의 지지까지 이끌어낸 덕이었다. 그날 밤 듀퐁 호텔에서 축배를 들면서 당선자 바이든은 보그스를 '진정한 신사'라고 호칭하며, 그와 그의 오랜 공직생활에 예와 존경을 표했다.

아내와 아이들의 비극적 사고, 그리고 죽음

바이든은 마침내 날개를 달았다. 스스로에게도 믿기지 않은 행운이었다. 그에게는 놀라운 아내와 가족이 있었다. 그리고 이제 몇 달 후면 마침내 미국의 최연소 상원의원이 된다.

걱정도 많았다. 만사가 너무 잘 풀렸다. 선거 이튿날, 함께 차를 타고 가면서 아내에게 이렇게 얘기했다. 이상할 정도로 조바심이 났다. "뭔가 이상해. 뭔지는 모르지만… 너무 완벽하잖아요? 이럴 수가 없어요. 분명 뭐든 큰 일이 터지고 말 거요."

추수감사절과 크리스마스 즈음에는 워싱턴에서 시간을 보냈다. 상황 판단도 하고, 보좌관 희망자 면담도 하고 늙은 사자들도 예방했다. 연령 미달의 새로운 명사로서 쏟아지는 인기도 누려야 했다.

11월 30일, 조는 윌밍턴에 있는 집에 돌아와 피아니그릴에서 서른 번째 생일파티를 거창하게 열었다. 오늘 생일을 맞이하여 피선거권 자격도 생겼다. 조와 네일리아는 나란히 서서 케이크를 커팅했다. 마치 결혼식을 다시 하는 기분이 들었다.

순간순간 두려움도 있었다. 어쩌면 미래에 대한 불확실성 때문일 수도 있고, 아직 준비가 부족하다는 기분이 문제일 수도 있었다. 회고록에도 기록했듯이, "네일리아 옆에서 케이크를 자르며 느꼈던 행복한 기분을 영원히 기억할 것이다."

서약을 하고 입성하기 전 예감은 끝내 비극적 현실로 돌변했다. 1972년 12월 18일, 크리스마스 1주일 전 조는 워싱턴에 있고 네일리아는 윌밍턴에서 크리스마스를 준비 중이었다. 아침 느지막이 아이들을 스테이션왜건에 밀어넣었다. 이제 세 살이 된 헌터는 앞자리, 네 살배기 보와 13개월의 에이미는 뒷자리에 태웠다. 크리스마스트리를 비롯해 쇼핑을 하러 가던 참이었다.

정지신호에 멈췄다가 교차로로 진입하는데 옥수수 속대를 실은 견인트레일러 한 대가 스테이션왜건을 향해 돌진해 들어왔다. 트럭이 운전석을 들이받았다. 자동차는 완전히 박살 난 채 50미터 아래 시궁창까지 날아갔고 나무들과 부딪치고 나서야 겨우 멈춰 섰다.

윌밍턴의 선거사무실 전화벨이 울렸다. 동생 지미가 받아, 다시 워싱턴에 있는 형의 집무실에 전화해 형에게 누이 밸러리와 통화해보라고 얘기했다. "전화를 끊을 때 보니 밸러리의 낯빛이 창백하더군요. '가벼운 사고가 있었대. 걱정할 정도는 아닌데 그래도 집에 가봐야겠어.'" 조는 회고록에 썼다. 밸러리의 목소리가 아무래도 마음에 걸렸다. "죽은 거지, 응?" 그가 물었다.

네일리아와 어린 에이미는 윌밍턴 의료센터에 도착하자마자 숨을 거두었다. 아들 둘은 살았으나 상태가 좋지 않았다. 보는 부러진 뼈가 많아 온몸에 깁스를 했다. 헌터도 두개골에 부상을 당했다.

조에게는 견디기 힘든 충격이었다. 그의 회고처럼, "아무 말도 할 수가 없었다. 가슴 한가운데 커다란 구멍이 뚫린 것만 같았다." 바이든은 독실한 가톨릭교도였으나 신께 분노를 터뜨렸다. "평생 주님이 자비롭다고 배웠다. 그런데 이게 사랑의 신이란 말인가? 위안의 신이라고? 신이 자비롭다는 따위의 개소리는 더 이상 듣고 싶지 않았다."

상원 당선도 아무 의미가 없어졌다. 중요한 건 아이들이다. 내내 두 아들 곁에 붙어 지켜주고 싶었다. 시작도 안 했건만 델라웨어의 초선의원 자리를 포기할 생각까지 했다.

　　동료 의원들, 특히 다수당 대표 마이크 맨스필드Mike Mans-field와 부통령 출신의 허버트 험프리Hubert Humphrey 의원이 틈만 나면 찾아와 확인하고, '절망의 블랙홀에 빠져들지 않도록' 다독여주었다. 두 사람은 그를 안아주고 함께하자고 격려도 해주고, 매력적인 위원회 보직을 면전에서 제안하기도 했다.

　　심장이 찢어질 것 같았지만 바이든은 어렵사리 6개월만이라도 시도를 해보기로 했다. 남편의 당선을 위해 애쓴 네일리아를 기린다는 의미도 있었다. 과연 버텨낼 수 있을까? 누이 밸러리가 그의 집으로 이사해 아이들을 돌봐주기로 했고 아이들도 회복이 빨랐다. 조는 델라웨어에 살며 매일 아침 기차로 통근하기로 했다. 왕복 80분이 걸리지만 밤이면 집에 돌아가 아이들을 챙길 수 있을 것 같았다.

　　보는 줄스 위트커버Jules Witcover 기자에게 어릴 적 기억을 이렇게 전했다. "시간이 아무리 늦어도 아버지는 저희 형제를 보러 집에 들어오셔서 함께 침대에서 뛰고 안고 키스를 해주었어요." 아침이면 아이들을 학교에 데려다준 다음에야 기차를 타고 워싱턴으로 향했다. "아버지의 중심은 늘 우리 형제였죠. 다른 건 모두 그 다음이었고요." 보가 위트커버에게 한 말이다.

　　바이든은 1973년, 윌밍턴 의료센터 예배당에서 취임선서를 마쳤다. 보와 헌터와 가족이 보는 앞이었다. 보는 이동형 침대에 누운 채 한쪽 다리를 견인장치로 고정했다. 다행히 헌터는 이미 퇴원한 후였다.

바이든을 지켜주느라 애쓴 상원의 동료들

상원 임기를 시작한 후 바이든은 위기의 순간들을 가까스로 헤쳐 나갔다. 동료 의원들의 배려가 컸다. 민주당과 공화당 의원 부부가 정기적으로 만찬을 마련해 바이든을 격려했다. 상원은 가족이 되었고 바이든도 상원을 향한 사랑을 키워갔다. "돌이켜 보면 난 정말 운이 좋은 놈이었다. 그렇게 많은 사람이 일부러 찾아와 위로하고 격려해주는 직장이 있다니!"

테드 케네디 의원은 바이든을 사무실에서 억지로 끌어내 체육관으로 데려갔다. 운동을 마치고 그곳 사우나에서 동료 의원들을 만날 수 있도록 배려한 것이다. 험프리 의원은 종종 집무실에 들러 기분을 북돋아주었다. 때로는 둘의 역할이 바뀌기도 했다. 어느 날엔가는 전직 부통령 험프리가 젊은 의원의 고통에 갑자기 복받쳤는지 울음을 터뜨리고 말았다. "험프리가 울면서 사무실 소파에 드러눕는 바람에 그 옆에서 한참을 달래야 했어요." 바이든은 그렇게 회고했다.

상원을 향한 바이든의 사랑은 뿌리가 깊다. 어쩌면 그가 의원이 되기 오래전부터였겠다. 1963년 스물한 살의 조는 워싱턴에 도착하자마자 곧바로 상원으로 향했다. 그는 복도에서 부의장 집무실에 고개를 디밀었고, 마블룸*도 기웃거렸다. 상원의원들이 가죽의자에 앉아 담배를 피우거나 신문을 읽고 있었다.

주변에 아무도 없었다. 조는 혼자 복도를 따라 걷다가 마침내 회의실까지 들어갔다. 조는 경외감에 연단까지 걸어가 부의장 의자에 털썩 앉아 회의실을 둘러보았다. 그렇게 한참 깊은 명상

---

* Marble Room: 상원의원들의 휴게소 같은 방

에 빠져 있다가 의사당 경관의 목소리에 정신을 차렸다. 결국 지하실에 끌려가 신문을 당하고, 경관은 이름과 주소를 적은 다음에야 풀어주었다.

10년 후 바이든이 초선의원 자격으로 회의실에 들어가는데 경관이 앞을 막아 세웠다.

"바이든 의원님, 절 기억하십니까?" 경관이 물었다.

바이든은 잘 기억이 안 난다며 사과했다.

"10년 전 의원님을 잡은 놈입니다. 내일 은퇴하지만, 의원님, 환영합니다. 돌아오셔서 기쁩니다." 그가 활짝 웃으며 인사했다.

그 후 30년이 흐르고 조 바이든은 상원의 핵심 인물이 되었다. 난관이 있을 때마다 그에게 이정표가 되어준 것도 상원이었다. 오바마의 부통령으로 취임하기 전 퇴임연설에서 그는 이렇게 선언했다. "난 언제나 상원의 분신으로 남을 것입니다. '아버지'라는 명칭을 제외하면, '부통령'을 비롯해 미국 '상원의원'보다 더 자랑스러운 직함은 없습니다."

버락 오바마에겐 바이든 같은 '감성적인' 감정이 없었다. 상원을 존중하기는 해도 상원이 고향이 될 수는 없었다. 바이든을 비롯해 고참 의원들의 감수성과는 분명 차이가 있었다. 데이비드 액셀로드의 말처럼, "오바마는 상원에서 늙어갈 생각이 손톱만치도 없었다." 활동적인 초선의원은 상원의 느려터진 행보가 맘에 들지 않았다. 주 의회에서도 종종 이렇게 말했다. "우리는 회기마다 100건의 법안을 처리하잖아요? 상원은 20건이 고작입니다."

끝없는 토론과 겉치레, 의원들의 허풍, 오바마는 그때마다 얼굴이 벌겋게 상기될 정도로 격앙됐다. "오바마가 보기에 상원은 말만 많고 행동은 부족했다." 액셀로드의 설명이다. 회기가 끝나면 오바마는 엄지와 중지를 떼었다 붙였다 하며 회의실 문을 나섰다. 쉴 새 없이 나불대는 입을 흉내 낸 것이다.

심지어 자신의 행태도 따분하기만 했다. 연설을 마치고도 불쾌한 심정으로 회의실을 나설 때도 종종 있었다. 액셀로드가 당시 기억을 떠올렸다. 오바마가 투덜댔다. "지겹고 지겨워. 여긴 온통 지겨운 일뿐이야."

임기 6개월쯤 지났을 때 시카고의 절친이자 민주당의 눈치꾼, 람 이매뉴얼Rahm Emanuel이 초선의원 오바마의 불만을 감지해내고, 데이비드 멘델 기자에게 일러바쳤다. "그 친구가 행복해 보여요? 내가 보기엔 상원 체질이 아니야."

징후는 임기 첫 몇 주부터 분명했다. 외교위원회가 열리기 전, 콘돌리자 라이스의 인사청문회에서 오바마는 초조하게 앉아 말할 기회를 기다렸다. 청문회가 열린 것은 마틴 루터 킹 주니어의 76번째 생일 기념일 바로 다음 날이었다. 그날, 콘돌리자 라이스의 등장으로 오바마는 자신의 의견을 밝힐 기회를 잡았다.

청문회가 시작되기 전 의원들이 속속 입장하고 있을 때였다. 오바마는 숯 색 줄무늬 정장에 회색 타이 차림의 날렵한 인상이었고, 국무장관 후보 라이스는 말쑥한 검은 정장에 진주목걸이와 귀걸이를 하고 있었다. 두 사람은 비어 있는 좌석 뒤에서 만나 악수를 나누고 잠시 담소를 나누었다. 그야말로 인종 장벽을 깨뜨린, 두 아프리카계 미국인 정치 스타들이 아닌가!

그 후 다섯 시간 이상이 지나서야 루가 의원이 발언권을 허락했다. 오바마는 고갯짓으로 화답한 뒤, 라이스와 세계의 핵심 과제에 대해 논하도록 허락해준 '역사'에 감사한다는 뜻의 인사치레로 포문을 열었다. "어제가 킹의 생신이었죠. 20년, 30년 전이라면 내가 이곳에 앉아 질문을 하는 것도 불가능했을 겁니다. 따라서 이 자체가 우리가 얼마나 많이 왔는가에 대한 시금석이 될 것입니다. 물론, 가야 할 길은 아직 멀기는 합니다만."

현란한 시간이 지나고, 오바마는 다시 자리에 앉았다. 잠시 후 바이든의 목소리가 쿵쿵 귓전을 때렸다. 터줏대감 바이든, 상원의 구태를 키운 장본인이다. 오바마가 상원에 실망하게 된 모든 폐해의 상징이었던 것이다. 바이든의 수석보좌관 앤터니 블링큰Antony Blinken도 '발 빠른' 초선과 '말 빠른' 노땅 사이의 심각한 차이를 눈치 챘다. "서로 차이가 컸죠. 오바마는 바이든이 쏟아내는 말을 들으며 두 눈을 굴리더군요." 블링큰은 그렇게 회고했다.

처음에는 둘 다 나이 차이, 성격, 오바마의 스타성, 바이든의 사교성 등 서로의 피상만 보았다. 오바마는 적응기였음에도 대체로 '상원의 구렁이' 바이든을 외면했다. 구닥다리 정치가한테서 뭘 배운단 말인가. 액셀로드는 당시를 회고했다. "두 분이 가까웠다고 할 수 없을 겁니다."

라이스 청문회가 있던 날 오후, 바이든은 말하고 또 말했다. 오바마는 거의 듣지 않았다. 여기 최악의 상원이 있다. 행동은 없고 소음만 무성한 상원. 그 상원은 바로 조 바이든이었다. "자, 제가 그랬죠? 언제였지? 6개월? 8개월? 더 오래전일 수 있지만 아무튼 내 말은…" 바이든에게 위원회 테이블에서 재잘거리는 정도는 추수감사절에 가족과 함께 칠면조와 호박을 먹으며 잡담하는 것과 다르지 않았다. 상원은 자기 집이고 남녀 의원은 가족이었다. 오바마가 삐쳐봐야 결국 가족의 일원일 뿐이다. 불평불만이 많은 젊은이라 달아날 궁리만 하는 게 문제이기는 했다.

오바마가 그러거나 말거나 바이든은 자기 자리에서 계속 떠들어댔다. "그런 식의 유추라면 수천 번도 더 들었잖소? 애치슨*이 드골을 만나서, 이를테면…."

마침내 오바마도 지치고 말았다. 바이든의 수다가 폭포처럼 이어지는 가운데, 그가 서류를 집더니 몇 마디 휘갈겼다. 그러고는 펜을 내려놓고 메모를 자신의 고문 로버트 깁스Robert Gibbs에게 넘겼다. 깁스는 회의 테이블 뒤에 앉아 메모를 내려다보았다. 바이든의 수다에 대한 반응이 다섯 글자로 요약되어 있었다.

"날 쏴요, 당장."

---

* Dean Acheson: 미국의 국무장관. 1949~1953년
  재임

2장

경쟁자들

오바마는 조 바이든의 매력을
찾아냈다. 외교정책 전문성 외에도
바이든은 자신의 가치를 충분히
보여주었고 유권자들과 오바마는 그
점을 높이 샀다. 좌고우면 없이 속내를
드러내는 사람, 계산속이 복잡한 정치
세계가 아닌가. 바이든이야말로 진정
믿을 수 있는 인물이리라.

세계 최고의 권력 미국 대통령을 향한 오랜 꿈

둘 사이엔 장벽이 하나 더 있었다. 그것도 집요한 장벽이⋯ '저 양반이 대선에 나설까?' 하는 문제다.

대선 문제는 2004년 민주당 전당대회에서 찬란한 연설을 마친 순간부터 버락의 머릿속을 맴돌았다. 민주당의 새로운 정치 스타가 아닌가. 대통령 경선에 기수로 나서지 않을 이유가 어디 있단 말인가.

대선은 조 바이든의 마음에서도 멀지 않았다. 1972년 가족의 불운 이후, 아니 그 이전부터 바이든은 늘 한쪽 눈은 백악관을 향해 열어두고 있었다. 2004년 말, 오바마라는 스타가 탄생했을 때도 이미 2008년 재도전을 심각하게 고려 중이었다. 오바마가 억측이라며 강하게 부인하고 있으나, 2008년 대통령 선거에 한 발 걸치고 있을 가능성은 얼마든지 있었다. 미국 최고의 정치 목표가 아닌가.

오바마가 의사당에 발을 딛기 전부터 그와 바이든은 경쟁자일 수밖에 없었다. 둘 다 정치적 야심이 뚜렷하고, 백악관이 부끄럽지 않을 만큼 스스로 우월하다고 믿기도 했다. 의사당은 그저 우의를 다지는 친목 장소는 아니다.

전당대회 연설 이후, 상원의원에 당선되기 전부터 오바마는 미국인들의 세대교체에 대한 기대감을 자극했다. 일리노이에서도 백인 중심의 맥커핀 카운티에서 선거 유세를 했을 때 중년의 백인 여성이 오바마의 연설을 듣고 기자에게 이렇게 얘기했다. "저 젊은이가 언젠가 미국 대통령이 될 거야. 그때까지 살아서 저 양반한테 투표하고 싶군 그래."

덴버에서 민주당 후보 켄 살라자르Ken Salazar를 위해 지원연설을 하는데, 아프리카계 미국 여성이 자기 아이들에게 또 다른 꿈을 꾸게 해주었다. "잘 봐두렴, 저 분이 언젠가 너희들 대통령이 되실 거야."

혹자는 오바마가 당장 치고 나가기를 바랐다. 일리노이, 터스콜라에서 유세 중에는 은퇴한 농부가 상원 후보 오바마를 재촉했다. "다음 선거에는 꼭 대통령에 입후보해주세요." 흑인 학생들도 2008년 경선에 뛰어들 것을 주문했다.

오바마가 상원 입후보에 집중하고자 애쓰는 한편, 대통령 출마 얘기는 그가 지난 20년간 보듬었던 바람에 불을 지폈다. 1987년으로 거슬러 올라가 보자. '총명하고 아름답고 열정적인 네덜란드계 일본 여성' 셰일라 미요시 예거와 교제할 때였다. 스물다섯 살의 오바마는 비로소 자신의 '소명'을 깨달았다. 어린 시절에는 케냐-미국의 후손이자 다문화적 국제주의자로서 운명을 규정했으나 본질적으로 아프리카계 미국인이 자신의 정체성이었던 것이다. 그 깨달음 덕분에 오바마는 정치에 뛰어들었고 예거와 헤어졌다.

데이비드 개로우David Garrow의 저서 《떠오르는 별Rising Star》

에서, 예거는 당시의 느낌을 이렇게 묘사했다. "오바마의 '흑인으로서의' 정체성 확인은 정치를 하겠다는 결정과 직접적으로 관계가 있었어요. 그 결심은 세계에서 가장 강력한 인물이 되겠다는 욕구와 욕망으로 이어졌죠."

그리고 그 목표는 아프리카계 미국 여성과 결혼해야 가능했다. 시카고에서 정치를 시작하는 한 그 지역 정치 환경에서 활동하는 여성이어야 했다.

예거가 개로우에게 한 말에 따르면, 1987년경 오바마는 "이미 대통령이 될 꿈을 꾸고 있었어요. 정치에 입문해 대통령이 되겠다는 야심을 여러 차례 말했어요. 우리 세계가 너무 제멋대로라며 갈등에 대해 얘기를 시작한 것도 그때였죠." 두 연인은 그 후 몇 년간 헤어졌다 만났다를 반복했지만 결국 깨지고 말았다.

아프리카계 미국 아내와 정치에 뛰어들기로 결심한 후 오바마는 결코 흔들리지 않았다. 1989년경 그는 미셸 로빈슨과 데이트를 했다. 자유 세계의 지도자가 되겠다는 욕망도 키웠다. 미셸의 오빠 크레이그가 일종의 통과의례로 오바마를 농구장으로 데려간 적이 있었다. 버락은 크레이그의 농구 시험을 통과했으나 정치적 야망에는 빨간 딱지를 받았다.

크레이그가 데이비드 멘델 기자에게 이렇게 얘기했다. "버락은 그러니까, '흠, 난 정치가가 될 겁니다. 솔직히 미국 대통령도 될 수 있는 일 아니겠습니까?'라는 식이었죠. 그래서 그랬어요. '그래, 그래, 좋아, 우선 그레이시 숙모를 만나보게… 그리고 다른 사람한테는 그 얘긴 하지 말게나.'"

15년쯤 후, 선거 유세 동안 오바마는 다시 조심스럽게 야심을 드러냈다. 자칫 오만으로 비칠 수 있겠지만 참모들 생각에는 한시라도 빨리 전국적 지지를 확보할 필요가 있었다. 인기가 높은 덕에 일리노이 외부에 나가서도 자금을 모집하고 정치 견해를 피력할 수 있었으나 대부분 은밀하게 이루어졌다. 다른 주에서 군중과 자금을 끌어들이는 능력이야 말로 얼마나 빨리 대통령 경선에 나갈 수 있는가를 가늠하는 신호였다.

〈시카고 선타임스Chicago Sun–Times〉의 호전적인 기자, 린 스위트Lynn Sweet는 집요하게 오바마의 뒤를 쫓으며 괴롭혔다. 오바마가 다른 주를 방문해놓고 언론에는 쉬쉬한다는 것이다. 2004년, 선거 한 달 전쯤의 기사에서는 지난 몇 주 동안 오바마가 "오하이오, 텍사스, 매사추세츠, 미시시피, 앨라배마, 미네소타를 돌아다니며 후원금을 모으고 연설을 했다"고 적었다. "오바마의 교묘하고 은밀한 유세는… 정치자금과 인기 유지를 위해 다른 주로 여행하는 문제는 비밀을 원칙으로 하기 때문"이라며 투덜대기도 했다. 그의 선대위도 연방선거관리위원회에서 요구하는 모금활동 보고서를 모두 잘 정리해두면서도 블로그에는 대부분 일리노이 행사만을 업로드했다.

"오바마가 다른 후보자들보다 활동이 특별하다는 얘기가 아니다. 그저 남들보다 기만적일 뿐이다." 스위트의 결론이다.

선거에서 승리한 다음 날, 오바마는 선대위 본부에서 기자 패거리들과 맞닥뜨렸다. 잠을 두 시간여밖에 자지 못한 터라 눈도 침침하고 오한까지 있었다. 21개월간의 유세로 거의 탈진한 것이다. 그 전날 당선사례 연설에서도 피로는 역력해 보였다. 그런데도 기자들은 단 하나의 질문만 집요하게 물고 늘어져 오바마는 그 질문을 비껴가기 위해 혼신의 힘을 쏟아야 했다. "6년간의 상원 임기를 마칠 생각입니까? 아니면 2008년 대통령에 출마할 겁니까?"

백악관을 향한 야심은 그의 내면에서 은밀하게 꿈틀거렸다. 사실 타이밍이 문제였다. 한사코 부인하는 것도 능사는 아니었다. 선배 정치가들은 그가 아직 미숙해서 2008년 경선까지 고려할 리 없다고 단정했다.

머리와 마음속 충동이 아무리 강해도 가십에 시달릴 생각은 추호도 없었다(정치적 멘토 데이비드 액셀로드도 이 시점에서 대통령 출마는 고려사항이 못 된다며 선을 그었다). 의원의 임무를 가볍게 여긴다는 비난도 원치 않았다. 질문에 답하기 전 그가 액셀로드에게 주장했다. "소문부터 막아요. 그래야 위로 올라갈 수 있으니까."

기자들은 예상대로 집요하게 파고들었고 오바마는 어떻게든 비껴나갔다. 그러던 중 어느 순간 그도 완전히 화가 나고 말았다. 짐짓 말귀를 알아듣지 못하는 아이들을 다루듯이, 오바마는 기자들의 동일한 질문에 세 가지 방식으로 대답했다. "대통령 출마는 하지 않습니다." "4년 후의 대선에는 관심 없습니다." "2008년 대선에 나가지 않아요."

〈시카고 선타임스〉의 린 스위트는 여러 차례 오바마의 말을 가로챘다. 그의 기계적인 손사래가 짜증스러웠던 것이다. 린은 보충설명이 필요하다고 우겼고 오바마도 퉁명스럽게 쏘아붙였다. "린, 당신은 질문이 아니라 답변까지 대신해줄 셈인가요? 다음 질문으로 넘어갑시다."

기자회견이 끝난 후, 스위트에게 분명한 어조로 알려주었다. "그 문제를 물고 늘어지는 바람에 마음이 편치 않군요. 벌써 이번이 다섯 번째요." 그는 그렇게 투덜댄 다음 그녀를 다른 사무실로 데려가 비밀 인터뷰를 이어갔다.

액셀로드는 당선자의 대선 야망에 대해, 자신과 오바마가 세상에 알려주고 싶은 내용을 이렇게 요약해주었다.

"국민의 기대를 부추길 생각은 없습니다. 그보다 불씨를 없애려 애쓰는 중이죠. 바닷물이라도 끌어들여 불씨를 끄고 싶어요. 작은 불씨도 남기지 않고. 이런 논쟁은 그에게도 좋지 않아요."

어떤 선택이 정치적으로 가장 올바른가? 오바마가 늘 마음에 새기는 질문이다. 그 순간, 상원에 제대로 적응하느냐의 여부는 대선 야망에 대해 어떻게 침묵을 지킬 것이냐에 달렸다고 해도 과언이 아니다. 오바마와 보좌관들은 정치적 성공이 타이밍에 달렸다는 사실도 이해했다. 기조연설 덕분에 상원 선거에서 대승을 거두고 뜨거운 관심을 끌어들였다.

사실 정치적 성공은 여세에 달려 있다. 물이 들어올 때 노 저어야 한다. 현재의 인기에 취해 2008년의 기회를 날려버린다면? 그 후 대선에서 그를 겸양이 미덕인 후보로 국민이 기억해줄까? 정치적 명망처럼 부질없는 것도 없다. 전당대회에서 박수갈채를 받고 며칠 후, 한 기자에게 속내를 털어놓기도 했다. "음, 정말, 너무 신기하네요. 어차피 부질없는 순간들이겠죠?" 언제까지나 신인일 수만은 없다는 사실도 잘 알고 있었다. "화려한 조명도 언젠가 꺼질 겁니다."

속내를 감추지 않는 솔직한 사람, 바이든

오바마가 대통령 출마 야망을 극구 감추는 반면, 조 바이든은 성격대로 속내를 있는 대로 내비쳤다. 존 케리가 2004년 대선에서 패배한 순간 바이든은 2008년 민주당 경선에 나서기로 마음을 굳게 다졌다.

1988년 패배의 상흔이 여전히 남아 있었다. 영국 노동당 당수 닐 키노크Neil Kinnock의 연설을 표절했다는 사실을 인정하고 수치스럽게 무대에서 내려왔지만 어쩌면 문제는 그보다 훨씬 심각했다. 바이든은 야망만 넘칠 뿐 메시지가 없었다. 자신이 누구인지, 정확히 왜 경선에 뛰어들었는지 자기 자신도 제대로 몰랐던 것이다.

지명의 명분을 찾기까지 그 후로도 15년쯤 걸렸다. 조지 W. 부시 대통령의 외교정책을 향한 넌더리, 그의 결정을 따르는 신보수 공화당원들, 무엇보다 이라크 전쟁 조작이 최악이었다. 마침내 바이든은 외교정책 전문가로 우뚝 서서 당당하게 얘기하기 시작했다.

아무튼 바이든은 민주당 지명에서 처음부터 승산이 없었다. 대선에 재도전하다가 정치적 입지까지 흔들릴 위험이 있었다. 힐러리 클린턴이 이미 민주당 지명을 굳힌 듯 보였다. 여기에 오바마까지 뛰어든다면 말 그대로 첩첩산중이다. 그 사이 바이든은 질과 재혼을 했다. 그녀는 1975년에 그의 삶에 들어와, 네일리아가 죽고 5년 후인 1977년에 바이든과 결혼을 했다. 질은 바이든이 과거 경선에서 겪은 고통을 알기에, 또 다시 무모한 도전으로 상처받을까 불안해했다. 이번에도 패배하면 상처가 더욱 커질 것이다.

2008년을 향한 꿈이 머릿속에서 뱅뱅 돌았지만, 2004년 낸터킷에서 추수감사절 가족모임에서도 입을 꾹 다물었다. 아니, 질에게만은 귀에 딱지가 앉도록 얘기했다. 결국 질이 델라웨어의 집으로 가족을 불러들였다. 크리스마스 며칠 전이었다. 질은 조에게도 가족들이 왜 모이는지 얘기하지 않았다. 전날 밤 침실에 들어서야 그저 다음 날 아침 서재에서 가족이 모인다고 전했을 뿐이었다. "당신한테 할 얘기가 있어요." 질이 조에게 말했다.

필시 2008년 대망을 사전 봉쇄할 모양이라고 생각한 조는 그날 밤을 꼬박 새우다시피 했다. 아들 보와 헌터, 질, 둘의 딸인 애슐리, 밸러리, 오랜 친구이자 정치고문인 테드 카우프만Ted Kaufman이 참석한다고? 밤새도록 머릿속에서 그들이 말리는 애원의 소리가 들렸다. "왜 골치 아픈 일을 끌어들이려 해요? 또 떨어지면요?" 아이들도 가세했다. "아빠, 하지 말아요. 아빠가 힘들어 하는 모습 더 이상 보고 싶지 않아요."

다음 날 아침 가족들이 다 모였다. 조는 사형선고(?)를 듣기 위해 난로 옆 등받이의자에 앉았다. 질이 회의를 주도했다. 다들 생각은 해봤을 테니 오늘은 최선의 결정을 내려야 했다. 조와 나라를 위해 어떤 선택이 옳은가? 조는 각오를 다졌지만 질의 입에서는 예상 밖의 판결이 흘러나왔다. "난 당신이 뛰었으면 해요."

바이든은 당혹스러웠다. 얼마나 놀랐던지 평소와 달리 반응도 단 한 글자였다. "왜?"

질은 이번이 조에게 적기라고 믿었다. 그녀 역시 조지 W.

부시의 당선과 이라크 전쟁 정책이라는 재앙 때문에 망연자실해했다. "우린 당신이 미국을 통일할 수 있다고 믿어요." 질의 대답이었다.

가족의 지지를 얻자마자 바이든은 곧바로 전략을 짜기 시작했다. 두 달 후쯤엔 경선 참여를 고려 중이라고 여기저기 일찌감치 흘리기도 했다. 그리고 2005년 6월 19일 일요일, CBS의 〈페이스 더 내이션Face the Nation〉에 출연해, 자신의 계획을 숨김없이 털어놓았다.

앵커 밥 쉬퍼Bob Schieffer가 오프닝 멘트를 했다. 민주당의 델라웨어 상원의원 조 바이든이 다양한 화제에 대해 "주요 대변자로 부상하고 있다"고 말했다. 특히 이라크 상황에 대해 미국을 "늪에 빠뜨렸지만" 그럼에도 "국무장관 콘돌리자 라이스는 폭동을 진압하고 이라크를 테러리스트로부터 구할 수 있다"며 "낙관적인 전망을 내놓고 있다"고 말했다. 쉬퍼는 바이든을 향해 고개를 끄덕였다. 그는 바이든이 현재 외교위원회에서 활약 중이며, 이라크를 다섯 차례 방문하고 얼마 전에 귀국했다고 소개한 다음, 현지 상황을 어떻게 보고 있는지 물었다.

바이든은 짙은 정장에 흰색 셔츠, 선홍색 타이 차림이었다. 흰색 손수건의 삼각형 끄트머리가 재킷 주머니 밖으로 삐죽 삐져나왔다. 바이든은 매달 차량 폭탄의 수가 급증하고 그에 따라 사상자도 크게 늘어났다고 말했다. "이런 상황만 보더라도 워싱턴의 자화자찬과 현실 사이에는 큰 차이가 존재합니다."

바이든은 부시 정부가 국민에게 거짓말을 하고 있다고 단언했다. "그 말을 믿는 사람이 아무도 없는데, 라이스 국무장관은 왜 '마지막 진통이다,' '거의 다 끝났다,' '상당한 진전이 있다'는 식으로 설명하는지 이유를 모르겠습니다. 분명한 사실 하나는 이라크 사람들은 미국인을 믿지 않습니다."

바이든은 이라크 사태를 해결할 돌직구형 지도자이자 대통령 후보로서 경력을 쌓아가고 있었다. 인터뷰 말미에 쉬퍼가 바이든에게 기회를 열어주었다. "사람들 얘기로는… 아니, 의원님께서 대선에 나갈 의향이 있다고 말씀하셨죠? 그런데… 언제부터 대통령 선거에 출마해야겠다고 생각하신 겁니까?"

선거가 3년이나 남았지만 바이든은 모든 가식을 내려놓았다. 오바마를 비롯해 백악관을 노리는 정치인이라면 분명 한 발뺐을 일이다. "지난 11월 이후로 대선을 염두에 두고 움직였어요. 민주당 지명을 받을 생각입니다. 그러니까… 음, 좀 더 조심해야 한다는 생각도 했습니다. 또, 아직 그 단계가 아니라고 말할 수도 있겠죠. 하지만 솔직히 말해서, 금년 11월이나 12월경 경선 승리가 확실해 보이면, 음… 그럼 경선에 나설 생각입니다."

쉬퍼는 조기 선언의 의미를 깨닫고 서둘러 인터뷰를 마쳤다. 노련한 기자가 특종 냄새를 맡은 것이다. "예, 하나만 더 말씀드리죠. 의원님, 오늘 의원님은 대단한 뉴스를 만드셨습니다."

속내를 감추던 오바마, 드디어 대선 출마를 선언하다

바이든이 일찌감치 야심을 털어놓은 반면, 오바마와 책사들은 은밀하게 대선 가능성을 두드렸다. 상원에 입성한 첫 해, 선거구에 집중함으로써 의원의 역할을 충실히 수행했다. 그리고 그동안 수석보좌관 피트 라우즈Pete Rouse는 오바마가 2006년 전국 무대에 재등장할 수 있도록 조심스럽게 작전을 펼쳐나갔다.

"2008년 경선을 위해 2006년을 활용할 생각인지 아닌지, 마음을 정할 때가 되었습니다." 그가 메모에 남긴 글이다. 라우즈에 따르면, 오바마가 2008년에 출정할 마음이 있다면, 2006년에도 '은밀하게' 처리해야 할 논쟁도 많고, 내려야 할 결정도 엄청나게 많았다. 오바마는 라우즈의 메모에 이렇게 휘갈겼다. "정합시다."

핵심 전략도 곧 드러났다. "자 이제 계획한 대로 버락의 영역을 확대해야 합니다. 핵심 정치인, 기부자, 지방 매체와도 자주 만나고 정치, 정책 팀도 보강해야 해요. 개인적인 자금모금 액수도 올리고 적절한 기회를 봐서 민주당에 대안도 제시해야 하고요." 고문 액셀로드가 말했다.

오바마는 조용히 작전을 수행하면서도 속내를 드러내지 않았다. 그를 위해 애쓰는 조언자들한테도 말하지 않았다. 겉으로 보면 2008년 대선에 나서지 않겠다는 약속에 충실한 듯 보였다. 2006년으로 넘어간 후에도 한참 동안 그의 반응은 묵묵부답이었다. 오바마의 말을 듣노라면 대선은 전혀 긴급한 문제가 아니었다.

"믿거나 말거나, 2006년에도 나는 물론 주변 사람들한테도 대선을 고민 중이라는 속내를 드러낸 적이 없습니다. 어디까지 대선 출마 의향이라고 정의할지 해석의 여지는 있겠지만, '생각해보기 시작했다'를 기준으로 한다면, 2006년 여름까지도 가능성이 별로 없었죠." 라우즈는 그렇게 증언했다.

2006년 1월 22일, NBC의 팀 러서트Tim Russert가 오바마의 의향을 찔러보았다. 〈미트 더 프레스Meet the Press〉의 앵커로서, 2004년 11월 상원의원 당선 직후, 대선 의향을 물었지만 오바마의 대답은 "상원의원으로 6년 임기를 기필코 채우겠다"였다.

러서트가 다시 미래에 대해 질문했다. 오바마의 대답은 뉘앙스가 조금 달라졌다. "깊이 생각해본 적은 없지만… 말씀드린 대로, 음… 제 목표는 더 높은 공직에 출마하는 것이 아니라, 일리노이 주민께서 맡긴 일에 매진하는 것입니다."

러서트도 지지 않았다. "다 좋은데, 그동안 생각이 조금 바뀐 것 같습니다. 지난 달 〈시카고 트리뷴〉에 이렇게 말씀하셨죠? '임기를 마치기 전에 다른 공직에 출마할 생각은 없으신가요?' 라고 물었더니 이렇게 대답하셨어요. '그럴 생각은 추호도 없습니다.'"

오바마는 흔들림 없이 러서트의 추궁을 맞받아쳤다. "6년 임기를 다 채울 겁니다. 이봐요, 팀, 그런 식으로 묻고 또 물으면 조만간 당신도 물릴 겁니다. 그럼 다른 방식으로 물려고 하겠지만 물론 제 생각은 변함없습니다."

"그럼 2008년은 대통령이든 부통령이든 출마하지 않으실 거죠?" 러서트는 확실한 답변을 촉구했다.

"네, 안 해요. 안 합니다." 당시만 해도 오바마의 대답은 확고부동했다.

그해가 지나가면서, 매체들의 호들갑 덕분에 오바마를 향한 대중의 사랑만 깊어졌다. 그런 환호 때문에라도 잠재적 후보군에서 제외되는 것은 사실상 불가능했다.

〈뉴스위크〉의 흑인 기자, 엘리스 코즈Ellis Cose에 따르면, 오바마는 '예전에 없던 정치 현상'이었다. 〈시카고 선타임스〉의 린 스위트도 오바마의 부풀려진 이미지를 감지하고 대중의 환호가 그의 생각에 미칠 영향을 이렇게 기록했다. "카리스마의 오바마가 상승일로다." 그리고 매체의 질문을 대하는 그의 대답이 "대선 출마 생각에 머리가 복잡해졌음을 보여주었다"라고 덧붙였다.

미국은 여전히 9·11의 그림자 속에서 신음 중이었다. 수렁과 다름없는 이라크 상황, 부시 행정부는 여전히 의심스럽고 테러와의 전쟁 전술도 갈수록 점입가경이었다. 아부그라이브 교도소에서 미국 병사들이 이라크 죄수들을 고문하고 성폭행까지 한 사실이 드러나면서 미국인으로서의 자긍심도 바닥이었다.

이런 부시 패거리의 야만성과 거짓말에 비해, 오바마는 지성과 이성, 변화와 희망을 상징했다. 오바마는 그야말로 황폐한 들판에 부는 '신선한 바람'이었다. 그것도 오바마가 낙승한 바로 그날 밤, 시카고의 북서쪽 백인 지역 유권자가 한 표현이다. 힐러리 클린턴이 부시의 훌륭한 대안이기는 하지만, 결국 그녀도 있는 그대로의 세상이자 낡은 정치를 대변할 뿐이었다. 조 바이든은 논의에 끼지도 못했다.

후보군으로서 여전히 미확정임에도, 사람들은 오바마를 미국의 새로운 비전이라고 여겼다. 비전이 빈약하다 싶으면 유권자들이 직접 구체적인 내용을 채워나갔다. 〈시카고 트리뷴〉의 기자

돈 테리Don Terry는 오바마를 이렇게 설명했다. "그는 로르샤흐 검사다.* 우리는 보고 싶은 것만 보고 있다."

〈뉴스위크〉의 코즈 기자는 사람들이 어떤 식으로 오바마에게 자신의 꿈을 투여하는지 조명했다. 코즈에 따르면, 오바마는 '국민이 인종과 추악한 과거까지 뛰어넘어 자신이 보고자 하는 나라, 그 자체'였다.

인기가 아직 부족하다고? 걱정할 것 하나 없다. 2006년 저서 《담대한 희망》은 출간 즉시 나라 전체를 뒤흔들고 오바마는 의도대로 전국 무대에 재등장했다. 그 책이 새로운 정치 선언서를 의도한 것처럼 비평가들도 당연하다는 듯 선거용으로 받아들였다. 〈퍼블리셔스 위클리Publishers Weekly〉는 그 책이 '혼잡하고 무미건조한 제안들'을 담았다며 혹평을 했고 〈뉴욕타임스〉의 미치코 가쿠타니Michiko Kakutani도 노골적으로 불평을 터뜨렸다. 오바마의 책은 어느 모로 보나 '선거연설 초고'였다.

그럼에도 불구하고 《담대한 희망》은 〈뉴욕타임스〉 베스트셀러 1위까지 치고 올라갔다. 오바마는 북 콘서트를 위해 전국을 누비며, 열광적인 독자는 물론 NPR의 〈올 씽즈 컨시더드All Things Considered〉, NBC의 〈투데이쇼The Today Show〉, CNN의 〈래리 킹 라이브Larry King Live〉, 〈오프라 윈프리 쇼The Oprah Winfrey Show〉까지 주요 미디어를 독점했다.

"대선 논의가 진행 중인가요?" 어느 방송의 질문에 오바마는 새로운 방법으로 질문을 비켜나갔다. "아내 미셸이 못 하게 할 겁니다." 하지만 야망은 심장을 두드렸다. 후보로 나서라는 외침을 듣고 여세를 느꼈다. 〈시카고 트리뷴〉의 클레어런스 페이지

---

* Rorschach Test: 정신병 진단과 성격 연구를 목적으로 하며 잉크 형태의 좌우 대칭 도형 10개를 사용한다.

Clarence Page도 오바마가 가능성을 타진해야 한다고 주장하는 언론인 중 하나였다. "기회를 잡으세요. 의원님의 출마에 대해 이렇게 열정적인 목소리들을 다시는 듣지 못할 수 있습니다."

내심 오바마도 한 발짝씩 출마를 향해 다가갔으며 지지자들의 목소리도 충분히 인지했다. "많은 사람이 출마 얘기를 하는데, 적어도 신중하게 살펴볼 필요는 있지 않겠어요?" 그가 액셀로드에게 물었다.

하지만 공개적으로는 아무것도 드러내지 않았다. 〈뉴욕타임스〉 편집장 데이비드 렘닉과의 인터뷰에서는, 힐러리 클린턴이라는 훌륭한 후보가 있는데 자기가 나서야 할 이유를 모르겠다며 너스레를 떨었다. 렘닉이 "그럼 누가 힐러리 클린턴을 상대로 입후보 하죠?" 하고 묻자, 오바마는 "그야 모르죠"라며 가볍게 넘겼다.

렘닉은 그의 대답을 믿을 수 없었다. "한 번도 생각해본 적이 없다는 말씀인가요?"

"예 없습니다." 오바마가 대답했다.

"정말로?"

11월 중간선거 때도, 크리스마스 휴가 때도 오바마는 입을 꼭 다물었다. 가족여행으로 하와이에 다녀온 후 오바마는 청바지에 화이트삭스 야구모자 차림으로 액셀로드 사무실을 깜짝 방문했다. 그리고 대통령 입후보에 대한 고민과 선거 유세가 가족에 미칠 충격에 대해 얘기했지만 그때도 약속은 하지 않았다.

액셀로드가 저서 《빌리버Believer》에서 밝혔듯, 오바마는 사무실에서 나가자마자 액셀로드의 동료 포레스트 클레이풀Forrest

Claypool과 맞닥뜨렸는데 그 역시 입후보 가능성에 대해 물었다. 오바마는 이렇게 답했다. "아직 나설 때가 아니라는 생각은 들지만… 때가 사람을 고르기도 하잖아요?"

수석보좌관 라우즈도 이틀 후 오바마를 만났다. "음… 결심은 했어요. 여하튼 이번 주말에 집에 가서 후회하지 않을 자신이 있는지 확인부터 하렵니다."

며칠 후 오바마는 액셀로드를 불러 이렇게 말했다. "합시다… 아내하고 상의했는데 가족을 위해 더 없이 좋은 기회라는 데 동의했어요." 오바마 부부는 유세 때문에, 그리고 승리할 경우 백악관 생활 때문에 두 딸이 혼란에 빠질 염려는 별로 없다고 판단했다. 말리아와 사샤가 각각 아홉 살과 여섯 살이었다. 나이가 더 많다면 더 어려웠을 수도 있으리라. 버락의 마지막 장애, 즉 가족을 혼란에 빠뜨리거나, 아내의 사랑을 잃을지도 모른다는 불안이 해소된 것이다.

2007년 1월 16일 오바마는 웹사이트에 3분짜리 영상을 올려 자신의 결정을 전국에 알렸다. "저는 오늘 대선준비위원회를 꾸리기 위해 서류 작성을 합니다. 그리고 2월 10일… 친구, 이웃, 미국 동포 여러분과 계획을 공유하겠습니다."

2월 10일 토요일, 그는 짙은 외투에 스카프를 걸치고, 일리노이 스프링필드의 구의사당 앞에 섰다. 아내, 두 딸도 함께였다. 연설은 액셀로드의 각본에 따라 단단히 벼려졌다. 이번 선거운동은 후보자 오바마의 이야기는 물론, 국내외 상황에 대한 이해가 바탕이 되어야 했다. 벤 월러스–웰즈Ben Wallace-Wells 기자가 묘사했듯이, 액셀로드는 "작가의 시각으로 선거 유세를 보았다. 아이디어뿐 아니라 진실하고 진정한 인물, 개성에 바탕을 둔 특별한 정치가 필요하다는 점을 분명히 깨닫고 있었다."

추위에 잔뜩 움츠린 군중들 앞에서 연설을 하며, 오바마는 자신을 미국 정치와 사회를 바꾸려는 초선의원으로 규정했다. 그는 일필휘지로 자신의 성격과 인생 여정을 그려냈다. 가난한 마을의 공동체 조직원에서 시작해 시민권 변호사, 헌법 강사로 일하다, 그곳에서 주 의원을 거쳐 미국 상원의원까지 올라왔다. 미국의 품위에 대해서도 목청을 높였다. 자신이야말로 교육, 보건, 임금 개선을 위한 적임자다. 군을 이라크에서 데려오겠다는 약속도 했다. 후렴처럼 "보다 희망 찬 미국을 건설하자"고 이야기했다.

오바마는 언변이 화려했다. "구의사당은 링컨 대통령께서 한때 '분열된 집이여 단결하라'고 외쳤던 곳입니다. 공동의 희망과 꿈은 이곳에 여전히 살아 있습니다. 제가 오늘 여러분 앞에 선 이유는 미국 대통령 선거에 입후보하겠다는 결심을 알리기 위해서입니다." 지지자들이 하늘이 떠나갈 듯 환호했다. 그들은 오바마의 스타일과 매력, 보편성에서 자신들의 꿈을 찾고 싶어 했다.

출사표를 던진 첫날부터 꼬인 스텝

오바마의 대선 출마 선언으로 전국이 들썩였다. 그럼에도 여전히 지명 가능성은 높지 않았다. 2008년 민주당 대선후보 지명의 확실한 선두주자는 힐러리 클린턴이었다. 오바마, 바이든을 비롯해 다른 주자들은 엄청난 장벽을 뛰어넘어야 했다. 2004년 11월 2일로 거슬러 올라가면 조지 W. 부시 대통령이 재선에 성공하던 날 밤, 영국 배팅회사 래드브로크스Ladbrokes는 2008년 클린턴이 백악관을 점령할 승률을 5대 1로 보았다.

상징성도 환호도 크게 미치지 못했지만 조 바이든 역시 1월 7일 일요일, NBC의 〈미트 더 프레스〉에 출연해 입후보를 선언했다. 오바마보다 한 달 이상 빠른 시기였다. 장점은 외교 정책 경력과 이라크 전쟁의 혼란상을 해소하겠다는 결심이었다.

바이든은 5단계 해결방안을 공동 기획했다. 기획안에 따르면 전국에 소수민족 지역 연맹을 창설해야 했지만 실용성이 떨어지는 데다 중앙정부를 약화시킨다는 이유로 크게 비판받았다. 그는 또 이라크에 수천 명의 병사를 추가 파병하겠다는 부시 계획에 반대하고 대신 미군의 단계적 철군을 주장했다. 2004년 선거에서 민주당이 상원의 다수당이 된 후 외교위원장으로서의 역할에도 사람들의 기대가 컸다.

〈미트 더 프레스〉에서 바이든과 앵커 팀 러서트는 얼마간 외교정책을 논의했다. 덕분에 바이든의 전문성도 충분히 과시했다. 러서트는 그 다음 더 큰 질문을 던졌다.

"대선에 나갈 겁니까?"

바이든은 솔직히 대답했다.

"대선에 나가겠습니다."

"힐러리 클린턴, 버락 오바마 등과 경쟁하시겠다고요?" 러서트의 질문에는 지명까지 길이 험난하다는 뜻이 담겼다. 분명 바이든은 엄청난 산들을 넘어야 했다. 하지만 하나만은 분명했다. 지난 대선처럼 조명도 제대로 받아보지 못한 채 나가떨어지는 일은 결코 없을 것이다. 이번에는 어떻게 움직여야 하는지 알고 있다고 단언했다.

"난 조 바이든이 될 겁니다. 무엇보다 최고의 바이든이 되려고 노력하겠습니다. 그럼 기회는 있습니다. 아니면 실패하겠죠."

버락 오바마와 조 바이든은 지구 최대의 정치 트로피를 노리는 라이벌이 되었다. 둘 중 누구도 우애를 구하지 않았다. 상대의 자질이나 소신을 존중한다 해도, 그런 얘기는 거의 없었다. 마지못해 한두 마디 던지기는 했을 것이다. 단어 하나하나 신중해야 했으나 그 전술도 오바마에게는 천부적인 반면 바이든에게는 턱없이 부족했다.

〈미트 더 프레스〉에서 대통령 경선에 뛰어들겠다고 공언한 후, 바이든은 1월 말 수요일 아침, 자신의 유세 웹사이트 동영상으로 입후보를 공식 선언했다. 문제는, 뛰어들자마자 설화에 휘말리고 말았다. 다음날 〈시카고 트리뷴〉은 헤드라인으로 이렇게 정리했다.

"바이든, 말horse이 아니라 말language에 박차를 가하다."

〈뉴욕 옵저버York Observer〉와의 인터뷰가 화근이었다. 인터뷰는 워싱턴의 어느 디너파티에서 스프를 먹으며 진행되었다. 그날은 가볍게 청색 셔츠와 적색 카디건 차림이었다. 도우미 격으로 노트북도 지참했건만 얼마 후 노트북을 옆으로 밀치더니 바이든은 즉흥적으로 인터뷰에 응하기 시작했다.

그는 우선 이라크 전쟁에 대한 경쟁자들의 해결책부터 물고 늘어졌다. 힐러리 클린턴? "그야말로 재앙이죠." 12월에 입후보를 선언한 존 에드워즈John Edwards에 대해서도 "말인지 망아지인지"라며 한껏 폄훼했다. 그리고 버락 오바마, "오바마로부터는 계획이든 전술이든 한마디도 들어본 기억이 없군요."

이런 식의 언급은 전형적인 경쟁자 저격으로 치부할 수 있었다. 그런데 언제나 그렇듯이 일이 꼬이고 말았다. 제이슨 호로비츠Jason Horowitz 기자는 〈옵저버〉에 기사를 써서, 바이든이 "힐러리 클린턴 만큼이나 오바마를 '불신'했지만, 그 표현을 '에둘러' 했을 뿐이다"라고 적었다. 드디어 바이든이 말language에 박차를 가하기 시작한 것이다. "논리정연하고 총명하고 단정하고 잘생긴, 최초의 주류 아프리카계 미국인이 등장했어요. 맙소사, 그게 바로 동화책 아닙니까?"

호로비츠는 그 표현에 대해 이렇다 저렇다 논하지 않았다. 논쟁도 해설도 조명도 더하지 않았다. 그냥 백지 위에 도화선처럼 그렇게 방치해둔 것이다. 하지만 바이든의 설화는 그가 입후보를 선언한 바로 그날 터지고 말았다. 그 인터뷰의 오프닝멘트 일부가 배포되면서 언론매체들이 벌떼처럼 달려들었다.

NBC의 〈브라이언 윌리엄즈의 심야 뉴스Nightly News with Brian Williams〉에서 백악관 특파원 데이비드 그레고리David Gregory가 도화선을 뽑고 말았다. "바이든 의원이 이라크 문제를 기치로 백악관 도전을 알렸다. 다만… 유세는 인종 문제 때문에 삼천포로 빠지고 말았다."

ABC의 〈찰스 깁슨의 월드뉴스World News with Charles Gibson〉의 특파원 제이크 태퍼Jake Tapper도 목소리를 높였다. "바이든의 말을 칭찬으로 받아들였는지 물었지만 오바마는 오늘 답변을 거부했습니다." 그나마 오바마의 언급 일부를 들을 수 있었다. "그의 발언에 문제 소지…" 그 뒤는 들리지 않았다. 태퍼는 부연설명을 통해, 오바마가 동료 의원의 발언을 유감스럽게 받아들이지 않기로 했다고 전했다. 다른 테이프에서는 오바마의 목소리에 당혹감이 배어있었다. "내 말은… 그냥, 그냥… 아마도 진심은 아니었을 겁니다."

기자들은 행동 패턴까지 분석하며 이제는 묻힌 바이든의 초기 실언까지 끄집어냈다. 지난해에도 그런 모습이 카메라에 잡혔다. 조는 군중 사이를 통과하며, 지지자라고 말한 인도계 미국 남자와 악수를 했다. 바이든이 이렇게 말했다. "델라웨어에서 인구성장률이 가장 높은 게 인도에서 건너온 인도계 미국인들이죠." 그러고는 인도계 미국인 소상공업자들이 크게 기여했다는 점을 강조한답시고 이렇게 부연했다.

"인도 억양이 하나라도 없으면 '세븐일레븐'이나 '던킨도너츠'에 들어가지도 못합니다… 정말이에요." 바이든은 후에 그 말을 철회하고, "델라웨어에서 인도계 미국 공동체의 활약에 감동했다는 뜻을 전하고 싶었다"고 말했다. 기자들은 최근 실언을 보도하면서 표절 사건까지 들춰냈다. 과거 경선을 쑥대밭으로 만든 바로 그 사건이다.

출사표를 던진 첫날부터 이런 식으로 스텝이 꼬이리라고는 상상도 하지 못했다. 바이든은 이미 〈데일리쇼〉의 존 스튜어트Jon Stewart와 만날 약속이 있었다. 친절한 시청자들과 만나, 약간의 재미와 유머를 섞어 유세를 시작할 참이었으나 갑자기 조 자신이 웃음거리가 되고 말았다.

어쨌든 난국을 헤쳐 나가기 위해서라도 〈데일리쇼〉는 필요했다. 그는 짙은 정장에 만면에 미소를 띠고 관중들의 환호에 손을 흔들어 답했다. 바이든이 스튜어트 맞은편에 앉았다.

스튜어트는 초대 손님을 환영한 다음, 활짝 웃으며 손바닥을 펼쳐 인사했다. "오늘 하루가 아~주 길~었죠?"

이윽고 오바마 문제로 넘어가면서, 스튜어트는 그 전날 바이든이 〈필라델피아 인콰이어러Philadelphia Inquirer〉와 인터뷰한 내용부터 짚었다. "과거 대선에서 배운 바가 있는데, 그 하나가 말조심이었다"라고 말씀하셨죠.

"맞습니다." 바이든이 동의했다. 고개도 끄덕이고 활짝 미소도 지었으나 이내 눈을 동그랗게 뜨고 말았다. 스튜어트가 뭘 노리는지 감을 잡은 것이다.

"그럼 말조심을 하셔야 했을 텐데, 이런 말을 또 하셨습니다." 관중들이 웃음을 터뜨렸다.

"음… 하나 말씀드리자면, 오늘 버락과 통화했습니다." 바이든이 말했다.

"당연히 하셨겠죠." 스튜어트가 장단을 맞추었다.

스튜어트는 인터뷰를 마치며 청하지도 않은 조언을 했다. "그런 말할 때마다 난 이렇게 합니다." 스튜어트는 상체를 굽히고 목소리를 낮추며 단어 하나하나 끊어서 설명했다. "숨을… 깊이… 들이… 마시고… 열까지… 세는… 겁니다.”

물론 바이든의 실언을 애교 정도로 보려는 사람들도 있었다. 정치 평론가 리처드 벤 크래머Richard Ben Cramer의 평가를 빌면, 그 말은 그가 인종주의자가 아니라 구세대라는 사실만 확인해주었다. 그저 “옛날 방식으로 말했다”는 얘기다. 크래머는 바이든의 즉각적인 화법에서 흥미로운 요소까지 찾아냈다. “조는 말실수에 변명을 달지 않습니다. 그 정도 실수는 아프리카계 미국인뿐 아니라… 모든 일에 걸쳐 일어나죠. 이번 선거가 끝나기 전 쉰 번은 구설수에 오를 겁니다.”

흑인사회의 한 주요 인사도 바이든의 변호에 동참했다. “그냥 단순한 말실수였죠. 의도적인 인종혐오 발언은 아니었어요.” 제시 잭슨Jesse Jackson이 NBC의 〈나이틀리뉴스〉에 출연해 한 얘기였다. 잭슨은 고개를 갸웃하며 이런 말도 덧붙였다. “그렇게 해석될 수 있겠지만 속뜻은 아니었을 겁니다.”

하지만 오바마의 논평을 보면, 그다지 달갑지는 않은 눈치였다. 바이든과의 관계야 예전에 어긋났다고 하지만 이젠 질식할 지경까지 왔다. 어쩌면 백악관을 향한 바이든의 희망만큼이나 해결 가능성이 없을지도 모르겠다.

오바마는 조의 말실수에 대해 이렇게 반응했다. “바이든 의원의 언급에 개인적인 유감은 없습니다.” 그래도 인종 감수성이 떨어지는 언급에 대해서만큼은 일침을 놓았다. “사실 역사적으로도 부정확한 말이었죠. 제시 잭슨, 셜리 치좀Shirley Chisholm, 캐럴 모슬리 브라운Carol Moseley Braun, 알 샤프턴Al Sharpton 같은 아프리카계 미국인 대통령 후보자들도 유세를 다니며 중요한 사안들에 목소리를 더했죠. 그분들이 유야무야했다고 할 사람은 아무도 없을 겁니다."

오바마의 승리로 끝난 선거 유세

아무튼 바이든의 출마 선언은 출발부터 삐걱거렸다. 그는 실수를 바로 잡을 셈으로 부랴부랴 사과문을 발표했다. "제 말에 상처받은 분이 있다면 사과드리겠습니다. 본의는 아니었습니다. 그 점은 오바마 의원께도 충분히 설명했습니다."

하지만 이미 유세는 절망의 수렁이었다. 1988년 대선 당시, 바이든의 언론담당비서 래리 라스키Larry Rasky도 2007년 홍보담당관으로 복귀했다. 경쟁에 뛰어들기 전만 해도, 바이든을 클린턴과 에드워즈의 대항마로 보는 돈 많은 기부자가 꽤 많았다. 하지만 상황이 180도 달라졌다. 라스키가 줄스 위트커버 기자한테 하소연했듯, "선거 유세는 시작한 바로 그날 끝이 났어요."

결국 돈줄까지 끊겼지만, 바이든은 유혈이 낭자한 가운데서도 당당하게 싸워나갔다. 여론조사 결과는 한자리 숫자였다. 힐러리가 꾸준히 1위를 이어가고 오바마가 그 뒤를 바짝 쫓는 형국이었다. 4월 말, 바이든은 8인의 민주당 유망주의 TV 토론에 참여했다.

무대에 오르자 바이든의 전투력은 들쭉날쭉했다. 더듬거리기도 하고 유려하기도 했던 것이다. 토론회가 끝난 직후 서베이유에스에이SurveyUSA의 임시 여론조사에서는 그날 밤 후보들의 발표보다 인기를 더 많이 반영했다. 403명의 사우스캐롤라이나 답변자 중에서 31%가 오바마를 토론의 승자로 뽑았고 클린턴은 24%, 에드워즈는 14%였다. 그 다음이 바이든, 기껏 6%였다.

하지만 전문가들의 평가는 달랐다. 다수가 특히 외교정책에서 바이든의 위력을 보았고 심지어 그를 그날 밤 최고의 선수로 꼽기도 했다. 바이든의 답변은 명확했으며 말이 많지도 않았다. CNN 〈래리 킹 라이브〉의 수석 국내 담당기자 존 킹John King은 "오늘 밤 승자를 뽑아야 한다면… 바이든 의원이다"라고 선언했다. 〈뉴스위크〉의 수석 편집자이자 칼럼니스트 조너선 앨터Jonathan Alter도 가세했다. "바이든의 활약은 눈부셨고 또 상투적이지도 않았다. 토론에서 이목을 끌고 싶다면 그래야 한다. 어느 정도 의외성은 언제나 필요하다."

오바마도 놀랐다. 바이든은 진퇴양난의 이라크를 제대로 이해하고 있었으며, 토론장에서의 기술도 훌륭했다. "토론장 외에는 유세 중에 거의 만나지 못했어요." 액셀로드의 설명이었다. 청문회장에서 쉴 새 없이 떠드는 모습만 본 터라 오바마도 바이든의 토론 능력을 의심했는데, 의외의 모습, 잘 훈련된 바이든을 본 것이다. "토론회에서 바이든이 절제하는 모습을 보고 오바마도 감명 받은 것 같더군요. 바이든은 내내 상급 토론자 중 하나였어요." 액셀로드는 그렇게 평가했다.

1월의 아이오와 코커스*도 중요한 시험대였다. 종종 예비선거의 윤곽을 결정하고 승자가 스포트라이트를 받도록 도와주기 때문이다. 물론 순위가 바뀌는 경우도 있다. 오바마는 간부회의까지 선두를 탈환함과 동시에, 경험 미숙에 대한 공격도 떨쳐내

* Caucus: 대선에 출마할 각 당의 후보를 선정하는 경선 방식. 당원대회라고 하며 당원이 대통령 후보 지명 권한이 있는 대의원을 선출한다.

야 했다. 공격의 예봉은 단연 조 바이든이었다. 그는 나이와 공직에서의 이점을 내세우며 오바마가 아직 대통령직을 수행할 준비가 되지 않았다는 점을 강조했다.

　코커스가 임박해오자 클린턴도 저항에 직면했다. 일방적으로 선두였던 적도 있었지만 이제는 그마저 '아, 옛날이여!'였다. 코커스 당일, 혹한의 날씨에도 민주당원들의 투표 열기는 상상을 초월했다. 총 투표 23만 9,000표, 2004년의 12만 5,000표에 비해서도 거의 두 배였다. 그리고 그날 오바마는 전세를 뒤집었다. 오바마가 37.6%를 얻고 클린턴은 29.5%로 3위로 내려앉았다. 2위는 에드워즈로 29.7%였다.

　〈가디언Guardian〉은 해설자들의 말을 빌어 다음과 같이 기록했다. "아이오와는 오바마에게 발판을 만들어주었다. 이제 여세를 몰아갈 일만 남았다. 요컨대, 승기를 잡은 것이다." 데이비드 거겐David Gergen은 공화당과 민주당 정부에서 오랫동안 자문으로 일했는데 오바마가 실제로 미국 정치의 지형을 바꾸었다고 지적했다. "버락 오바마에게는 개인적인 승리일지 몰라도, 95% 백인의 주에서 클린턴을 상대로 아프리카계 미국인이 이겼다는 사실은 실로 놀라운 위업이다."

　바이든은 아이오와에서 건진 게 하나도 없었다. 뉴멕시코 주지사 빌 리처드슨Bill Richardson에게도 뒤져 5위로 추락했을 뿐 아니라 득표율도 1%를 간신히 채웠다. 꽁꽁 언 툰드라에서 염소 똥 한 개만큼의 지지를 획득한 것이다.

　코네티컷 의원 크리스토퍼 도드Christopher Dodd도 성과가 미미했다. 그리고 그날 밤, 바이든은 그와 함께 대통령 경선을 포기했다. 밤 11시 15분경, 바이든은 열네 명의 가족과 함께 디모인의 아이오와 과학센터 무대에 올랐다. 일부는 눈물을 찍어 내렸다. 지지자들이 무대를 에워싸고 많은 이들이 눈물을 흘리며 서로를 안아주었다. 그는 선거운동 종료를 선언했다. 그리고 그 과정을 방송한 곳은 케이블 방송 한 곳뿐이었지만 그것도 잠깐이었다.

미국 전체가 바이든의 입후보를 탐탁지 않게 봤지만, 적어도 경쟁자 한 명은 그를 꼼꼼히 지켜보며 흡족해했다. 버락 오바마는 아이오와에서 지명을 위한 강력한 추진력을 얻었다. 아직 부통령 후보를 고려하기에는 시기상조였으나 오바마는 조 바이든의 매력을 찾아냈다.

외교정책 전문성 외에도 바이든은 자신의 가치를 충분히 보여주었고 유권자들과 오바마는 그 점을 높이 샀다. 그 바람에 이따금 조가 곤란에 처한다 해도 마찬가지였다. 좌고우면 없이 속내를 드러내는 사람, 계산속이 복잡한 정치 세계가 아닌가. 바이든이야말로 진정 믿을 수 있는 인물이리라.

버락과 조, 두 사람은 더 이상 적이 아니다. 함께 새로운 국면으로 나아갈 여지가 생긴 것이다. 선거 유세 동안 공격적으로 경쟁했지만 상호존중의 기반까지 훼손할 정도는 아니었다.

서로에게 향하는 길은 아직 정치와 체면 때문에 어지럽지만, 미래의 관계 개선 가능성은 이미 열려 있었다. 선거 초기에 두 남자가 최초의 심각한 갈등을 봉합한 방법이 바로 그것이다. 브라이든은 조가 오바마를 가리켜 "총명하고 오염되지 않았다 Clean*"는 얘기를 하면서 단어를 잘못 선택해 구설수에 올랐지만,

---

* Clean에는 '흰색', '순백' 등의 인종적 의미가 담겨 있다.

발 빠르게 사죄에 나서면서 실수를 인정하는 모습을 보여주었다. 오바마 또한 다소 거칠게 반박했다가 곧바로 마음을 풀었다.

바이든은 말실수 이후 오바마에게 전화해 직접 사과하고 기자와의 인터뷰를 통해 그 과정을 설명했다. "그래서 버락에게 연락했어요. 이렇게 말하더군요. '조, 애써 해명할 필요도 없는 일입니다.'"

오바마도 처음에는 의심했지만, 리처드 벤 크래머의 지적처럼 그의 말실수를 언어 습관일 뿐 인종차별과 무관한 내용이라 여기게 되었다. 그저 말하기 좋아하는 사람들의 억측이었을 뿐이다. 오바마는 평소처럼 조심스럽게 바이든의 마음의 짐을 덜어주기로 했다. 데이비드 액셀로드의 설명처럼, "오바마의 반응은 중요한 척도였습니다. 더 비틀 수도 있었는데 그러지 않았어요."

기자들과 통화에서 조는 논쟁을 끝내고 싶었다. "버락 오바마는 민주당이나 공화당이 만들어낸 후보 중 가장 흥미로운 사람일 겁니다. 내가 본 바로는 그래요. 신선하고 새롭고 통찰력도 있습니다. 정말로 유감인 것은 내가 쓴 'clean'이라는 단어를 문맥을 무시하고 곡해한 사람들에게 있었죠." 그리고 그 단어의 쓰임을 설명했다. "어머니가 늘 하는 표현이 있죠. '순백처럼 깨끗하고 압정처럼 예리하게.' 그게 문맥입니다."

특유의 말실수 때문에 앞으로도 '바이든의 혀는 아무도 못 말린다'는 공격을 받겠지만 그 싸움은 결국 파트너십을 향한 단단한 디딤돌이 되었다. 이 경우 오바마와 바이든은 서로의 차이를 품위 있고 너그럽게 극복할 수 있음을 보여주었다. 신뢰를 쌓는데 반드시 필요한 특성들이다. 바이든은 실수를 인정하고 오바마는 모욕으로 여기는 대신 너그럽게 이해했다.

"오바마는 사람의 말을 부정적으로 해석하지 않는다." 액셀로드의 평가다. 오바마는 조를 조 있는 그대로 인정하고 과거에 그가 말하는 방식을 우선 고려했다. "조의 속뜻을 이해해요. 그의 따뜻한 속내를 압니다." 오바마가 말했다.

3장

운명의 순간

오바마도 인종 문제와 관련해
시원하게 입장을 밝히고 싶었다.
대선가도의 장애를 제거할 필요도
있었지만 적절한 순간을 찾기가 쉽지
않았다. 그런데 마침내 누군가 멍석을
깔아준 것이다.

슈퍼화요일 이후 터져 나온 미국 내부의 인종 문제

메가톤급 논란이 오바마 선대위를 강타했다. "한 순간에 천국과 지옥을 오가는 그런 심각한 위기였죠." 선거사무장 데이비드 플루프David Plouffe의 말이다. 이내 소란은 '실제 위협'으로 커져 오바마의 입후보 자체를 흔들었다.

사실 버락의 기세는 난공불락으로 보였다. 뉴햄프셔와 네바다에서 강한 인상을 남긴 후, 사우스캐롤라이나에서도 승리를 굳혔다. 얼마 후에는 캐럴라인 케네디Caroline Kennedy와 그녀의 숙부 에드워드 케네디Edward Kennedy 상원의원의 보증광고도 나갔다. 에드워드는 클린턴 진영의 호소를 거절하고 중립으로 남기로 했다.

캐럴라인 케네디는 〈뉴욕타임스〉의 기고에서 오바마를 자신의 부친, 존 F. 케네디 대통령과 비교했다. "사람들 말이 아버지는 영감을 주는 대통령이었다고 했죠. 내게 영감을 준 대통령이 하나도 없었는데, 처음으로 그런 대통령이 될 사람을 찾은 것 같습니다. 나뿐 아니라 미국의 새로운 세대를 위한 대통령이 될 겁니다."

2008년 3월 초 슈퍼화요일*, 오바마는 클린턴보다 많은 주를 차지하고 선언대의원**도 더 많이 확보했다. 이튿날 새벽 2시

---

* Super Tuesday: 경선 투표가 있는 날, 캘리포니아와 텍사스에 민주당원의 1/3 가량이 있기에 슈퍼화요일이라고 부른다.

** Pledged Delegate: 특정후보 지지를 선언한 대의원을 말한다. 그밖에 지지후보를 밝히지 않는 비선언대의원과 자유 투표가 가능한 슈퍼대의원이 있다. 후보들은 경선을 통해 구속력이 있는 대의원을 확보하려 한다.

경, 플루프가 오바마에게 보고했다. "특별한 일만 일어나지 않으면 지명은 우리 겁니다. 다크호스는 더 이상 없어요." 3월 초, 클린턴은 패배의 고리를 끊고 오하이오 예비선거에서 인상적인 승리를 거두었다. 텍사스의 승리로 역전의 발판도 마련했다.

오바마에게 치명적인 타격이 가해진 것은 3월 중순이었다. 2008년 3월 13일, 목요일 오전 7시, ABC가 폭탄을 터뜨렸다. 그것도 가벼운 기상 프로그램 〈굿모닝, 아메리카〉에서였다. 뉴스 앵커 크리스 쿠오모Chris Cuomo가 묘하게 불길한 언어로 3분 30초짜리 단편을 소개했다. "민주당의 유력주자 버락 오바마의 생애에서 매우 중요한 인물을 심층취재 했습니다. 바로 그의 오랜 교구 목사, 제레미아 라이트Jeremiah Wright입니다."

수석 탐사보도기자 브라이언 로스Brian Ross가 먼저 포문을 열었다. 시카고의 사우스사이드에 라이트의 '삼위일체 연합 그리스도'의 교회가 있는데 과거 오바마가 30년간 다닌 곳이다. 로스의 보도가 맞는다면, 라이트는 오바마의 결혼식 주례를 서고 오바마의 저서 《담대한 희망》의 제목 또한 라이트가 정해주었다.

화면에는 신도들이 서서 요란하고도 경박한 노래를 부르고 있었다. 라이트 목사도 그 앞에서 온몸을 흔들고 비틀거리며 악을 썼다. "천국의 천사들이 노래를 부르니! 주님은 결코 멸망하지 않도다!"

예전에도 보수파들이 이슈로 삼으려 한 적이 있었으나 문제의 목사는 대부분 변죽만 울리고 흐지부지 되었다. 그런데 로스가 설교 장면을 10여 번 보여주면서 갑자기 무대 중앙으로 뛰어든 것이다. 돈만 내면 누구나 쉽게 구할 수 있는 비디오였다. 로스는 라이트에게서 선동적인 예들을 찾아냈다. 라이트는 미국이 인종 문제 해결에 실패했다며 비난하고 나섰다.

미국을 KKK단의 국가로 비난하고, 흑인 공화당원들을 배신자라며 욕하는 장면이 시청자들에게 그대로 노출되었다. 목사는 2001년 9월 11일을 미국 자신이 초래했다고 역설했다. 인종 테러의 역사로 스스로 자해를 했다는 논리였다.

라이트가 분노에 찬 목소리로 외쳤다. "우리는 히로시마를 폭격했습니다. 나가사키에 원자폭탄을 투하했어요. 뉴욕과 펜타곤에 수천 개 이상의 핵무기를 보유하고 있지 않습니까?" 그는 팔을 활짝 벌리며 작은 목소리로 마무리했다. "그런데도 눈 하나 깜빡하지 않아요. 지금껏 팔레스타인과 검은 남아프리카를 상대로 국가 테러리즘을 지원해놓고도 말입니다."

그는 갑자기 고함을 지르기도 했다. "그런데도 우리는 분노합니다. 해외에 가했던 악행이 부메랑처럼 곧바로 우리 안마당에 돌아왔다는 이유로 말입니다." 그가 몸을 비틀며 손을 퉁기더니 마지막 한방을 날렸다. "미국의 겁쟁이들이 홰를 치기 위해 돌아오고 있습니다."

로스의 새벽 기습은 그때까지 실제로 거론된 바 없는 이슈를 화제의 중심에 올려놓았다. 강력한 대통령 후보가 흑인이라는 사실로 촉발된 인종 갈등이었다. 국가는 자문의 소용돌이에 빠지고 말았다. 흑인이 백악관을 점령해도 괜찮은 걸까? 오바마의 급상승과 더불어 미국 내 인종 문제가 재조명을 받기 시작한 것이다. 미국은 사회·정치적으로 가장 고통스러운 상황을 어떻게 청산할 것인가?

로스는 삼위일체 신도들에게 라이트 목사의 견해가 급진적인지 물었지만, 그 대답 덕분에 오히려 인종 갈등의 난제가 드러나고 말았다. 당신이 흑인이라면 지금까지의 삶과 경험, 인식이 백인들과 크게 다를 것인가? 한 여성 신도가 라이트 얘기를 하면서 로스에게 말했다. "아니, 급진적이라고 생각하지 않아요. 그보다 미국에서의 '흑인 됨'이라고 하겠어요. 그게 왜 급진적이죠?" 오바마의 언급도 알려졌다. "아니, 내가 다니던 교회는 맞지만 그렇게 논쟁적이라는 생각은 하지 않았습니다."

오바마 자문팀은 그 보도가 클린턴 선대위의 작품이라고 보았다. 잘 나가는 일리노이 의원에게 제대로 카운터 어퍼컷을 날린 것이다. 그쪽에서는 부인했다. "지명이 코앞이라 고민의 핵심은 뻔했습니다. 이러다가 다 날리는 것 아냐?" 액셀로드는 그렇게 회고했다.

오바마도 인종 문제와 관련해 입장을 밝히고 싶었다. 대선가도의 장애를 제거할 필요도 있었지만 적절한 순간을 찾기가 쉽지 않았다. 그런데 마침내 누군가 멍석을 깔아준 것이다. 언론이 논란을 한껏 키워가는 와중에 오바마는 텔레비전에 나가 목사의 논평을 비난했다.

자신이 다닐 때만 해도 라이트 목사가 저런 취지의 얘기를 하지 않았다는 말도 했다. "분명한 사실은, 너무 선동적인 언어들이라 저로서도 받아들일 수가 없습니다. 교회에서 저 얘기를 들었다면, 라이트 목사에게 이렇게 말했겠죠. '목사님, 전 찬성 못합니다. 내 가치를 보여주지도 못하고 내 이상을 반영하지도 않았으니까요.'" 오바마는 CNN의 앤더슨 쿠퍼Anderson Cooper에게 이렇게 말했다. 대선에 뛰어든 후 라이트의 극단적인 발언에 대해 들은 바가 있다는 점은 인정했다. 그리고 기자의 질문을 기회로 삼아 그 발언들을 비난한 것이다.

학자답게 조목조목 따지기도 했다. 라이트 목사는 1960년대, 지금과는 다른 시대에 성장했다. 인종적 각성과 분노가 깨어나고 아프리카계 미국인의 좌절이 넘쳐나던 시대였다. "어느 정도는 우리 캠프가 목표하는 바이기도 합니다. 문제의 일부를 표면화한 뒤 정직하게 맞선 후에야 그 너머로 전진할 수 있어야겠죠. 문제가 남아있는 한 난 그 문제를 다룰 것입니다. 아니, 나쁜 아니라 미국이 나서서 해결해야 할 일들이죠."

오바마는 특유의 부드러운 말투로 그 논쟁 덕분에 자신과 미국에 기회가 생겼다고 지적했다. "바라건대, 그런 문제들을 가르치고 대화할 능력을 갖출 것입니다. 중요한 문제입니다. 현실이니까요." 전직 법대교수다운 말투였다.

TV 인터뷰만으로는 부족했다. 라이트의 미국 비난과 오바마 자신이 약속한 변화의 희망과 기대를 하나로 묶을 필요가 있었다. 그는 유세도 시동을 걸기로 하고 금요일 밤, 액셀로드에게도 말했다.

"라이트 목사와 미국의 인종 문제 전반에 걸쳐 연설을 해야겠어요. 보다 광범위한 맥락에서 문제를 다룹시다. 그렇지 않으면 끝도 없이 물고 늘어질 거예요." 월요일이나 화요일까지 연설을 하기로 데드라인을 정했다. 며칠 내에 메시지를 다듬어야 한다는 뜻이었다.

토요일 오전 10시, 오바마는 젊은 연설비서관 존 패브로Jon Favreau에게 전화했다. "내가 두서없이 생각한 내용을 얘기할 테니 자네가 원고를 만들어주게나." 사실 그 문제를 오랫동안 고민해온 터였다. 당면 과제에 기초해 구체적인 토론과제로 확대하는 정도는 어렵지 않았다.

오바마는 요점을 정리해 확인하고 상세히 개요를 구성했다. 그리고 다음 날 패브로에게 원고를 만들게 했다. 패브로도 부랴부랴 초고를 만들었지만 오바마는 사정없이 난도질을 해서 돌려보냈다. "원고를 돌려받았는데 온통 내용을 바꾸고 첨가하라는 표시뿐이었어요. 초고의 흔적은 찾아보기 어려울 정도였죠." 패브로는 그렇게 회고했다.

오바마는 인상적인 논쟁을 만들어냈다. 미국 내 흑인으로서 스스로의 정체성과 입지를 이해하고 확인하기 위한, 오랜 여정의 총결산이라 할 만했다. 2004년 민주당 전당대회에서 군중 앞에 섰을 때에도 오바마는 자신의 이야기를 전한 바 있었다. 이번에는, 라이트 목사의 거친 언행을 거부하기는 했어도, 동시에 목사와 인연을 끊거나 이 나라 인종 문제의 실상을 부인할 생각은 없다는 점을 분명하게 밝히고 싶었다.

해야 할 말을 하는 것만으로도 가치가 있다

3월 18일, 필라델피아의 헌법센터는 오바마 지지자들로 가득 찼다. 성조기 여덟 개가 무대를 가로 질러 한 줄로 서 있었다. 인종 문제보다 본격적으로 미국의 이상에 도전하는 이슈는 존재하지 않는다. 필라델피아만큼 건국공신들의 이념을 상징적으로 보여주는 장소도 없었다.

헌법센터에서 조금만 걸어 나오면 건국공신들이 모여 독립선언문에 사인한 홀이 나온다. 그로부터 230년, 미국은 역사상 최초로 흑인 대통령 후보 지명을 목전에 두고 있었다. 인종에 얽힌 고난의 역사와 정면으로 맞닥뜨리는 순간이지만, 자칫 그 문제 때문에 역사적으로 내동댕이쳐질 수도 있었다.

이틀 전 CBS 여론 조사를 보면, 미국인 대다수가 라이트의 선동적인 연설을 어느 정도씩은 시청했다. 응답자의 3분의 1은 오바마에 대한 호감이 이전보다 덜하다고 말했다. 같은 기간 갤럽 조사를 보면 49대 42로 힐러리가 오바마를 앞섰다. 거의 6주 만에 처음이었다. 라이트 소동이 있기 1주일 전만 해도 오바마와 힐러리는 50대 44였다.

대기실에서의 오바마는 그나마 팀원 중에서 가장 차분했다. 그가 액셀로드를 보며 연설의 가치를 설명했다. "연설을 하면 사람들이 받아들이거나 거부할 거요. 받아들이지 않는다면 대통령이 되기 어렵겠지. 하지만 적어도 난 해야 할 말을 한 거예요. 사실, 그것만으로도 가치가 있습니다."

해리스 워포드Harris Wofford, 전통흑인대학*인 하워드 법대 최초의 백인 학생이자, 마틴 루터 킹의 친구이며 고문이 무대에 올라와 오바마를 소개했다. 이제 후보자 본인이 직접 입장을 밝힐 시간이다.

---

* Historically Black Colleges & Universities: 1964년 인종차별 금지법이 제정되기 전 흑인들을 위해 전국에 설립한 고등 교육기관

"버락 오바마는 백인 중심의 미국에 하고 싶은 얘기가 있다고 했습니다. 그는 자신의 복잡한 혈통을 매개로 백인 유권자들을 어르고 달래, 자신도 그들과 똑같다는 사실을 믿도록 만들었습니다. 자, 여러분, 이 상냥한 아프리카계 미국인의 정체성을 어떻게 보시겠습니까? 제레미아 라이트 목사는 또 누구죠?" 밴더빌트 대학에서, 아프리카계 아메리카 및 유대인 집단이주 연구 프로그램을 맡고 있는 T. 데니언 샤플리–화이팅T. Denean Sharpley–Whiting 교수의 평가다.

오바마는 짙은 색 정장에 청색 타이를 메고 연단에 섰다. 턱을 당당하게 치켜들어 자신감과 자긍심을 드러냈다. 마침내 그가 라이트 목사에 대해 선언했다.

"그와 관계없다고 말하면 흑인 공동체를 부정하는 셈이 되겠죠. 그와 단절하는 건 제 백인 할머니와 연을 끊는 것과 다를 바 없을 겁니다. 할머니는 저를 돌봐주셨고 거듭거듭 저를 위해 희생하신 분입니다… 제 분신과도 같은 분들이시죠. 동시에 제가 사랑하는 이 나라, 미국의 일부이기도 합니다."

그는 몇 초 내에 자신의 흑인, 백인 조상을 하나로 이었는데 여느 흑인, 백인에게 말하는 듯 말투도 편안하고 자연스러웠다. "여러분 자신의 조상을 버리세요. 흑인과 백인, 이 두 혈통이야말로 본질적으로 그의 일부이며 더 나아가 미국적 삶을 구성하는 요소입니다."

더불어 라이트의 선동적인 언어만은 거부한다고 분명히 밝혔다. 그가 군중을 향해 외쳤다. "소위 '지각된 불의Perceived Injustice'를 대하는 종교지도자의 말투는 달라야 합니다. 그런 식으로는 이 나라에 대해 심각하게 왜곡된 관점만 드러낼 뿐이죠. 백인의 인종차별을 고질병으로 여기고, 미국의 단점을 우리가 아는 장점 위에 두려고 하니까요."

그는 이 나라가 인종 문제를 담대하게 직면할 필요가 있다고 주장했다. "인종 문제는 더 이상 외면할 수 없는 우리 과제입니다. 사실 지난 몇 주간의 논평과 표면화된 문제야말로, 이 나라의 인종 문제가 지극히 복잡하며, 또 실제로 해결된 적이 없다는 사실을 반증하고 있습니다. 예, 우리의 화합은 아직 미완성입니다."

그는 노예의 유산, 짐 크로우*와 집요한 불평등에 대해 얘기했다. 또, 미국인 공통의 의무도 상기시켰다. 끈질긴 차별의 역사를 과감히 떨쳐내고 보다 완벽한 화합을 추구해야 한다는 것이다.

"라이트 목사의 설교가 잘못되었다면, 그가 우리 사회의 인종 문제를 거론해서가 아닙니다. 그보다 우리 사회의 변화가 불가능하다고 주장했기 때문입니다. 우리는 미국의 변화를 목격했고 또 변할 수 있음을 알고 있습니다. 그게 이 나라의 본질이자 재능입니다. 지금까지의 위업으로 보아도 우리에겐 분명 희망이 있습니다. 담대한 희망이 있습니다. 우리는 그 희망을 이룰 수 있으며 또 이루어야 합니다."

오바마는 30분 후 연설을 마치고 무대를 떠나면서 과연 후보 자격을 얻었다고 확신했을까? 그는 연설비서관 패로우에게 전화를 걸어 이렇게 말했다. "오늘 일로 대통령이 되지 못할 수도 있겠지만, 애초에 겁을 먹고 입도 뻥긋 못했다면 대통령이 될 자

---

* Jim Crow: 1835년 토머스 라이스Thomas D. Rice가 부른 노래에 등장하는 흑인 인물. 가난과 어리석음을 상징하며, 그 이후 짐 크로우는 니그로negro와 동의어로 쓰였다.

격조차 없었을 걸세."

연설에 대한 반응은 찬성과 반발, 극과 극으로 나뉘었다. 그 여진 속에서 오바마의 서곡이 그를 둘러싼 의혹을 날려버릴 것인지는 여전히 불투명했다. 로널드 리건의 전직 연설비서관 페기 누난 Peggy Noonan은 이튿날 〈굿모닝 아메리카〉에 출연해 "그 연설이 대통령 후보로서의 돌파구를 만들어주었다"고 평가했다.

그녀는 오바마가 신중하고 사려 깊은 방식으로 커다란 이슈를 다루었으며, 사람들로 하여금 자신의 견해를 돌아보게 했다며 칭찬했다. "제가 보기엔 지도자로서의 길이 열렸어요. 미국의 어른 정치가가 다른 어른들에게 이 나라의 실상을 전했다는 사실만으로도 전 좋았어요."

조지아의 〈오거스타 크로니클Augusta Chronicle〉은 만족하지 못했다. "오바마는 제레미아 라이트 목사와의 인연을 완전히 끊는 대신 목사의 언어를 거부하는 어정쩡한 태도를 취하더니, 또다시 목사를 포용하고 나섰다. '완벽하지는 않아도 내게는 가족과 같은 분이다.' 하지만 그런 가족이 있다면, 매년 가족파티에 이상한 사람들을 불러야 할 것이다. 오바마는 대통령이 되어도 미국인들을 이런 식으로 대할 참인가?"

연설이 있던 날, 〈데일리쇼〉의 존 스튜어트가 특유의 유머와 통찰력으로 논쟁을 가라앉혔다. 그는 오바마에 대한 단평으로 심야 프로그램의 오프닝을 열었다.

"그가 입후보한 저의가 있습니다… 아, 저의라는 단어가 마음에 들지 않으면 '내면의 속삭임'이라고 해두죠. 후보자는 이 나라 후보가 아니었어요! 이름도 외국어이고, 필경 무슬림을 등에 업었을 겁니다." 그래도 다행히 미국은 사람 보는 눈이 있다. 그가 시청자를 향해 말했다. "좋은 소식이라면… 그도 기독교인이에요! 아, 나쁜 소식도 있군요. 그 이상한 양반이 그 동네 목사라면서요?"

스튜어트는 6분에 걸쳐 라이트 목사의 영상을 보여주었다. 목사는 갈라진 목소리로 몇 차례 혼잣말까지 섞어가며 미국의 배신을 설파하고 있었다. 스튜어트는 오바마의 연설에 짤막한 논평을 붙여 쇼를 마무리했다.

"그러니까 화요일 아침 11시, 저명한 정치가 한 분이 미국인들을 상대로 인종 얘기를 했답니다. 말하자면, 우리를 어른 취급한 거죠."

물론 다른 정치가들도 대중적 편견에 시달렸다. 가장 유명한 예를 들자면, 존 케네디 후보는 웨스트버지니아 민주당 예비선거 불과 이틀 전에 유료 TV 연설에 나가 가톨릭에 대한 편견과 맞붙어야 했다. 웨스트버지니아는 개신교도가 압도적으로 많은 고장이다. 《1960년, 대통령의 탄생The Making of the President 1960》에서 시어도어 화이트Theodore White는 이렇게 썼다. "유권자들이 반대하는 이유가 종교 때문이라면 케네디는 해명을 해야 한다. 그리고 TV를 활용해 절묘하게 해명에 성공했다. 내가 보기엔 정치가가 등장한 프로그램이라면 그때가 최고 성공이 아니었나 싶다."

케네디는 허버트 험프리Hubert Humphrey에게 20포인트나 뒤지고 있었다. 하지만 선거 당일, 그는 웨스트버지니아에서 대승을 거두었다. 61%에 달하는 표를 긁어모은 것이다.

케네디처럼 오바마도 격한 압박에 맞서 우아하고 지혜롭게 대처했다. "그 순간들 덕분에 국민은 미래의 대통령이 어떤 종류의 인물인지 들여다보게 됩니다. 위기의 순간이 도리어 승리의 기회로 변하는 거죠." 데이비드 액셀로드의 말이다.

바이든과 오바마, 공감의 포인트를 찾아내다

당시의 연설은 역사적 교훈과 감동을 넘어, 과거의 정적 오바마와 바이든을 서로에게 이끄는 계기를 만들어주었다. 아이오와 코커스를 마친 후에도 바이든은 오바마에게 특별한 애정을 느끼지 못했다. 1월 말경, 오바마는 예비선거를 위해 그의 지지를 부탁했다. 비록 경기장 밖으로 내몰리긴 했어도 당내에서 그의 목소리는 여전히 영향력이 있었다.

하지만 바이든은 클린턴 가족과의 우애 운운하며 난색을 표했다. 힐러리도 농담까지 더해 친분을 강조했다. "조는 빌하고 일란성 쌍둥이 같아요." 바이든은 난감해하며 자신은 경선이 끝날 때까지 중립으로 남고 싶다고 말했다. 마음속으로는, 두 후보자 모두에게 조언하고 최종 지명자를 위해 혼신을 다하겠다고 결심한 터였다.

그런데 인종 연설 이후 분위기가 달라졌다. 오바마를 바라보는 바이든의 시선이 바뀐 것이다. 성질 급한 초선의원에 불과했건만, 바이든이 갑자기 앞장서서 오바마를 변론하기 시작했다.

기자들을 불러 "오바마의 연설이야말로 우리가 오랫동안 기다렸던 최고의 연설이다"라고 치켜세웠다.

바이든은 진솔함을 매력으로 삼았던 사내다. 당연히 인종 문제에 당당히 맞선 오바마의 용기에 감복할 수밖에 없었다. 오바마에 대해서도 평가가 달라졌다. "그는 미국의 선과 악을 모두 품었다. 그의 연설이 우리 조국의 인종관계를 향해 중요한 밑거름이 되리라 확신한다."

오바마의 연설 다음날 바이든은 자문 앤서니 블링큰에게 물었다. "연설 들었나?"

블링큰이 기억하기에 바이든은 한껏 들뜬 모습이었다.

"예, 그럼요." 블링큰이 대답했다.

"내가 들은 지도자의 연설 중에 단연 최고일 거야!" 바이든이 흥분해서 말했다.

오바마의 연설은 말투, 어휘, 내용 모두 바이든을 크게 흔들어놓았다.

"내가 보기에는 그때가 역사적 순간이었어요. 이전하고 다른 시각으로 오바마를 본 거죠. 오바마가 존중과 찬사를 받을 자격이 있음을 새로이 깨달은 겁니다."

오바마의 연설을 기화로 두 사람 사이에 보이지 않는 연대가 싹텄다. 버락과 조는 같은 목표를 향한 각각의 여행으로 맺어졌다. 즉 아프리카계 미국인들의 고통을 이해하고 보듬어준 것이다. 오바마는 시카고의 가난한 동네에서 지역사회 조직가로 일하면서 몸소 겪었기에 미국의 인종적 불평등에 고민이 깊었다. 바이든은 양심 있는 백인으로서 여러 상황을 목격했다.

비록 둘은 서로 다른 길을 택했지만 동일한 신념에 도달했다. 그 신념에 대해 마틴 루터 킹 주니어의 많이 회자된 격언을 대신 인용해본다. "윤리적 우주의 회로는 길고 멀지만 정의를 향하고 있다."

바이든이 흑인과 백인의 세계가 완전 딴판이라는 사실을 깨달은 것은 1962년 여름, 열아홉 살 시절이었다. 델라웨어 대학 1학년을 마친 후, 빈곤층 주택단지 인근의 공공 수영장에서 구조원 아르바이트를 했다. 그때까지만 해도 바이든은 아는 흑인이 하나도 없는 부잣집 도련님이었다.

"조금 더 잘 알고 싶었어요." 그는 이렇게 회고했다. 백인은 바이든뿐이었다. 10여 명의 아프리카계 미국 소년들은 모두 도심 빈곤층이며 전통흑인대학 학생들이었다. "실제로 그들의 삶 속에 살짝 발을 디디기도 했어요. 같은 팀에서 뛰었는데 농구장 선수 중에 백인은 나뿐이었죠."

그 경험으로 바이든은 눈을 떴다. 흑인 학생들도 눈을 떴다. "알고 보니 그 친구들도 아는 백인이 나뿐이었더라고요." 바이든과 구조원 동료들은 서로 너무 낯설었다. "마치 교환학생 같은 기분이었어요." 그들은 바이든에게 온갖 질문을 던졌다. 그의 생활을 비롯해 백인 공동체의 삶에 대해 알고 싶었던 것이다. 어디에 살아? 백인 소녀들은 어떻게 생활하지? 이따금 의외의 질문도 있었다.

한 아이가 바이든한테도 5갤런짜리 기름통이 있는지 물었다.

"아니? 그게 왜 필요한데?"

아프리카계 미국인이 차를 몰고 여행을 하려면 예외 없이 차별과 굴욕을 겪는다는 얘기였다. "할머니 만나러 노스캐롤라이나에 갈 때 보니 주유를 할 수가 없더라고. 주유소에서 백인만 손님으로 받거든." 그 흑인 친구가 말했다.

구조원 경험을 바탕으로 조는 시민권을 향한 열정을 키웠다. "나로서는 그 경험으로 겨우 눈을 떴어요. 내가 보기에 흑인들은, 크든 작든, 매일매일 자신이 정말 미국 시민인지 의심하게 만드는 일을 겪는 것 같아요. 하루에도 수십 번씩 상처를 받는 거죠."

바이든은 윌밍턴에서 극장의 차별정책에 반대하는 행진에 참여했다. 하지만 그렇다고 선동가나 투사는 못 되었다. 오바마와 마찬가지로, 인종 간 불평등에 대한 반응은 온건파에 가까웠다. 시라쿠스 대학 법대생 조는 시스템을 통해 불의를 개선할 수 있다고 믿었다.

1968년 마틴 루터 킹 주니어의 암살 직후, 폭동이 윌밍턴을 휩쓸었을 때, 법대 졸업반의 바이든도 집에 돌아와 윌밍턴의 참상을 목격했다.

"도시가 온통 혼란스러웠다. 골목마다 주 방위군이 총검으로 무장한 채 진을 치고 있었다. 급기야 주 경찰까지 출동했지만 공교롭게도 모두가 백인에다 키도 180cm 이상의 거구들이었다… 그러니까, 흑인들에게 우리가 왔으니까 까불지 말라고 경고라도 하는 듯 보였다."

법대를 졸업한 후, 조는 로펌에 취직해 대기업을 변호하다가 적성에 맞지 않아 이내 그만두었다. 쥴스 위트커버가 바이든 전기에서 설명했듯이, 조는 자신의 기질과 목표에 맞는 사건을 다루고 싶어 했다. 조는 결국 인권변호사로 변신했는데 의뢰인이 대부분 윌밍턴 이스트사이드의 아프리카계 미국인들이었다.

바이든은 정치계에 뛰어들어서도 시민권을 향한 열정을 포기하지 않았다. 1973년 상원에 입성했을 때 미시시피 상원의원이자 군사위원회 의장, 존 스테니스John Stennis를 만났을 때도 속내를 그대로 드러냈다. 스테니스는 극단적 인종차별주의자였다.

바이든이 의장의 위압적인 집무실에 있는데, 의장이 이렇게 물었다는 것이다.

"그래, 왜 상원의원이 되려 했는가?"

"시민권에 관심이 있습니다, 의장님." 바이든은 별 생각없이 불쑥 내뱉었다.

정작 그렇게 말해놓고 바이든은 잔뜩 겁을 먹었다. 거물의 잔소리가 한바탕 이어질 판이었다. 그런데 스테니스는 그저, "좋아, 좋아, 좋아!"라고 하면서 곧바로 화제를 바꾸었다.

상원에서 일하는 동안 바이든은 흑인 판사를 지지하고, 보수적인 판사들을 거부했으며, 강력한 시민권 입법을 옹호했다. 사우스캐롤라이나 하원의원이자, 의회 블랙코커스*의 회원인 플레쳐 스미스 주니어Fletcher Smith Jr.의 말을 빌면, "바이든 의원이 시민권에 몰두할 때만 해도 시민권 파트는 인기가 바닥이었다."

오바마의 인종 연설 이후 바이든은 오바마와 교감할 만한 부분을 찾았다. 아이오와에서의 굴욕적인 패배가 여전히 아프긴 해도

---

* Legislative Black Caucus: 의회 내 흑인 의원들의 모임

그는 상처를 밀쳐내고 민주당의 선두주자와 친해지기로 마음을 정했다. 두 사내가 천천히 서로를 향해 다가가는 동안 바이든의 고문 토니 블링컨이 가장 앞자리에서 지켜보았다. "추이를 지켜봤지만 인종 연설이 역시 전환점이었어요."

4장

미묘한 차이

오바마의 측근들은 조를 향한
버락의 호감을 감지했다. 1992년
빌 클린턴의 선거본부에서 일했던
람 이매뉴얼도 그 점을 눈치챘다.
오바마는 부통령 후보를 따로
물색해볼 의사가 없었다. 이미 마음을
정했기 때문이다.

표면적 이미지는 '떠버리 조', 그러나 그 이면에 흐르는 인간미

2008년 5월, 예비선거 시즌이 막바지에 이를 즈음 버락 오바마의 지명이 거의 확실해졌다. 이제 공화당 상대 존 매케인John McCain 과의 가을 유세에 집중할 수 있었다. 요컨대, 러닝메이트가 중요한 문제가 되었다는 뜻이다. 그는 일단 사방에 덫을 놓고 후보자 30여 명을 면밀히 조사할 생각이었다.

5월 6일 노스캐롤라이나 예비선거에서 승리한 후 가장 먼저 리스트에 오른 상대는 외교위원회 의원이었다. 그것도 한때 그가 떠벌이라고 흉보기도 했던 사람이다. "봐요, 조 바이든도 좋은 선택 같지 않아요?" 시카고 선거본부로 돌아오며 오바마가 액셀로드에게 말했다.

선거운동 중 치고받기는 했어도 오바마는 정적 바이든의 정치 기술과 깊은 연륜을 흠모했다. 바이든이 2008년 경선에서 일찌감치 낙마한 후, 측근 존 마틸라John Marttila는 바이든에게 특유의 열정과 신념, 외교정책의 비전, 입법의 전문성으로 시민들에게 큰 인상을 남겼다고 말해주었다. "이제 한 단계 올라선 겁니다. 예, 다들 동의할 거예요."

오바마의 측근들은 조를 향한 버락의 호감을 감지했다.

1992년 빌 클린턴의 선거본부에서 일했던 람 이매뉴얼도 오바마에게 그 점을 지적했다. 결국 오바마는 부통령 후보를 따로 물색해볼 의사가 별로 없었다. 이미 마음을 정했기 때문이다. 그의 선택은 조였다. 클린턴도 앨 고어에 대해 같은 마음이었다. 10여 명의 후보자들을 검토하면서도 클린턴은 늘 앨 고어의 이름을 거론했다.

다만 조 자신이 부통령이라는 족쇄를 원하는지 확신이 없었다. 그는 상원에서의 역할을 사랑했다. 지금껏 단 한 번도 누군가의 부하였던 적이 없었던 바이든은 고관대작이라는 신분 덕에 언제든 뭐든 자신이 원하는 대로 말할 수 있었다. 그런데 그런 그가 버락의 2인자로 들어간다고? 자기 고삐를 자기가 쥐던 사람에겐 굴레가 아닐 수 없다.

아이오와 패전 이후 부통령 지명을 수락할지 질문을 받았지만, 그때는 그냥 웃어넘겼다. "아뇨, 민주당에서 대통령이 나온다면 부통령보다 외교위원장이 할 일이 더 많을 겁니다."

경선에서 빠져나온 후, 오바마-클린턴 경쟁에서 중립을 지키는 동안, 바이든은 오바마에게 약속을 하나 했다. "당신이 이긴다면 뭐든 부탁하는 대로 하리다."

"후회할 겁니다. 부탁할 일이 엄청 많거든요." 버락이 대답했다.

바이든을 향한 오바마의 관심은 커가기만 했다. 다음 달, 그가 바이든에게 단도직입적으로 말했다. "지금 고민은 차기 행정부에 위원장님이 필요한가 아닌가의 문제가 아닙니다. 위원장님이 어떤 직책을 가장 좋아하실까 하는 문제죠."

바이든은 러닝메이트로서의 정치적 자산이 풍부했다. 오바마의 고민은 11월에 누가 유권자들에게 먹힐 것이냐의 문제였다. 종종 부통령 지명이 선거에 영향을 미치기 때문이다. 오바마의 측근 피트 라우즈의 말처럼, "버락에게는 어떤 인물의 도움으로 선거에서 이길 것이냐가 중요했다. 그의 생각은 이랬다. '백악관 입성에 도움이 안 되면 고려할 가치도 없다.'"

오바마의 취약점은 백인 노동자 유권자들이었다. 펜실베이니아 같은 러스트벨트* 지역에서 힐러리에게 패한 것도 그 때문이다. 바이든은 그런 지역에 강점이 있었다. 예를 들어 펜실베이니아와의 인연은 어린 시절까지 거슬러 올라간다. 바이든의 가족이 델라웨어로 이사하기 전 자동차 중개상의 아들로 스크랜턴에서 자랐다. 노동조합과 경찰 사이에서도 인기가 많았다. 1994년의 범죄 법안은 지나치게 광범위하고 논쟁의 소지도 있었지만 경찰이 적극적으로 지지해주었다. 중산층의 고단한 삶에도 이해와 공감의 폭이 넓었기에 오바마 캠프로서는 군침을 흘릴 만했다.

하지만 부통령 지명에 어떤 점이 가장 중요한지 이따금 모호할 때가 있었다. 오바마가 보좌관들에게 보내는 메시지도 오락가락했다. 표심만이 능사는 아니라는 뜻이다. 사무장 데이비드 플루프에 따르면, 오바마는 백악관 정치를 노련하게 통제할 인물을 구했다.

"표심만 문제가 아니에요. 실제로 부통령 역할을 수행할 수 있어야죠. 난 그런 사람을 선택하고 싶어요." 오바마는 플루프를 비롯해 부통령 선발팀에게 그렇게 얘기했다. 팀에는 고문 짐 존

---

* Rust Belt: 사양화한 공업지대. 미국 중서부나
  북동부에 많다.

슨, 캐럴린 케네디, 법률고문 에릭 홀더, 데이비드 액셀로드가 포진해 있었다.

오바마는 자신이 국내 정치무대와 하원에 상대적으로 새로운 인물이라는 사실을 잘 이해했다. 대통령 후보가 되면서, 상원에서 바이든의 입지와 헌신에 대해서도 다시 보기 시작했다. 초기에는 워싱턴의 방식을 굴욕적으로 수용하려 한다는 이유로 조를 멀리했지만, 지금은 오바마도 바이든의 경험을 자산으로 여겼다. 조라면 입법과 통치 문제에 있어서 노련한 안내자가 되어줄 것이다. 아이오와 이후 오바마는 선거 유세 중 규칙적으로 바이든에게 전화를 걸었다. 이는 고참 정치가의 조언에 마음을 열었다는 의미다.

특히 바이든의 외교정책 성적은 오바마에게 중요했다. 그 분야라면 젬병에 가깝기 때문이다. "상원에 들어갈 때 외교정책 질문에는 대답이 '상대적으로' 빈약했다." 2007년 〈롤링스톤즈 Rolling Stone〉의 윌러스 웰즈 기자도 그렇게 썼지만 측근들도 익히 알고 있던 터였다. 상원에서의 짧은 기간 동안 학생처럼 외교정치의 역사와 구체적인 현실, 미국의 해외정책 전망에 대해 배우려 했다.

처음에야 서로 낯을 가렸으나 오바마와 바이든은 외교 문제만은 종종 의견을 같이했다. 2005년 시카고 국제문제협의회 연설에서 오바마는 점진적인 이라크 군축을 요구하며, 바이든을 비롯한 민주당원들이 선호하는 접근방식을 채택했다. 펜실베이니아 민주당원이자 하원의원인 존 머사John Murtha의 요구는 거부했는데, 해군 출신의 머사는 전군의 즉각 철수를 주장했다.

부통령 지명을 고민하면서 오바마도 심각한 질문에 직면했다. 바이든 같은 성격으로 적임자가 될 수 있을까? 조는 총명한 정치가이지만 그의 성공은 어느 정도 사교성, 즉 말주변 덕분이다. 측근들, 특히 액셀로드와 플루프는 처음엔 난색을 표했다. 연단에 올라가 너무 떠들어대면 어떻게 하지? 수다쟁이 혀 덕분에 캠프에 불필요한 혼란을 초래하지는 않을까? 바이든은 분명히 특유의 거침없는 혀 덕분에 곤란을 겪었다. 하지만 그건 편안한 태도, 인성 그리고 개인적으로 사람들을 끌어당기는 매력 탓이기도 했다.

작가이며 〈애틀랜틱The Atlantic〉의 국내부 기자인 마크 보든 Mark Bowden은 이렇게 적었다. "조 바이든은 사람을 만나는 게 아니라 삼켜버린다. 그는 특유의 푸른 눈으로 눈 맞춤을 하며 한 손으로 악수를 하고 다른 손으로 부드럽게 팔을 잡는다. 거기에 저 눈부실 정도로 하얀 치아를 드러내 웃으며 가까이 접근하기라도 하면…. 조는 의자에 앉을 때도 일부러 가깝게 끌어당기는데 의자가 움직이지 않으면 상체라도 상대방에게 기울인다. 그러고는 팔꿈치를 무릎에 댄 채 두 손을 저어가며 얘기를 한다. 얘기 도중에도 손을 내밀어 상대방의 팔이나 다리를 건드리며 공감을 구한다."

보든이 워싱턴에서 윌밍턴으로 통근할 때 바이든 의원과 동행한 적이 있는데 그 상황도 기록했다. 둘은 암트랙 식당 칸에서 테이블을 사이에 두고 앉았다.

무릎이 닿을 정도로 좁은 공간이라 아마 그도 흡족했을 것이다. 바이든은 70분 동안 지치지도 않고 떠들어댔다. 그가 윌밍턴 역에서 내린 후에는 갑작스러운 정적이 너무나 낯설어 힘이

들 정도였다. 진공에 빠진 기분이 그럴까? 그와 몇 차례 열차 동행을 한 친구에게 그 얘기를 했더니 그가 이해한다는 듯 고개를 끄덕이며 한마디 덧붙였다. "우린 그걸 '바이든한테 걸렸다'고 한다네."*

바이든이 너무 말이 많다고 비난하는 사람이 있는 반면 그 속에서 그의 '힘'을 보는 이들도 있었다. 위원회 모임에서 그가 너무 오래 말을 한다고 비평가들이 비난하자, 〈뉴욕타임스〉의 보수적 칼럼니스트 데이비드 브룩스David Brooks가 바이든을 옹호하고 나섰다.

"심지어 바이든을 '떠버리'라고 하는 이도 있지만 단연코 그는 생각이 깊다. 단지 바그너의 음악처럼 길 뿐이다.**" 브룩스는 바이든의 화술을 "감정의 폭이 무한한 상원의원이 들려주는 아리아"라고 칭했다. 브룩스의 이야기를 빌면, 바이든은 정치가들 대부분이 가지 않는 길을 가고 있었다. 즉, 여과되지 않은 자아를 드러낸 것이다. "바이든의 정서적 활력은 가장 강력한 무기다. 정치가들이라면 누구나 그런 무기를 장착하고 공적 자아와 전쟁에 나서야 한다."

물론 조가 말이 많기는 하다. 브룩스도 그 점은 인정했다. "머리와 입 사이에 과속방지턱이 없는 것만은 사실이다. 하지만 그래서 더 진솔하게 보이지 않는가. 솔직함을 자신의 강력한 이미지로 만든 덕분에 독립적으로 사고하는 능력을 지켜내고 자신에게도 솔직할 수 있었다…. 바이든은 이따금 신랄하고 이따금 불경스럽고 늘 말이 많지만, 그래도 진짜 인간이다. 그것도 정말 멋진 인간이다."

---

* 원서에서는 'get Bidened'라는 표현을 썼다.

** Wagnerian length: 바그너는 보통 몇 시간 길이의 곡을 썼다.

버락과 조가 파트너십을 향해 움직일 경우 공통의 기질이 하나 있었다. '스포츠광'. 남자들이 대개 그렇듯 스포츠가 우정의 기초를 다져준 것이다. 스포츠를 좋아하는 사람으로서 버락과 조는 본능적으로 서로를 존중했다. 오바마의 오랜 절친이자 교육부 장관 안 던컨Arne Duncan의 증언이다.

버락과 조는 경쟁 상대인 한편 둘 다 스포츠맨 특유의 팀워크를 선호했다. 대선 승리를 위해서나 백악관을 효율적으로 운영하기에 꼭 필요한 특성이다. 크레이그 로빈슨은 이미 몇 년 전에 버락의 협동심을 알아보았다. 여동생 미셸의 구애자를 살펴보려는 의도에서 버락을 농구장에 데려가 1시간 이상 시합을 해보았다. 190cm 장신의 로빈슨은 프린스턴의 우수 선수였다. 그에게 오바마가 인상적이었던 이유는 기술 때문이 아니라 코트에서 움직이는 방식이 특별해서였다. 로빈슨이 보기에 오바마는 "지극히 팀 중심적이었다. 지극히 이타적이고 공격적이되 결코 무모하지 않았다."

바이든 역시 스포츠 덕분에 팀 윤리를 존중하고 들끓는 야심을 통제할 수 있었다. 어린 시절 심각한 말더듬으로 고생할 때도 스포츠에 의지해 장애를 극복하고 자신감을 키워나갔다. 가톨릭 남자고등학교인 아키미어 아카데미Archmere Academy에서도 체조선수로서 맹활약을 하고 축구팀에서는 스타 하프백으로 뛰었다.

특히 패스에 강해 '패스돌이'라는 별명도 얻었다. 그 덕에 말더듬으로 생긴 별명에서 하나씩 벗어날 수 있었다. 팀 주장에서 탈락했을 때도 대범하게 받아들여, 시즌 내내 그의 활약은 전혀 위축됨이 없었다. "조가 실질적인 주장이었어요. 무척 열정적이고 밝았죠. 진정한 팀 플레이어였어요."

오바마와 바이든 모두 스포츠를 통해 세상을 보았다. 아이오와 코커스에서 고참 정치인들을 물리치고 유력한 대통령 후보자로 나선 이후, 오바마는 경험 부족이 문제라는 지적과 싸워야 했다. 오바마는 평생 길거리 농구를 즐겼다. 하와이의 푸나호우 예비학교*에서는 아예 팀을 만들기도 했다. 아이오와 승리 후에도 방관자들을 설득할 때면 늘 농구를 예로 들며 이야기를 끌고 갔다.

"내가 리그에 들어온 지 얼마 되지 않아 경기할 능력이 부족하다는 얘기는 종종 듣습니다. 그러다 그만두겠죠. 가령, 매직 존슨Magic Johnson이나 르브론 제임스LeBron James는요? 매 회 30점씩 빵빵 터뜨려 팀을 우승으로 이끄는데, 너무 어려서 팀을 이끌지 못한다고 얘기할 건가요?"

아이오와에서의 득표는 바닥이었지만 바이든은 축구 용어를 빌어 자신의 낙관주의를 표방했다. 점수와 상관없이 운동선수 특유의 장밋빛 안경을 쓴 채 경기장만을 노려본 것이다. 아직 끝나지 않았잖아? 윌밍턴의 지방신문 〈뉴스저널 News Journal〉의 기사를 인용해본다.

"자신의 말마따나 그는 단 한 명의 펀트리터너**였다. 공은 얼마든지 뺏을 수 있다. 그는 이렇게 말한다. '태클은 두렵지 않다. 난 점수만 생각한다.'"

정치는 종종 스포츠 용어로 규정하기도 한다. 하지만 버락

---

* Prep school: 14~18세 아이들이 대학에 들어갈 수 있도록 교육해주는 고등학교

** Punt Returner: 상대 진영으로 차 보낸 공punt을 잡아서 자신의 팀원에게 전달하거나 운반하는 선수

과 조는 진정한 스포츠맨이므로, 스포츠를 향한 두 사람의 관심에는 남다른 의미가 하나 더 있다. 양립 가능성. 안 던컨은 자신도 최고의 운동선수이자 하버드 야구팀의 부주장까지 지낸 터라, 후일 오바마와 종종 슈팅 게임을 했다. 세월이 흐르면서 그는 스포츠를 통해 선수들이 어떻게 경기장 밖에서 가까워지는지 지켜보았다. 오바마와 바이든의 우정이 가능했던 것도 둘 다 스포츠맨들의 마음가짐이기 때문이었다. "둘은 그렇게 묶인 겁니다."

오바마와 측근들, 부통령 후보로 바이든에게 기울어

바이든과 함께 부통령 후보로 떠오른 인물들은 인디애나의 에반 베이Evan Bayh, 버지니아 주지사 팀 케인Tim Kaine 그리고 주지사 캐슬린 시벨리우스Kathleen Sebelius였다. 힐러리 클린턴도 물론 고려 대상이었다. 그녀에게는 경험, 지성뿐 아니라 폭 넓은 인기가 있었다. 그건 지명 경선에서 이미 드러난 사실이다. 그 많은 장점에도 불구하고 힐러리의 지명 가능성은 그다지 크지 않았다. 일단 그녀는 부담이 너무 컸다.

부부가 오랫동안 정계에 있으면서 논란의 소지를 많이 남긴 게 결국 장애가 되고 말았다. 전직 대통령의 존재감이 너무 컸다. 커도 너무 컸다. "힐러리를 지명할 경우, 관계는 우리 둘로 끝나지 않을 거요. 고민이지." 오바마가 플루프에게 말했다.

사실 미셸 오바마도 힐러리 클린턴의 합류를 달가워하지 않았다. 어차피 버린 카드라는 뜻이다. 미셸은 힐러리에게 유감이 있었다. 지난 5월, 경선 전망이 어두워졌을 때였다. 시폴스의 〈아거스 리더Argus Leader〉 편집위원회가 힐러리에게 왜 중도에 포기하지 않았는지 질문했다. 힐러리는 후보자라면 최후의 순간까지 뛰어야 한다면서, 1992년 경선을 예로 들었다. 6월 캘리포니아 예비선거까지 남편의 지명이 결정되지 않았다는 것이다. "다들 기억하잖아요? 바비 케네디Bobby Kennedy는 6월에 캘리포니아에서 암살당했어요."

그 말이 미셸의 신경을 건드린 것이다. 오바마의 신변보호에 대한 두려움으로 스트레스를 받았다. 그 때문인지 비밀경호국 경호 팀도 역사상 어느 대통령 후보보다 일찍 투입되었다. 액셀로드에 따르면, "요원들은 오바마가 대중 앞에 나설 때 옷 안에 보호 장구를 착용해야 한다고 주장했다." 힐러리는 얼른 실언을 사과했다. 측근들도 앞 다투어 오바마에게 해를 끼치려는 의도도, 케네디 가족을 모욕하려는 의도도 아니었다며 적극적으로 해명에 나섰다. 아무튼 부통령 후보로서는 상황이 복잡하게 얽힌 터라 일찌감치 물망에서 떨어져나가야 했다.

2008년 여름이 깊어가고 오바마의 지명이 확실해지면서 러닝메이트 선정 과정도 막바지에 접어들었다. 베이와 케인과 바이든 모두 신원조회에 응했다. 선거 캠프 수사관들이 그들의 과거, 연설, 신용거래, 의료기록 등 후보자들의 삶을 파고들었다. 선거 도중 문제가 터지면 더 큰일이기 때문이다. 경쟁자들은 개별적으로 액셀로드, 플루프와 비밀 면담까지 치러야 했다.

바이든과 오바마의 고문 두 사람이 필라델피아에 있는 바이든의 누이 밸러리의 저택에서 만났다. 델라웨어의 바이든 자택에서 그리 멀지 않은 곳이다. 아니나 다를까 플루프에 따르면, 바이든은 회동 초기부터 선거, 오바마, 부통령 후보 지명에 대한 불편함까지 장장 20분간 독백처럼 떠들어댔다. "액스와 난 한마디도 끼어들지 못했어요." 후일 플루프가 술회했다.

액셀로드는 다른 것보다 특히, 바이든의 허풍을 훨씬 더 못마땅스러워했다. 그는 회고록에서 당시 3인 면담을 바이든의 '두 시간 독백'으로 묘사했다.

"면담이 끝날 때까지도 그의 다변에 대한 우리 측 우려를 전혀 해소해주지 못했다. 심지어 우려를 전했을 때마저 10~15분 동안 다발총을 쏘아댔지만 잠시 호흡을 고르면서도 입을 다물지 않았다. '내 말 이해하슈?' '틀린 말은 아니잖아?' 하고 확인한 다음 다시 말을 이어간 것이다."

바이든은 솔직하게 잘 모르겠다고 대답했다. "내가 절대 하지 말아야 할 일이 부통령이야." 측근들한테 한 얘기가 그렇다. 이미 35년간 상원에서 일했으며, 현재는 최고지도자 위치에 있다. 위원장도 두 번이나 역임했다. "그런데… 2인자가 되라고?"

부통령의 역할이 제한적이라는 정도는 그도 잘 알고 있었다. 더욱이 바이든은 활동적이고 몰입을 잘하는 성격이었다. 그런데 그 일이 맞기는 할까? 어쨌든 부통령직을 수락하는 조건으로 백악관 업무의 중심에 그가 있어야 한다는, 말 그대로 무모한 포트폴리오도 준비했다. 과연 오바마가 부통령에게 포괄적인 업무를 맡길 의사가 있기는 한 걸까?

조는 후일 〈뉴요커〉의 라이언 리자Ryan Lizza에게 전반적인 과정을 설명하면서 이렇게 덧붙였다. "서로를 이해하고 있는지 확실하게 하고 싶었어요." 신원조회를 통과한다 해도 보직을 수락할지는 여전히 불확실했다. 오바마가 그를 선택할 경우, "두 시간 이상은 만나서 내 역할이 어디에서 어디까지인지 확인할 생각이었어요."

망설임 없이 그도 이 특별한 기회에서 밀려나지 않기 위해 최선을 다했다. 플루프와 액셀로드에게도 그렇게 말했다. "훌륭한 병사가 되어 대내외적으로 진짜 가치를 실현하고 싶소."

질문자들이야 고개를 갸웃했을지 몰라도, 바이든은 일단 뭐든 정해지면 의무감과 성실함이 강철과도 같은 위인이다. 상원의원이자 가톨릭교도로서 서열의 의미를 이해했으며, 아무리 달갑지 않은 지시라 해도 본분 정도는 지킬 줄 안다. 그의 오랜 벗이자 자문 담당인 테드 카우프만의 말을 들어보자.

"부통령이 되는데 전혀 문제가 없다고 믿는 이유가 있습니다. 그 양반 서열 문화가 몸에 뱄어요. 대장한테 복종하는 일이 아주 자연스러운 사람입니다. 당연히 백악관에도 쉽게 적응할 거예요."

면담이 끝날 즈음, 액셀로드와 플루프는 자신도 모르게 바이든 쪽으로 기울고 있었다. 가까이서 보니 조의 다양한 면모를 느낄 수 있었다. "정말 인상적이었어요. 신기할 정도로 솔직하고… 그냥 호감이 가는 사람이었죠."

액셀로드는 그렇게 회고했다. 베이, 케인, 바이든까지 부통령 후보 셋을 면담한 결과, 셋 다 강하고 나름대로 독특한 특성이 있었다. 누구든 가능했다. 액셀로드 표현을 빌면 '말 그대로 점프 볼'이었다. 사실 누가 부통령 티켓을 잡아도 상관없었다.

어쨌거나 최종결정권자는 두 사람이 아니었다. 그건 전적으로 오바마의 몫이었다. "대통령으로서도 고독하고 힘든 결정이 되겠지? 슬며시 얘기해볼까? 살짝 바이든 쪽으로 기울었다고?"

"바이든 쪽 저울에 손가락 하나 정도 올려드려야 신하의 도리 아니겠어요?" 플루프도 동의했다.

"바이든이라면 철저하게 지켜보아야 할 거요." 플루프가 액셀로드에게 경고했다. "그 양반, 언제 울타리 밖으로 달아날지 몰라요. 매일매일 다독여줘야 할 겁니다."

액셀로드는 손사래를 치며 책임을 플루프에게 떠넘겼다. "내가? 말도 안 돼. 자네도 얘기를 좋아하고 그 양반도 좋아하잖아. 둘이 기가 막히게 어울릴 거야. 하루에 두 시간 정도 투자야 둘 다 누워서 떡 먹기잖아?"

고문들의 시험을 통과하기는 했어도 바이든은 바이든 나름대로 생각이 있었다. 만일 부통령에서 밀려난다면 삶은 차라리 편안할 것이다. "부통령직을 제안하면 받기야 하겠지만 그렇다고 못할까 봐 안달 날 사람은 아닙니다." 플루프의 진단은 그랬다.

8월 6일, 조 바이든은 미니애폴리스의 '그레이브601' 호텔 뒷문으로 몰래 들어갔다. 빳빳한 정장과 타이도 없고 로비에서의 왁자지껄한 인사도 없었다. 야구모자를 깊이 눌러쓰고 짙은 선글라스로 얼굴까지 가린 채 은밀하게 위층 스위트룸으로 올라갔다. 오바마의 지시에 따라, 민주당 대통령 지명자와 러닝메이트 후보들과의 면담이 철저히 비밀리에 진행 중이었다.

오바마는 이미 세인트루이스에서 에반 베이를 만나고 인디애나에서 팀 테인도 만났다. 모두 비밀 회담이었다. 그리고 마침내 바이든의 차례가 온 것이다.

90분 이상 '활발하고 유익한' 논쟁을 이어가며 버락과 조는 서로를 알아갔다. 둘 다 상대에게 흡족해했다. 버락은 조에게 신원조회를 순조롭게 통과했음을 알리며, 40년 가까이 정치에 몸담은 사람으로서 대단한 일이라고 추켜세웠다. 조사관들은 조가 자기 영달을 위해 꼼수를 부린, 그 어떤 흔적도 찾아내지 못했다.

재산도 동료 의원들에 비해 아주 적은 편이었다. "그렇게 세월이 지났건만 그 흔한 돈 하나 못 버셨네요." 오바마가 농담을 던졌다. 델라웨어의 커뮤니티칼리지* 교수인 아내 질과 조는 2007년 함께 30만 달러 정도를 벌었다. 물론 상원 기준으로 낮다는 뜻이다. 대부분의 미국인들에게는 꿈의 수입이라 하겠다.

대조적으로 오바마는 인기에 힘입어 엄청난 인세 수입을 올렸다. 1995년의 회고록 《아버지의 꿈Dreams from My Father》은 오바마라는 별이 빛나기 전 절판이 되었다가 2004년 민주당 전당대회의 연설 이후 복간해, 18주 중 14주 동안 〈뉴욕타임스〉 페이퍼북 베스트셀러 자리를 지켰다. 2006년 《담대한 희망》은 출간 즉시, 〈타임스〉의 하드커버 논픽션 정상을 차지했다. 버락과 미셸의 소득신고를 보면 2007년 저작권 수입만 400만 달러를 넘었다.

본격 면담에 앞서 오바마는 한 가지 짚고 넘어가기로 했다. 조가 부통령 자리를 정말로 원하는지 확신이 서지 않았기 때문

* Community College: 일반인에게 단기대학 정도의
  교육을 제공하기 위하여 대학 또는 칼리지에 병설한
  과정. 우리나라의 평생교육 시스템과 비슷하다.

이다. 조의 어정쩡한 태도가 마음에 걸렸다. 외교위원장이자 유력한 상원의원으로서 굳이 부통령이 되지 않더라도 정치를 좌지우지할 텃밭은 있지 않는가. 버락은 조가 부통령을 후퇴가 아니라 권력 서열의 상승으로 받아들이기를 바랐다.

그가 단도직입적으로 물었다. "부통령이 성에 차지 않으시죠?"

"아닙니다. 막역한 동지가 된다면야 그럴 리가 없겠죠."

버락은 어떤 자리를 원하는지 조의 심중을 찔러보았다. "국가안보와 외교정책에 관심이 많으시죠? 대통령보다 국무장관 자리를 원하십니까?"

바이든도 측근들과 대화를 많이 한 터라, 오바마 행정부라면 부통령이 정책 수립에 영향력이 클 것이라는 것쯤은 이미 판단을 내린 터였다. 다만 오바마도 그의 조건에 동의해야 했다.

바이든, 오바마의 부통령직 제안을 받아들이다

바이든의 요구를 받아들일 경우 오랜 전통을 깨뜨리는 셈이 된다. 미국사를 통틀어 부통령은 늘 대체 인력이었을 뿐 일상적으로 국가를 통치하거나 국정에 영향을 미치는 경우는 거의 없었다.

부통령은 본질적으로 상원을 관장하고 필요하다면 캐스팅보트를 던지는 사람이다. 대통령을 섬기는 사람으로서 상관에게 누를 끼치는 일도 없어야 한다. 공무원한테 욕과 비난은 한 몸에 받는 반면, 거의 영향력이 없는 보직이 부통령이다. 사람들한테 쉽게 잊히고 대통령에 오르지 않는 한 거의 자취도 남지 않는 게 또 부통령이다.

19세기 초까지, 대통령 선거에서 2등을 하면 그 사람이 자동적으로 부통령이 되었다. 정말로 사이가 나쁘다면, 승자와 차점자한테 협치에 대한 관심이나 동기가 있을 리 없었다. "공화국 초기 50년간, 대통령이 한두 번의 임기를 거치는 동안 부통령의 존재에 대해서는 흥미도 염려도 거의 없었다." 정치평론가 쥴스 위트커버가 말했다.

미국 제1대 부통령, 존 애덤스John Adams는 상원에 나가 자신의 우려를 전했다. 조지 워싱턴George Washington이 미국 초대 대통령으로 등극하기 5일 전이었다. "어떻게 해야 할지 아주 난감하군요. 전 부통령입니다. 허깨비 같은 직책이지만 아무튼 최선을 다하겠습니다."

첫 임기를 마친 후에도 난감하기는 마찬가지였다. 1793년 12월, 아내 아비게일Abigail에게 보낸 서한을 보아도 고민은 여전했다. "이 나라의 지혜란 내게는 작동하지 않는구려. 이거야말로 인간의 지혜가 고안하고 상상력이 품은, 무의미한 직책이 아닌가 하오."

부통령직이 얼마나 무의미한지, 뉴욕의 상원의원 실라스 라이트Silas Wright는 1844년 지명을 거부했고 그 바람에 오랫동안 공석으로 남기도 했다. 1812년과 1900년 사이에는 사망, 사임, 대통령 승계 등의 이유로 거의 27년간 부통령 없이 국정을 운영했다. 그 사이 부통령 공석은 무려 열한 차례나 되었다. 역사가 조엘 K. 골드스타인Joel K. Goldstein의 말을 들어보자. "그래도 부통령 공석 사태를 해결하라는 절박한 외침도 없었고 미국도 별 탈 없이 잘 굴러갔다."

1899년 윌리엄 맥킨리William McKinley의 재임 선거 러닝메이트가 되기 전만 해도, 시어도어 루스벨트Theodore Roosevelt는 차라리 상원의원이나 국무장관, 아니면 필리핀의 총독이 되겠다고 호언했다. 어느 쪽이든 부통령보다 '가치가 있다'는 이유였다.

바이든이 생각하기에도 부통령이 '뭔가 의미 있는 일을 할' 공산은 지극히 미미했다. 하지만 1901년 맥킨리가 재임에 성공하고 7개월 후 루스벨트는 애덤스의 말을 빌면 '무가치한 인간'에서 '절대 권력의 주인'으로 껑충 날아올랐다. 맥킨리가 암살당한 덕분이다.

20세기에 들어서면서 부통령도 대통령의 일을 나눠 갖고 의전을 담당했다. 프랭클린 D. 루스벨트의 첫 부통령, 존 낸스 가너John Nance Garner는 하원과 협력하여 뉴딜 정책을 진행하고 미국을 대표해 세계를 돌아다녔다. 그럼에도 불구하고 자신의 임무와 부통령직을 마땅치 않아 했다. 가너는 입까지 걸어서 부통령직을 '미지근한 오줌 양동이보다 가치 없는 일'이라고 묘사하기도 했다.

루스벨트의 두 번째 부통령, 헨리 월러스Henry Wallace는 국제대사global emissary 역할도 겸직했다. 루스벨트는 1941년 월러스에게 경제전략국Board of Economic Warfare 국장직까지 맡겼지만 부통령은 여전히 대통령과 연대가 강하지도 않고 그렇다고 협조가 긴밀하지도 못했다. 월러스는 결국 국장직을 박탈당했다.

해리 트루먼Harry Truman이 세 번째 부통령이 되었지만 대통령과의 면담은 거의 이루어지지 않았다. 루스벨트가 사망하고 대통령에 오른 뒤에야, 원자폭탄 개발 작전, 소위 맨해튼 프로젝트Manhattan Project의 존재를 안 것도 그래서이다.

20세기가 무르익으며 미국의 힘도 커졌다. 행정부의 역할이 커지고 부통령의 임무도 더 폭 넓고 두드러졌다. 리처드 닉슨Richard Nixon은 내각과 국가안보위원회 모임을 주재하고 외교업무를 일부 관장했으며, 드와이트 아이젠하워Dwight Eisenhower 대통령을 도와 법안을 개발했다. 심지어 행정부 대변인으로 활약하기도 했다.

하지만 그렇게 노력한다고 대통령과 사이가 가까워지는 것은 아니다. 아이젠하워–닉슨은 알콩달콩, 꽁냥꽁냥과는 거리가 멀었다. 아이젠하워는 아예 1960년 기자회견에 나가 닉슨의 대통령 선거운동을 방해하기까지 했다. 대통령 시절, 닉슨의 어떤 정책을 채택했는지 예를 들어 달라는 요구가 있었다. "1주일만 여유를 줘요. 그럼 생각날지도 모르지." 아이젠하워의 대답은 그랬다. 1960년 대선 당시, 닉슨의 상대인 존 케네디는 아이젠하워의 비아냥을 공격 무기로 삼았다.

케네디 행정부의 부통령 린든 존슨Lyndon Johnson은 이따금 가벼운 업무만 수행하고 종종 업무 핑계로 해외를 들락거려야 했다. 행정부에서 굵직한 존재감을 드러내고 싶었으나 케네디가 그의 바람을 묵살한 것이다. 역할이 미약한 데다, 대통령과 대통령의 동생 로버트와의 관계까지 꼬였으니 부통령직이 달가울 리 없었다.

바이든과 오바마

〈뉴스위크〉 워싱턴 보도국장이자 케네디의 친구 벤 브래들리Ben Bradlee가 백악관을 자주 들락거렸는데, 그가 보기에 존슨이 옆에 있을 때마다 대통령이 왠지 불안해하더란다. "존슨의 존재 자체가 대통령의 심기를 건드리는 듯 보였다." 케네디-존슨의 불화에 대해 JFK의 특별보좌관 아서 슐레진저Arthur Schlesinger도 한마디 더했다. "아무리 애를 써도 대통령, 부통령 관계는 절망적입니다. 역사적으로도 예외가 없을 정도로 보편적인 현상이죠."

존슨도 케네디의 불쾌감을 의식했는지 자신이 불미한 탓이라며 자책했다. 백악관을 떠난 후, 역사가 도리스 컨스 굿윈Doris Kearns Goodwin은 존슨을 부추겨 비망록을 작성하게 했다. 도리스의 첫 책 《린든 존슨과 미국의 꿈Lyndon Johnson and the American Dream》은 1976년에 출간됐는데, 그 책에는 케네디를 둘러싼 부통령의 감정이 다채롭게 드러나 있다. "존 케네디에게 다가갈 때마다 망할 놈의 까마귀 한 마리가 그의 어깨에서 맴돌고 있었다."

백악관 커플이 부통령이 내포하는 섬뜩한 암시를 벗어난 적은 거의 없었다. "부통령이란 존재 자체가 '대통령이 죽기를 기다리는 것' 말고 달리 할 일이 없다. 그러니 어찌 진실하고 지속적인 관계가 가능하겠는가?" 슐레진저의 설명이다.

이따금 준비 부족으로 덜 떨어진 인물이 부통령을 차지하기도 했다. 조지 H. W. 부시가 지명한, 인디애나 상원의원, 댄 퀘일Dan Quayle과 리처드 닉슨의 꼬붕 스피로 애그뉴Spiro Agnew 같은 인물이 그랬다. 애그뉴는 조세포탈 혐의로 기소된 후 사임하였는데, 그의 부패 혐의는 메릴랜드 정치인 시절부터 백악관에 입성한 후까지 너무도 광범위했다.

유능한 인물을 부통령으로 지명하고, 대통령-부통령 팀이 강한 유대로 국정을 이끌어낸 경우가 아예 없지는 않았다. 예를 들어 카터-몬데일, 클린턴-고어가 그랬다. 그럼에도 둘 사이는 거리감이 적지 않았다. 우정은 아예 거래에 들어있지 않았던 것이다.

조 바이든에게도 고려해야 할 일이 많았다. 부통령직이 상징하는 오랜 굴욕의 역사도 따져야 하지만 부통령으로서 자신의 미래도 문제였다. 오바마는 도대체 러닝메이트한테 정확히 어떤 역할을 기대하는 걸까?

미니애폴리스 호텔에서 조는 그 모든 것을 털어놓았다.

"이봐요, 버락, 내가 수락하기를 바란다면 다른 이유를 요구하지는 맙시다. 그저 내 판단을 존중해준다고 하면 됩니다. 대통령을 도와 함께 국정을 이끌어나가는 일이라면, 예, 관심 있습니다. 그냥 당선만 도와달라고 요청하는 것이라면 다른 방법으로 돕겠소. 하여튼 대통령이 중요한 결정을 내릴 때 구경만 하는 역할이라면… 사양하겠습니다."

바이든은 동반자 그 이상을 원했다. 대통령과 부통령의 상호관계가 깊고 사적이며, 필요할 경우 논쟁적이기를 바랐다. 오바마도 바이든의 바람을 이해하고 싶었다. 그래서 다른 후보와 나누었던 논쟁을 언급했다.

"제가 정부를 재조직해달라고 부탁하면 앞서 만났던 분들은 아주 기꺼워할 겁니다. 그러고 싶다고 했으니까요. 위원장님은 어떠십니까?"

바이든에게 그 일은 운신의 폭이 너무 좁았다. "내가 원하는 바가 아닙니다." 바이든은 부통령으로서 자신이 뭘 하고 싶은지 정확히 이해하고 있었다. 오바마의 수석 고문이 되어, 중요한 회의 모두에 참석하고 싶고 대내외의 중요한 정책 결정 모두에 자신의 견해가 중시되기를 바랐다.

입법 과정에서 조언자 자격으로 참여하기를 원하고, 오바마에게 귓속말을 할 수 있는 존재이기를 바랐으며, 매주 대통령과 오찬을 비롯해 사적인 만남을 갖고 싶어 했다. 바이든의 성격 그대로 정말 허심탄회하게 대화를 나누고 싶었던 것이다. 오바마가 그런 부통령을 원한다면 바이든은 얼마든지 지명을 수락할 의향이 있었다.

오바마도 자기 확신이 남다른 인물인지라, 바이든의 어쩌면 지나칠 수 있는 요구에도 전혀 위축되지 않았다. 나름 장점이 있는 요구들이 아닌가. 진솔함은 오바마도 높이 평가하는 속성이다. 더욱이 자신이 원하는 부통령도 좌고우면하지 않고 현실을 있는 그대로 얘기해줄 인물이었다.

플루프의 말을 들어보자. "바이든이 장황하고 지나치게 자유로울지 모르죠. 그런데 그게 오히려 오바마에게 먹힌 겁니다. 윤색 없이 현실을 있는 그대로 얘기해줄 사람이 필요했으니까요."

내성적인 사람과 외향적인 사람… 성격은 분명 달랐으나 둘은 중요한 동질성을 찾아냈다. 안 던컨은 오바마를 이렇게 묘사했다. "천성적으로 매사에 분명하고 속내를 잘 드러내지 않았다. 심성은 깊어도 대중 앞에 감정을 드러내는 법은 거의 없다."

바이든은 그 반대편에 있었다.

"조는 속과 겉이 한 통속이다. 자기감정을 속이는 것 자체가 불가능했다. 속이 다 드러나 보이지 않는가! 결국 있는 그대로 보여주는 편이 속 편하다. 내가 보기엔 어쨌든 두 사람이 모두 진솔하다."

"의원님이야 물론 정직하실 겁니다. 저를 위해서도 그러실 수 있습니까?" 버락이 분명하게 물었다.

"하고 말고요." 조의 대답이었다.

5장

뚱보와 말더듬이

오바마와 바이든은 묘하게 각자의
나이에 걸맞지 않은 자세로 자신을
날카롭게 벼려나갔다. 젊은 오바마는
보다 절제 있고 성숙한 반면, 나이든
바이든은 어린 시절의 충동적인
성격을 그대로 간직하고 있었다. 그가
영원히 젊어 보이는 건 그 때문이다.

오바마, 부통령직을 향한 장고를 마무리하다

8월 8일 금요일, 고된 선거운동도 어느새 1년 반이 지났다. 오바마는 제트기를 타고 고향 하와이로 떠났다. 할머니가 와병 중이신 데도 오랫동안 뵙지 못했다. 자신을 키워주신 분이건만.

거기다가 선거운동으로 너무 지친 상태라서 잠시 바다에서 여가를 보낼 필요도 있었다. 러닝메이트 문제도 고심해야 하고, 월말 즈음 민주당 전당대회에서의 지명 수락연설도 다듬어야 했다.

전용기에 가족과 측근 열일곱 명을 태우고 오후 2시 30분, 오아후 섬 호놀룰루 공항에 착륙했다. 오바마와 미셸은 공항에서 전통에 따라 화환을 받았으나 둘 다 목에 두르지는 않았다. 국내 여행이 분명하지만, 대통령 후보의 고향이자 휴가 목적지라고 하기엔 하와이는 여전히 이국적이라는 고정관념을 의식하지 않을 수 없었다. 물론 알로하셔츠도 입지 않았다. 대중 앞에 나설 때면 주로 카키색 바지와 짙은 색 폴로셔츠 차림이었다. 사실 더 이상의 캐주얼한 의상도 사양이다. 명실공히 하와이의 아들이니만큼, 자신의 이국적인 모습에서 유권자들이 어떤 모습을 보려 할지 신경을 쓸 수밖에 없었다.

ABC의 〈디스 위크This Week〉에서 코키 로버츠Cokie Roberts

는 존 매케인을 상대로 가을대선을 준비하는 와중에 오바마의 하와이 방문이 어떤 의미인지 꿰뚫어보았다. "어쩐지 낯설고 이국적인 고장으로 떠나는 기분이 들었다. 꼭 휴가를 가야 한다면 이런 상황엔 머틀비치Myrtle Beach가 제격이다."

비평가들이 '이국적'이라며 색안경을 끼고 보지만, 하와이는 오바마가 유권자들에게 전하려는 메시지의 강력한 상징적 배경이었다. 자신의 혼혈 유산과 미국에서의 입지를 획득하고 벼린 곳도 바로 이곳이다. 그런데 마침내 민주당의 대통령 지명자 신분으로 돌아온 것이다.

오바마는 착륙 즉시 환영식에 참석하기 위해 키히 라군 비치공원Keehi Lagoon Beach Park으로 달려갔다. 그의 선거운동이 늘 그렇듯 이곳에서도 통섭의 메시지를 전했다.

"사람들은 출신과 상관없이 나름의 능력이 있습니다. 흑인이든 백인이든. 일본, 한국, 필리핀, 출신 국가가 어디든 상관없이 모두 미국인입니다. 우리는 함께 일하고 함께 어울려 더 나은 나라를 만들 수 있습니다. 저는 분명히 믿고 있습니다. 지금 미국이 추구해야 할 것은 바로 이런 정신입니다."

17분간의 연설을 마친 후, 오바마는 미셸, 두 딸과 함께 자동차 퍼레이드와 함께 호놀룰루 도심의 베레타니아 거리로 향했다. 85세의 노모가 살고 있는 아파트 10층은 그가 어린 시절을 보낸 곳이기도 했다. 조모 매들린 던햄Madelyn Dunham은 골다공증으로 고생 중이었다. 아무리 손자가 보고 싶어도 장기간의 비행여행은 무리인지라 오바마가 보러 온 것이다.

조모와의 재회에 오바마도 크게 기뻐했다. 일곱 살의 사샤,

열 살의 말리아도 마침내 증조모를 만났다. 오바마는 하와이 체류 중 거의 매일 할머니를 찾았고 매들린은 그해가 다 가기 전에 세상을 떠났다. 대통령 선거를 치르기 불과 이틀 전이었다.

덴버 당대회를 위해 본토에 돌아가기 전 오바마는 시간을 할애해 어린 시절의 중요한 인물들을 회고했다. 1995년 어머니 앤 던햄의 재를 뿌린 험지를 찾고, 할아버지 스탠리 던햄Stanley Dunham의 묘지에도 들렀다. 세계 제2차대전의 용사 던햄은 태평양의 국립묘지에 안치되었다. 국립묘지는 펀치볼 분화구에 위치한 탓에 펀치볼 묘지라고도 불리는데, 오아후 남부의 기가 막힌 풍광으로도 유명하다.

가족과도 즐겁게 지냈다. 자연보호구역에서 두 딸, 물고기 떼와 함께 스노클을 즐기고, 아일랜드스노*에 놀러가 두 딸에게 빙수를 사주었다. 골프를 하고 디너를 즐기는 한편으로는 부통령 유력 후보자가 자신의 외교담을 뽐내는 모습을 지켜보았다. 오아후에 도착하기 하루 전, 러시아 군대가 과거 위성국인 조지아 공화국을 침공했다.

그곳의 영토분쟁은 소비에트 공화국의 붕괴에서 비롯된 터라 복잡하면서도 만성적인 골칫거리였다. 국무장관 콘돌리자 라이스는 러시아의 침공을 비난했다.

"러시아는 전투기와 미사일 공격을 즉각 멈추고, 조지아의 영토보전을 존중할 것이며, 즉시 조지아 영토에서 지상군 병력을 철수할 것을 요구한다."

조 바이든은 상원 외교위원회 수장으로서 당연히 한마디 보탰다. "러시아는 즉시 평화 복원을 위해 노력해야 한다. 세계가

---

* Island Snow Hawaii: 오아후 동쪽 카일루아의 쇼핑센터에 있으며 오바마가 휴가 때마다 들러 '오바마 빙수 센터'라 불리기도 한다.

지켜보고 있다. 스스로 공언한 약속을 지킬 것을 기대하는 바이다." 8월 12일 화요일, 양국은 프랑스 대통령 니콜라스 사르코지Nicolas Sarkozy의 중재로 정전에 합의했다.

토요일에 조지아로 출국한 바이든은 조지아 대통령 미하일 사카슈빌리Mikheil Saakashvili를 만나 '사실 확인'을 했다. 월요일 귀국길에 바이든은 장문의 성명서를 발표했다. 성명서에는 현지에서의 다채로운 만남과 회담, 민감한 지정학적 문제들, 이번 갈등이 유럽과 세계에 미치는 폭 넓은 위험에 대한 이해는 물론, 상원 대표이자 부시 행정부를 향한 감시의 눈과 귀로서의 역할 등이 담겨있었다.

바이든은 독립적인 국제 평화군 창설이라는 나름의 긴장완화 해결책도 제안했다. 미국 의회를 재소집해, 조지아를 위한 10억 달러 규모의 긴급 원조 패키지도 제안했다. 미국이 이 신생 민주국가를 포기하지 않으리라는 분명한 메시지를 전달할 필요가 있었다.

그때쯤 부통령직을 향한 오바마의 장고도 마무리되었다. 조는 그 자리를 원했고 아내 질과 가족들도 모두 동의했다. 조지아 전쟁은 그에게 호기였다. 한 측근의 말마따나, '적기에 터져준 것'이다. 바이든의 범세계적인 평화행보는 티켓 확보를 위해 더할 나위 없는 홍보 기회였다. 오바마의 측근이 〈월스트리트 저널〉과의 인터뷰에서 고백했듯, 오바마 진영은 "그의 행보를 환영했다."

해외 순방 덕택에 바이든은 미디어의 조명을 받고 경쟁자들과도 격차를 벌였다. "다른 후보자들이 〈선데이토크쇼〉에 나가는 동안 조지프 R. 바이든 주니어는 조지아의 트빌리시Tbili-si(조지아의 수도)에서 주말을 보내며 미카일 사카슈빌리 대통령을 만나 전쟁 문제를 논의했다. 〈뉴욕타임스〉의 존 브로더John Broder 는 그렇게 논평했다.

전직 유엔 대사 리처도 홀브루크Holbrooke도 〈타임스〉 기사에서 바이든을 추켜세웠다. "조가 어느 정부에 들어가든 신뢰와 능력을 더해줄 것이다. 그는 세계 지도자들을 알고, 의회를 알고, 이슈를 안다. 1차 시험에도 합격했다… 실로 부통령감이다."

바이든이 국제적 스포트라이트를 받으면서, 에반 베이는 러닝메이트로서의 주가가 하락하고 있다고 측근에게 실토했다. 하지만 귀국 후 바이든은 오히려 자신의 가능성을 의심하는 듯 보였다. 그가 차문을 열고, 자택 진입로에 대기 중인 기자들에게 외쳤다. "이봐요, 내가 아니오." 베이의 캠프 주변으로 이메일들이 날아다니며 잔뜩 기대감을 높였지만, 실현 가능성은 높지 않았다. "조다운 행동이었지. '개그맨' 조잖아?"

결정했어요, 바이든입니다

경쟁자들의 운명을 손에 거머쥔 사나이가 바이든의 등을 툭툭 두드려주었다. 휴가가 끝나자 오바마는 해외참전 전우회* 전국대회에 나가 조의 대외적 활약을 치하하고 그 행동이 대내적으로 어떤 의미가 있는지 조명했다. "그래서 내 친구, 조 바이든 의원의 의견에 기꺼이 찬동하는 바입니다. 조지아 국민의 재건을

---

* Veterans of Foreign Wars: 1899년 설립된
  친목단체로, 참전용사들의 전쟁후유증 등 치료를
  돕고 복지를 도모한다.

바이든과 오바마

위해 추가로 10억불을 원조해야 합니다."

그날 밤 〈CBS 이브닝뉴스〉는 그 말의 암시를 놓치지 않았다. 딘 레이놀즈Dean Reynolds 특파원이 시청자들을 위해 메시지를 번역해주었다. "조지아의 재앙에서 이제 막 귀국한 바이든을 향해 오바마가 박수갈채를 보냈다. 이른바 신호를 보낸 것이다."

민주당 전당대회가 며칠 앞으로 다가올 즈음 오바마도 마음의 결정을 내렸다. 변수도 빠짐없이 고려했다. 액셀로드가 후일 매체 인터뷰에서 밝혔듯, "전적으로 오바마의 결정이었다. 그는 매우 신중하고 냉철하고 합리적인 시각으로 접근했다." 액셀로드, 플루프, 밸러리 재럿 등 고문단도 오바마가 바이든에게 기울었다는 사실을 처음부터 알고 있었다.

지명인을 공표하기 전 재럿이 예언했다. "틀림없어요. 처음에 눈길을 준 바로 그 사람이죠."

오바마는 액셀로드와 플루프에게 전화를 걸어 먼저 내부에 소식을 알렸다. 바야흐로 선거운동도 다음 단계에 접어든 터라, 대통령과 부통령 사이의 독특한 연금술을 시전하기 시작한 것이다. 그가 측근들에게 말했다.

"결정했어요. 바이든입니다."

오바마가 바이든을 선택한 이유는 분명했다. 오랜 의회 경력, 외교 전문성, 의회를 다루는 기술. 그러나 그 밖에도 오바마가 혹한 매력도 있었다. 바이든의 개인사 그리고 심각한 패배에 맞서는 모습 때문이었다.

버락 역시 삶과 삶 속에서 자신의 위치가 갖는 의미에 대해 고민을 많이 하지 않았던가. 가족을 향한 바이든의 헌신에도 끌렸다. 1972년 자동차 사고 이후, 갓난아이들 둘과 함께 있겠다며 매일 워싱턴에서 델라웨어까지 출퇴근을 한 사람이다. 그 모습이 전해주는 메시지는 강력했다.

조가 비망록에서 밝혔듯, 두 아들에게는 "내가 퇴근하고 집으로 돌아온다는 확신이 절실히 필요했다. 그래서 늘 함께한다는 사실을 보여주어야 했다."

아이들을 향한 바이든의 사랑에 오바마도 감동했다. 부모님의 별거 때문에 어린 시절 크게 상처받은 오바마가 아닌가. 바이든을 선택하기 2개월 전, 아버지의 날 연설에서 오바마는 성장기, 아버지의 부재를 회상하며, 이를 '가슴에 난 커다란 구멍'으로 묘사했다. 두 딸에게 헌신하는 것도 그 때문이었다.

오바마는 시카고 남부 '신의 사도 교회Apostolic Church of God' 신도들에게도 역설했다. "몇 해 전 바로 그 악순환의 고리를 끊겠다고 결심했습니다. 무엇보다 하고 싶은 일이 있다면, 아이들에게 좋은 아버지가 되는 것입니다."

출신 배경, 시대, 개인사는 다를지언정 둘은 공통점을 찾아냈다. 둘 다 어린 시절의 경험과 그 경험이 초래한 혼란으로 삶에 크게 영향을 받았다. 따라서 두 사람 모두 어린 시절의 성숙한 버전이라 해도 크게 다르지 않았다.

배리(버락의 애칭)는 고향 하와이뿐 아니라 자카르타 등 해외를 거치는 동안 자신의 혼혈 혈통과 타협하기 위해 고심해야 했다. 백인 모친은 인류학 연구를 위해 종종 집을 비우고, 케냐 출신의 아버지는 단 한 번 만났을 뿐이다. 오바마 말마따나, 가족을 버린 아버지는 "내게도 이상했다. 인간 이상이거나 그 이하라는 얘기다." 배리는 주로 백인 외조부모 아래서 자랐다.

배리의 보다 복잡한 자화상은 바로 몸무게였다. 7학년 즈음만 해도 통통한 편이라 그 때문에 신경도 많이 썼다. 20대 초반에도 몸무게는 핸디캡으로 작용했다. 뉴욕에 살 때 교제했던, 호주 여성 제네비에브 쿡Genevieve Cook은 오바마를 이렇게 평했다. "그때도 외모에 대해 자신 없어하는 면이 있었어요. 뚱뚱하거나 통통하다는 이유였죠. 그 때문에 사람들이 조롱하고 불편해한다고 여긴 거에요. 사랑받느냐 아니냐의 문제에도 아주 예민했지요."

바이든의 말더듬이와 마찬가지로, 오바마도 나이 들 때까지 외모와 싸워야 했다. 어린 시절의 체형을 극복했음에도 지금도 거의 매일 조깅을 하는 이유도 그래서다. 제네비에브도 당시를 회고했다. "그렇게 조깅에 열심인 이유도 자신이 여전히 뚱보라고 느끼기 때문일 거예요. 도대체 어디가 살쪘다는 건지, 원."

하와이에서 십대를 보내는 동안 오바마는 '아주 아주 조용하고, 아주 아주 소심하고… 굉장히 조심스러운 아이'였다. 가까운 친구의 기억은 그랬다. 컬럼비아대학 재학 시절, 94번가에 살 때는 친구들과 어울리는 대신 책을 많이 읽었다. "다른 사람들과 사귀는 것을 불필요한 일탈로 여기곤 했다. 혼자 있는 게 편했다. 고독은 내가 아는 가장 안전한 장소였다."

젊은 시절의 배리는 정체성을 찾아 헤맸다. 이따금 깊은 명상에 빠지기도 했다. 나는 누구일까? 어떤 사람이 되어야 하나? 삶의 씨줄과 날줄, 전 세계의 친척, 어린 시절에 살던 곳, 복잡한 혼혈 혈통을 다양하게 뽑아내면서 오바마는 자기 스스로 창조해낸 인물로 성장해갔다. 동년배들보다는 더 현명하고 더 나이가 든 기분이었다. 하와이의 친구가 기억하기로도 "나이에 어울리지 않게 세속적인 화제를 꺼내곤" 했다.

그와 반대로 조 바이든은 젊은 시절을 거침없이 달리고 겁없이 뛰어올랐다. 무모한 탓에 때때로 위험에 빠지기도 했다. 어린 시절이 그다지 특별한 것 같지는 않았다. 부모님의 사랑과 배려를 한껏 누리며 살았고, 아일랜드 가톨릭 공동체를 아우를 정도로 친척도 많았다.

일요일이면 교회나 친목회에 나가 정치 얘기를 했다. 그러다 펜실베이니아, 스크랜턴의 경제가 곤두박질치면서 안락한 가족 분위기도 한풀 꺾이고 말았다. 델라웨어 윌밍턴의 아파트를 거쳐 주택으로 옮겨 다니던 중 다행히 아버지가 중고차 중개인으로 성공하면서 가족의 예전 분위기도 되찾았다.

특별한 점이 있었다면 조이(바이든의 애칭, 지금도 조이다운 면이 남아있다)가 모험을 대하는 자세였다. 오바마가 정체성 같은 개인적인 탐구에 뛰어들어 예리한 지성을 발판으로 문제를 타개했다면 바이든은 순전히 자신의 의지력에 기대어 장애를 돌파했다.

말더듬에 대해서도 전혀 위축되지 않았다. 그에게 '대시*'라며 굴욕적인 별명을 지어준 악동들도 큰소리로 물리쳤다. '대시'는 더듬거리는 말투 때문에 붙은 별명이다. 바이든은 당시 상황을 설명했다. "나는 모스 부호처럼 말했어요." 그래도 그는 당당하게 서서 가해자들과 맞섰다. "이 자, 자, 자, 자식들아, 다, 다, 다, 닥쳐!"

* Dash: 모스 부호에 나오는 '-'(대시)를 뜻함

조이는 자신이 적응하기로 했다. 연습도 열심히 해 교실에서 헤매지 않고 말할 수 있었다. "다른 아이들은 나를 비웃고 멍청이 대하듯했다. 나는 내가 다르지 않다는 사실을 증명하고 싶었다." 조이는 가장 좋아하는 일을 하려고 했다. 친구들과 수다를 떠는 것이다. 아이들과의 대화는 대단한 순발력을 요하는 기술이었지만 그는 결국 말더듬을 극복해냈다.

조이는 투쟁하면서 투사로 거듭났다. 그 누구도 앞길을 막지 못했다. 동급생보다 어리고 동년배보다 덩치가 작았지만 그 격차를 배짱과 도전으로 메웠다. 이따금 도를 넘기도 했다. 스크랜턴 시절, 열 살 나이에 동네 아이의 5달러짜리 도전을 받아들인 적이 있다. 산업폐기물 꼭대기에 올라가라는 내기였다. 주로 폐기물과 탄광 기둥이 쌓여 만든 폐기물 산인데, 높이가 60미터 정도였으며 뜨겁고 위험했다.

여기저기 푹 꺼지는 곳 때문에 자칫 발을 잘못 디디면 이글거리는 중심으로 곤두박질 쳐 생명을 잃을 수도 있는 위험천만한 곳이었다. 하지만 조이는 내기에 응해 검은 산을 기어오르기 시작했다. 작가 리처드 벤 크래머가 그때를 기억하고 있었다.

"꼭대기에 이를 때쯤에는 5달러는 더 이상 문제가 되지 않았어요. 그보다 생사의 문제였죠." 다행히 운 좋게 조이는 아무 상처 없이 정상을 점령하고 다시 내려왔다.

무모한 도전은 스크랜턴의 소년으로서, 상원의원이자 부통령 지명자로서, 조 특유의 자신감을 그대로 보여주었다. 어린 시절의 폐기물 더미나, 고위급 공무원의 상황실이나, 바이든은 얼마든지 이겨낼 자신이 있었다.

2인자 자리에 바이든처럼 고삐 풀린 인물을 불러 앉힌다? 분명 위험은 있었다. 하지만 오바마식 계산에 따르면, 바이든의 성격이 위험보다 값어치가 있다고 생각했다. 부통령 선정을 공표하고 며칠 후, 오바마는 CBS의 〈60분60 Minutes〉에 나가 선정 이유를 밝혔다.

"차기 대통령이 되어 대내외적으로 어려운 정책 결정들을 내리기 전, 내 의견과 다른 누군가의 조언과 권고를 받아들일 생각입니다. 당연히 독립적인 인물이어야겠죠. 그래야 나를 밀어내고 다른 시각을 제시할 수 있을 테니까요. 내게도 보이지 않는 사각은 존재하니까요. 예, 조 바이든이라면 입을 다물고 있지만은 않을 겁니다."

어른 정치가 조가 그랬듯, 산업폐기물 산을 기어오르던 '어린 조이' 역시 오바바의 선택 중 일부였다. 오바마와 바이든은 묘하게 각자의 나이에 걸맞지 않은 자세로 자신을 날카롭게 벼려 나갔다. 젊은 오바마는 보다 절제 있고 성숙한 반면, 나이든 바이든은 어린 시절의 충동적인 성격을 그대로 간직하고 있었다. 그가 영원히 젊어 보이는 건 그 때문이다.

버락은 측근에게 결정을 알리고 조에게도 희소식을 전했다. 그때가 8월 21일 목요일, 오바마는 토요일, 즉 민주당 전당대회 개최 이틀 전에 러닝메이트를 발표하고 싶어 했다.

그런데 바이든이 보이지 않았다. 바이든 집무실에 전화해도 그가 어디에 있는지 아는 사람이 한 명도 없었다. 이상했다. 오바마와 마찬가지로 전자통신에 빠져있는 인물이 아닌가! 질이 남편을 잘 알고 있었다.

　"남편은 내내 블랙베리 휴대폰과 사무실 전화를 붙들고 살 았어요. 사방에서 전화벨이 울리는 통에 내가 자동차 운전도 못 하게 했거든요. 너무 위험하잖아요. 툭하면 엉뚱한 곳으로 차를 몰고 가고." 전화벨이 울리면 그녀는 어떻게든 차를 갓길에 세우 게 했다.

　마침내 조를 찾아냈다. "치과에 있었다고 하더군요." 하지 만 조는 치과에 왜 갔는지는 밝히지 않았다. "그때 그가 자상한 남편이라는 사실을 알았어요. 질이 신경치료를 받는 동안 지키고 있었다더군요."

　버락의 결정을 듣고 조는 아주 기뻐했다. 떠버리 의원답게 팀을 위해 혼신을 다해 일하겠다며 다짐까지 했다. 질문도 어찌 나 많던지 오바마도 결국 데이비드 플루프와 통화를 하는 게 좋 겠다며 달아났다.

　조를 넘기기 전 오바마는 사무장 플루프를 불러 바이든과 의 통화 내용을 알려주었다. "조 아니랄까봐 역시 다발총이더군 요. 영광스럽다고 했어요. 뭐든 우리가 하자는 대로 하겠답니다. 질문이 어찌나 많은지 사무장이 곧 전화할 거라고 얘기해주고 끊었으니, 사무장이 전화해서 향후 일정을 정리해주세요."

　플루프는 바이든에게 앞으로 삶이 어떻게 변할지 일러주었 다. 며칠간 난마와 같은 일정이 계획되어 있고 선거일까지 두 달 반 동안 본격적인 선거운동이 이어질 것이다. 바이든의 돌발행동 을 우려해 슬며시 경고까지 덧붙였다. "혼신을 다해서 싸워보죠. 앞으로 10주간 최선을 다해서 완벽하게 싸워 반드시 승리하는 겁니다. 실수는 금물입니다.”

조가 가족에게 소식을 알린 것은 손녀 메이지의 여덟 번째 생일 파티였다. “이봐, 오늘 발표할 게 있어. 버락이 전화하더니 부통령이 되어달라는군.” 가족들은 이틀 동안 비밀을 지키겠다고 맹세했다.

‘싱글맘의 아들’ 오바마와
‘삶이 고단한 편부’의 자식 바이든

이스트코스트 기준으로 8월 23일 새벽 3시, 텍스트 메시지가 랜선을 타고 미국 전역으로 퍼져나갔다. “버락, 조 바이든 상원의원을 부통령 러닝메이트로 지명.” 소식은 텍스트 메시지를 신청한 지지자들에게 제일 먼저 보내도록 했기에, 전화번호 목록은 수십만 수준에서 순식간에 200만 이상으로 늘어났다.

텍스트 문자는 오바마의 이름을 알리기 위한 탁월한 수단이었다. 선거운동 본부는 그런 식으로 러닝메이트의 이름도 함께 홍보했다. 텍스트 문자는 이메일보다 직접적이며 작문 스타일도 다른 소통 수단보다 편하다. 새벽 3시의 문자에서는 오바마를 성도 직함도 없이 버락으로 적시하면서 형식도 자연스럽게 무너트렸다.

버락과 조는 친근한 문자를 이용해 파트너십을 시작했다. 함께 디지털 공동체도 구축했다. 공동체는 그 자체의 생명력이 있었다. 지지자들이 온라인으로 두 후보에 대한 애정을 표현하고, 선거운동 기간을 넘어 백악관까지 두 남자의 사진과 그림 등을 공유했다.

일리노이, 스프링필드 구의사당, 버락은 그날 느지막이 무대에 올랐다. 밖은 엄청난 더위가 극성이었다. 18개월 전 2월, 혹한의 아침, 대통령에 도전하겠다고 선언한 바로 그 무대였다. 뉴스 보도에 따라 차이가 있지만 2만에서 3만 5000여 명의 팬들이 의사당으로 몰려들었다.

오바마는 흰색 셔츠에 붉은 색 타이를 맸고 소매를 걷어 올렸다. 그는 15분간 러닝메이트를 소개하며, 조의 이야기들을 하나하나 빠짐없이 언급했다. 버락 자신과 선거에 중요한 내용들도 강조했다. 조의 어린 시절 시련에 대해서도 얘기했다.

"조는 어린 시절엔 끔찍한 말더듬이였죠. 친구들은 '어버버이든'이라고 불렀지만 그는 굴하지 않고 친구들보다 더 열심히 노력했습니다." 바이든 가문의 수수한 배경 얘기도 곁들였다. 보일러 청소부에서 중고차 판매상까지 부친의 '다양한 직업', 사돈가족과 함께 살기도 하고, 생계를 위해 주말까지 일했던 일화들까지.

자동차 사고의 참상 얘기도 했다. "비극은 우리를 시험에 들게 합니다. 우리 용기를 강하게 해주고 우리 신념을 다져주죠. 바로 조 바이든이 그랬습니다. 그는 사고 후에도 워싱턴으로 이사하는 대신 매일 밤, 매주, 매년, 상원 업무를 마친 뒤 홀로 기차를 타고 윌밍턴의 집으로 돌아갔죠. 그가 아이들을 키웠습니다. 처음에는 홀아비로, 그 다음에는 멋진 아내 질과 함께. 아내는 교사이기도 합니다. 형언할 수 없는 참극을 당하고도 조는 상원의원 이상의 일을 해냈습니다. 바로 가족을 꾸린 것입니다. 미국의 차기 부통령이 되려는 분은 바로 그런 사람입니다. 조 바이든의 인물됨이죠."

버락은 조의 외교정책 전문성, 상원에서의 성공, 그의 판단력을 치하한 뒤 "조 바이든은 그냥 좋은 부통령이 아니라 위대한 부통령이 될 것"이라는 말로 마무리했다. 바이든을 무대로 부르면서 실수하는 바람에, 말하기 좋아하는 사람들에게 시빗거리를 제공하기도 했다.

"자, 이제 여러분께 소개할 분은 바로 차기 대통령…" 버락은 실수를 깨닫고는 손가락 하나를 세우며 다시 시도했다. "미국의 차기 부통령입니다, 조 바이든!"

조 역시 흰 셔츠에 소매를 말아 올린 모습으로 등장했다. 타이는 청색이었다. 그가 플랫폼 저 편에서 계단을 오를 때 브루스 스프링스틴의 굵은 목소리가 스피커를 타고 힘차게 터져 나왔다. 제목은 '더 라이징The Rising', 기타와 드럼 소리가 허공으로 퍼져나갔다.

조는 만면에 미소를 짓고 손을 흔들며 성큼성큼 무대를 가로질렀다. 두 남자, 새로운 파트너는 서로를 끌어안았다. 두 팔로 서로의 등을 감싸 안았으니 이른바 사적 포옹의 시작인 셈이다. 이제 기쁘거나 슬픈 순간마다 두 사람은 거듭 거듭 포옹할 것이고 그 모습은 사진이나 영상에 실려 인터넷을 타고 전 세계에 퍼지리라.

선거 참모진의 관점에서 볼 때 볼거리, 즐길 거리는 충분했다. 버락과 조는 서로를 편안하게 대했으며, 그 온기는 군중에게 전염되었다. 고문들도 완벽한 조화의 이미지를 연출하고 싶었다. 가을 선거의 난전 속으로 출정하는 첫 무대가 아닌가.

그 후 몇 주간 두 대조적인 성격은 대중에게 먹혀들었다. 신중하고 감동적인 오바마, 호전적이고 현실적인 바이든, 이런 요소만으로도 기묘한 조합이건만, 젊은 사람이 진중하고 예측 가능한 쪽이고 오히려 나이든 이가 젊고 천방지축으로 보였다.

스프링필드의 음악이 흐르는 무대에 선, 조의 생생한 영혼이 PBS의 〈워싱턴 위크Washington Week〉 사회자, 그웬 이필Gwen Iifll의 예리한 시선에 걸렸다. 그는 일요일 NBC의 〈미트 더 프레스〉에 나가 조를 비판했다.

"왜 무대를 달려갔는지 이유를 모르겠어요. 예순다섯의 노인한테 어울리는 모습은 아니지 않나요? 뭐, 열정적으로 보이기는 하더군요."

선거자문단은 오바마가 냉철하기에 바이든을 감당할 수 있다며 애써 담담한 척했다. 조가 샛길로 빠지는 경향이 있기는 해도 스프링필드에서의 활약은 충분히 믿을 만했다. "오바마와 바이든이 함께 있으니 보기는 좋더군요. 뭐랄까? 잘 어울리는 신혼부부 같다고나 할까?" 플루프가 회고했다.

스프링필드의 연설에서 바이든은 투견처럼 부시 행정부를 맹폭했다. 이라크 전쟁은 엉망이 되고 정책은 기업과 중장년층을 벼랑 끝으로 내몰았다. 공화당 대통령 후보 존 매케인도 비난의 대상이 되었다. 맙소사, 부시의 정책을 '95% 지지' 한다고?

조는 매케인과 매케인의 정책들을 오바마의 상극에 두었다. "신사숙녀 여러분, 미국은 바뀌지 않습니다. 신임 대통령의 첫 임기 4년이 조지 부시의 임기 마지막과 완전히 똑같아 보이는 한, 미국은 바뀌지 않아요. 여러분은 절대 미국을 바꾸지 못합니다."

조는 오바마의 '비전'을 치하했다. '정신력'과 '따뜻한 마음'도 높이 평가했다. 중산층을 도와야 한다는 구호로 군중의 환호도 이끌어냈다. "장담합니다. 오바마에게는 미국을 더 좋은 나라로 만들 용기가 있어요. 시민들도 버락 오바마의 말을 이해할 겁니다. 우리가 양보하면 세상은 더 좋아지지 않겠습니까?" 군중도 환호를 보냈다. "옳소!" "오바마! 오바마! 오바마!"

아내를 소개할 때는 좀 더 나이 든 티를 냈다. 조가 구닥다리 꼰대처럼 아내를 소개하는 바람에 몇몇 관중의 비난을 사기도 했다. "신사, 숙녀 여러분, 제 아내 질은… 한마디로 '죽이는 여자'입니다. 이제 곧 만나시겠지만 아내도 박사입니다. 그 때문에 골치가 아프긴 하지만요."

미국인들은 아주 다양하지만, 나라는 하나라는 사실을 강조하며, 바이든은 자신과 오바마의 대조적인 삶도 조명했다. "여러분, 버락과 나는 성장 배경이 극과 극입니다만 그래도 공통된 이야기가 있습니다. 바로 미국이라는 이야기죠." 오바마는 '싱글맘의 아들'이고 바이든은 '삶이 고단한 편부'의 자식이다. 바이든은 자기 삶을 얘기할 때 늘 하던 후렴으로 마무리했다. "어머니와 아버지는 제게 한 가지 믿음을 주셨습니다. 버락, 제가 전에 한번 얘기했는데 기억하죠? 아버지는 그 얘기를 하고 또 했죠. '아들, 네가 얼마나 많이 쓰러지느냐는 문제가 아니다. 중요한 것은 네가 얼마나 빨리 일어나느냐에 달려있어.' 여러분은 얼마나 빨리 일어나실 겁니까? 신사 숙녀 여러분, 바로 여러분의 이야기이자 미국의 이야기입니다. 여러분이 일어나면 해낼 수 있습니다."

이야기는 감상적으로 들릴 수 있었다. 오랜 세월 늘 우려먹던 이야기이기도 했다. 하지만 그럼에도 불구하고 조의 연설에 스프링필드의 관중도 공감했다. 게다가 한때는 정적이었지만, 대선이라는 연합전선으로 동맹을 맺은 두 사내에게도 적절한 그림이었다.

조는 과거로 돌아가기라도 한 듯 의도적으로 단어 몇 개를 더듬기도 했다. 목소리가 흔들리고 얼핏 말더듬이 흔적도 보였다. 두어 번 발음이 뒤틀리기도 했다. 예를 들어, 버락 오바마는 '버럭할 바마', '버럭 오버맨', '벼락 아메리카' 등으로 부른 것이다.

후일, 말더듬이 역사에 대한 질문을 받고 조가 발끈했다. "걱정 안 해요. 다만 아주 가끔 움찔할 때가 있긴 해요. '오, 이런!' 하는 거죠. 돌이켜보면 조금 창피하기도 하고요."

이제 세 치 혀를 조심할 때가 되었다.

이질적인 두 사람, 과연 섞이기는 할까?

일요일, 바이든은 델라웨어 그린빌, 브랜디와인의 성요셉 교회 미사에 참석했다. 조셉 리브먼Joseph Rebman 목사는 신도석의 바이든 가족을 알아보았지만 조는 무릎만 내려다보며 가볍게 고개를 끄덕였다. 그의 이름으로 기도 요청을 받았을 때도 그저 성호만 그랬을 뿐이다.

미사가 끝난 후 집에 머물며 다음날 있을 민주당 전당대회
용 연설을 준비했다. 자택 주변에 기자 패거리들이 진을 치고 있
었다. 비밀 경호국* 요원들이 오렌지색 원뿔을 늘어놓고 플라스
틱 망으로 펜스를 쳐두었다.

아니나 다를까, 조는 미디어의 집중 조명을 받았다. 그중에
는 말도 안 되는 시비도 있었다. 〈폴리티코A Politico〉 기자는 미용
실과 모발이식 전문점들을 뒤지며 바이든이 대머리 증세가 있는
지 파헤치고 다녔다. 벗겨진 이마 부위에 뒤통수 모낭을 심었다
는 것이다. 언론은 1987년 〈워싱턴포스트〉 기사까지 들먹였는
데, 당시 기자가 모발이식을 했는지 물었을 때 즉답을 피한 탓이
다. "글쎄요. 내 삶에 비밀 하나쯤은 있어야 하지 않겠소?"

〈폴리티코〉 쪽에서는 미스터리를 풀었다고 확신했다. 모발
전문가 일부도 바이든이 헤어라인을 위해 뭔가 조치를 취했다고
확인해주었다. 다만 세월이 흘러 모양이 잡혔을 뿐이라는 얘기
다. "머리카락 색이 짙었을 땐 분명하게 드러났겠죠. 이식 부위가
상당히 넓은 듯하네요. 다행히 머리가 하얗게 쇠기 시작하면서
훨씬 좋아 보이는 겁니다." 뉴욕의 사라토가 모발이식센터 의료
팀장, 마이클 비흐너의 말이다.

공화당의 저명한 의원, 사우스캐롤라이나의 스트롬 서모드
Strom Thurmond도 2003년 사망할 때까지 오렌지색 모발을 이식했
다. 〈폴리티코〉는 몇 년 전 바이든이 서모드에게 한 얘기가 증거
가 될 수 있다며 몰아갔다. 1993년 워싱턴의 JW 매리어트 호텔
에서 서모드의 생일파티가 열렸을 때 바이든도 참석했다. 기자의

* Secret Service: 국토안보부 소속의 경호조직. 요인
  경호와 금융범죄 수사가 주된 임무다.

주장에 따르면, 그때 노쇠한 의원에게 다가가 자신의 모빌의식 사실을 넌지시 흘렸다. "의원님의 머리 얘기를 들을 때마다 화가 납니다. 저한테는 여러 모로 영감을 주시는 분이신 걸요." 믿거나 말거나.

매체는 바이든이 결혼반지를 빼고 다닌다는 사실도 지적했다. 민주당 티켓을 거머쥔 다음 날 〈뉴욕 데일리뉴스〉는 아예 헤드라인으로 도발적인 질문을 던졌다. "헤이, 조, 결혼반지는 어디 갔나요?" 기자는 바이든의 사진을 뒤지면서까지 반지의 유무를 확인했다.

"결혼반지는 워싱턴 정치가의 불문율과 같다. 부통령 체니와 존 케리조차 그 부분만큼은 인정하지 않았던가…. 빌 클린턴도 늘 반지를 끼고 다녔다." 이 엄청난 폭로(?)의 저의는 따로 있었다. "오랜 전통을 무시하면 선거를 우습게 여기는 것으로 비춰질 수 있다."

현대의 대통령-부통령 관계는 "일종의 억지결혼*과 같다. 당연히 잘될 수도 있고 그렇지 못할 수도 있다." 데이비드 액셀로드의 지적이다. 버락과 조가 억지 신혼부부라도 된다는 듯, 잘난 척하는 사람들도 한마디씩 보탰다. 이 이질적인 두 사람, 서로에게 여전히 낯선 존재가 아닌가… 과연 섞이기는 할까?

〈워싱턴포스트〉의 정치부 기자 댄 발츠Dan Balz도 '오바마와 바이든이 어떻게 서로의 이질적인 기질을 조정할까?'라며 의문을 제기했다. "바이든의 페르소나와 정치인으로서의 특징은 여러 면에서 오바마와 상극이다." 오바마의 화려한 언변과 바이든

* Shotgun Wedding: 여성의 임신 등의 이유로 급히,
  억지로 치르는 결혼식

의 진솔하고 계산 없는 언어에 주목한 것이다.

"오바마는 초연해 보이나 바이든은 직접적이다. 오바마는 고도의 열정을 드러내는 반면 바이든의 발은 지상에 붙어 있다. 바이든이 아니면 그 누가 감히 아내를 '죽이는 여자'라고 미국 전역에 소개하겠는가?"

〈뉴욕타임스〉의 존 브로더는 스프링필드의 발표를 지켜보며 당혹스러워했다. "러닝메이트로서 첫 등장이기에, 그 장면에서 버락 오바마와 조셉 R. 바이든 주니어 의원이 어떤 식으로 파트너를 유지할지 짐작도 하지 못하겠다." 그나마 오바마의 연설은 조의 공무 경력과 가족의 고통에 대해 충분히 예의를 지켰다. "하지만 사적 관계 얘기는 한마디도 없지 않았던가? 상원 활동이나 선거운동 중에 두 사람이 함께 한 일화 역시 전무하다."

대통령 지명자와 미검증의 러닝메이트가 처음 연대를 선언했다는 점에서, 스프링필드 집회는 어느 모로 보나 정치 이벤트의 기준을 제시한 것만은 분명하다.

"두 사람의 공감대? 글쎄요. 아무래도 지켜봐야겠죠." 브로더는 고개를 갸웃했다.

6장

배트맨과 로빈

오바마가 러닝메이트 문제로
이따금 초조해했지만, 사실 둘은
오랜 커플처럼 완벽하게 어울렸다.
바이든의 눈으로 보면 오바마는
공부벌레 범생이자 늘 흥미로운
짝꿍이었다. 사고를 치더라도
사람들은 바이든을 사랑했다. 유세가
끝날 무렵 전국 여론조사에서 60%가
바이든을 호의적으로 보았다.

조와 버락의 차이, 마침내 시너지로 변하다

8월 29일 금요일, 민주당 전당대회 다음 날, 버락과 조가 러스트벨트 지역을 휘저으며 주말 유세전을 치르는데 데이비드 액셀로드가 충격적인 소식을 전했다. 존 매케인이 러닝메이트를 결정했다는 것이다. 알래스카 주지사 세라 페일린Sarah Palin, 놀랍게도 무명에 가까운 여성이었다.

오바마는 매케인의 전략을 간파했다. 여성 지명은 오바마 선거캠프가 내건, 변화의 메시지를 겨냥한 대항마였다. 하지만 페일린과 같은 풋내기를 대선이라는 거친 투기장에 내보낸다고? 과연 그 난투극을 감당할 수 있을까?

"'변화 운운'을 무디게 하려면 여성을 전면에 내세우는 게 최선이겠지. 조금 시끄럽긴 하겠군." 오바마가 말했다.

바이든에게는 페일린의 지명 자체가 미스터리였다. 맙소사, 듣도 보도 못한 선수가 아닌가.

"세라 페일린이 누구죠?" 그가 물었다.

전국의 호기심이 세라 페일린을 향하는 동안, 오바마와 바이든은 버스를 타고 펜실베이니아, 인디애나, 미시건, 오하이오를 돌았다. 덴버 전당대회 덕분에 선거운동도 어느 정도 추진력을 얻고 여론조사에서는 결정적인 우위를 확보했다. 민주당이 오바마를 지명하기 전만 해도 매케인과 백중세였다. 그 후 '투표 의사가 있는 유권자들'의 여론조사에 따르면 오바마–바이든은 49대 41로 우세를 보였다.

바이든은 러스트벨트 중산층의 목소리를 대변했다. 오바마의 빡빡한 격식에 반해 바이든은 특유의 편안한 유머로 팀원들을 유쾌하게 만들어주었다. 금요일 밤, 피츠버그 호텔에 도착했을 때 피츠버그의 프로 미식축구팀인 피츠버그 스틸러스Pittsburgh Steelers의 감독 마이크 토믈린Mike Tomlin이 두 남자를 맞아주었다.

"감독님, 안녕하십니까. 제가 조 바이든, 2군 선수랍니다."

두 후보자는 각각 호화로운 마차를 타고 교외를 돌면서 집회 사이의 휴식 때면 함께 어울렸다. 토요일 아침에는 오하이오, 보드먼의 양키키친에서 만나 아침 식사를 했다. 오바마는 반숙 계란 두 개, 와플, 베이컨을 먹고, 바이든은 프렌치토스트만으로 만족했다. 잠시 후에는 길가 가판대로 달려가 집에 가져갈 옥수수를 샀다. 버락이 주머니를 뒤지는 동안 조가 20달러를 꺼내 두 사람 분을 모두 계산했다. "난 돈밖에 없습니다. 돈만 있다고요." 그가 키득거리며 웃었다.

일요일, 톨레도의 공화당 모임에 나가기 전 오바마는 지지자들의 통제선을 뚫고 나가 러닝메이트보다 일찍이 무대에 상륙했다. 바이든은 좀 더 느긋했다. 어느 기자의 표현대로 '경관들과 사진을 찍느라 포즈를 취하고 중년여인들과 포옹을 하느라 바빴던' 것이다. 마침내 조가 연단에 올라 군중의 흥을 돋우는데 한 여인이 소리쳤다.

"바이든, 짱이다!"

"와, 그런 칭찬은 너무 너무 너무 오랜만에 듣습니다. 이 날렵한 젊은이와 다니니까 정말 늙었다는 생각만 들거든요. 무슨 말인지 아시죠?"

오바마는 관중과 함께 웃었다. 조는 오바마가 원하는, 그대로의 모습을 온전히 보여주었다. 그는 진솔함과 재치 있는 유머로 중산층 유권자들을 끌어들였다. 오바마가 연단에 오르는데 또 다른 여성이 조를 연호했다. 버락도 농담으로 응수했다. "봤죠? 저 분도 의원님이 짱이라잖습니까!"

까불맨 조는 진지맨 버락의 긴장을 풀어주었다. 드디어 두 사람의 차이가 시너지로 변하기 시작한 것이다. 둘은 서로의 부족함을 채워주었다. 함께 있으면 서로 기분이 좋았다. 바이든은 특히 대장에게 관심이 많아 이따금 재킷의 풀린 실밥을 뜯어주기도 했다. 둘은 서로 자연스럽게 등을 두드려주거나 포옹했다. 조언을 나누고 협조하고 웃었다.

오바마의 측근 린다 더글라스Linda Douglass 상원의원도, 두 지명인이 너무나 빨리 신뢰를 쌓는 걸 보고 놀랄 정도였다. 그 점에서는 오바마도 마찬가지였다. 더글러스의 말에 따르면, 정치적 결합이라는 것이 대부분 어설프지만 바이든에게는 통하지 않았다. "바이든이 그룹에 참여하면서 분위기도 훨씬 밝아졌다."

후보자 부부는 토요일에 만나 느긋하게 아침 식사를 즐겼다. 두 아내 역시 선거운동원으로 활약하는 중이었다. 바이든의 손주들과 오바마의 두 딸도 친해져 상대의 집에 놀러가 잠을 자기도 했다. 버락이 〈워싱턴포스트〉의 쉐일라 머레이Shailagh Murray에게 말했듯, "가족들은 정말로 죽이 잘 맞았다." 머레이도 러스트벨트 유세에 동행해 버락과 조가 금세 유대감을 쌓는 과정을 목격했다. 그녀가 보기에 오바마가 바이든을 선택한 이유는 분명 선거 때문이었다. "다만 두 사람에게는 좀 더 복잡한 정치적 속성이 하나 더 있었다. 바로 유대의 연금술이다."

민주당 전당대회 첫날 자정 즈음 CBS가 헤드라인을 뽑았다. 'CBS뉴스 2008 대선소식'. 테마뮤직이 끝나며 긴급뉴스가 흘러나왔다. "CBS 여론조사에서, 민주당 후보자 오바마–바이든에게 어떤 별명을 선물할지 유권자들에게 물었습니다."

야외 유세장에서 버락 오바마가 미소를 짓는 사진이 스크린에 박혀 나왔다. 재킷은 입지 않고 빳빳한 흰색 셔츠에 붉은색 타이 차림이었다. 조 바이든도 미소를 지었다. 재킷 없이 빳빳한 흰색 셔츠, 붉은색 타이도 동일했다. 두 친구가 환한 미소와 함께 박수를 치고 있었다.

이윽고 유권자가 정한 오바마–바이든의 별명과 함께 여론조사 결과가 화면을 채웠다.

조바마Joebama 58%

오바이든Obiden 39%

꼴찌는 불과 3%의 지지를 받았다. 지데나마코조바Jide-namackojoba!

사실 조사는 가짜였다. 〈데이비드 레터맨의 레이트쇼The Late Show with David Letterman〉에서 우스개 코너를 따온 패러디였으나, 두 이름을 결합한 별명 짓기 놀이는 이미 버락과 조가 독특한 정치 팀으로 융합하고 있음을 보여주었다. 지난 선거라면 상상도 하지 못할 종류의 놀이였다.

실수 연발, 구설수 제조기 바이든

향후 2개월간 두 후보자는 대부분 독립적으로 선거 유세를 했다. 오바마라는 이정표가 사라지자 바이든이 길을 잃기도 했다. 러스트벨트 투어가 끝나고 2주도 채 되지 않았을 때였다. 바이든은 뉴햄프셔, 내슈아의 공화당 토론 무대에 섰다. 힐러리 클린턴이 아니라 그가 부통령 지명자가 되어 다행이라는 어느 유권자의 격려에, 바이든은 친구를 대신해 공손하게 반박했다.

"힐러리 클린턴도 아메리카 합중국의 부통령이 될 자격이 충분합니다. 아니, 저보다 나을 겁니다. 솔직하게 말씀드리죠. 아주 솔직하게. 클린턴은 아메리카 합중국의 대통령이 될 자격이 있습니다."

물론 이 나라에서 여성이 최고 위치에 올랐으면 하는 열망을 보여주려 했을 것이다. 자신이 얼마나 통이 큰지 드러내고 싶었을 것이다. 다만, 어디에선가 실타래가 꼬이고 말았다.

민주당 정치공작원 수전 에스트리치Susan Estrich는 예비선거에서 클린턴을 지지했다. 그녀는 어느 신문 칼럼에서 오바마 패거리에게도 익숙한 사실 하나를 지적했다. "조 바이든은 이따금 언제 멈춰야 할지를 모른다. 안타까운 일이다."

조는 힐러리를 향해 구애 수준까지 갔다. "힐러리 클린턴은 얼마든지 아메리카 합중국의 부통령 자격이 있습니다. 어쩌면 나보다 나은 선택일 수도 있었죠.”

겸허하고 겸손한 발언이었지만, 불행히도 저 몇 마디 단어가 오바마에게 어떤 의미로 터질지 계산하지 못했다. 매케인 캠프는 재빨리 그를 홍보에 끌어들여 전국에 퍼뜨렸다.

힐러리가 부통령으로 더 낫다는 얘기는 오바마의 판단 능력에 문제가 있다는 뜻이기도 하다. 판단 능력이야말로 후보자에게 가장 중요한 요소가 아닌가! 더 나아가 여성이 최고위직에 오르는데 대해 오바마가 부정적이거나 소극적이라는 해석을 낳을 수도 있었다. 그것도 매케인이 세라 페일린을 러닝메이트로 지명한 직후였다!

〈워싱턴포스트〉와 ABC 뉴스 공동 여론조사를 보면 페일린의 영향력이 나타나기 시작했다. 백인여성들이 오바마를 버리기 시작했다. 백인여성들은 53대 41로 매케인을 선호했다. 3주 전만 해도 오바마가 백인여성에게서도 50대 42로 우세를 지키던 터였다.

바이든의 실언은 또 있었다. 미주리, 컬럼비아 유세 중 바이든이 처크 그래험Chuck Graham 상원의원을 불렀다. 연설을 시작하기 전 보좌관의 메모를 보고 그가 군중 속에 있다는 사실을 알았다.

“처크, 일어나 봐요. 사람들한테 얼굴을 보여주셔야죠.” 바이든이 외쳤다.

찾기는 했으나 처크는 휠체어에 앉아 있었다. 조는 자신의 실수를 깨달았다. “오 이런, 내가 또 실수를 했군.” 서른세 살의 주 의회 의원은 열여섯 나이에 자동차 사고를 당해 불구가 되었다.

조는 당황해하며 재빨리 분위기 반전을 시도했다. "처크, 그거 알아요? 당신 대신 사람들이 일어설 거요." 그러고는 군중을 향해. "자, 여러분, 처크를 위해 모두 일어납시다." 사람들이 일어나 박수를 칠 때 조는 연단에서 내려가 그래험과 악수를 했다. "아시다시피 내가 초행이라 그래요. 만나서 반갑소, 친구."

며칠 후 9월 22일 월요일, 바이든은 〈CBS 이브닝뉴스〉의 케이티 쿠릭Katie Couric과의 인터뷰에서도 실수를 했다. 재정 위기를 논하던 중, 조는 대통령이 위기 상황에서 어떻게 대처해야 하는지 역사까지 거론하며 설명했다.

"주식시장이 붕괴됐을 때 프랭클린 루스벨트가 텔레비전에 나왔어요." 문제는, 주식시장 붕괴는 1929년으로 루스벨트가 대통령이 되기 전이었다. 게다가 당시엔 텔레비전이 없어서 대중매체는 라디오에만 의존했다.

오바마에게는 매우 유감스럽게도 바이든은 〈뉴욕타임스〉의 표현처럼 '구설수 제조기'로서의 자기 직분에 충실했다.

그러려니 하던 오바마도 단 한 번 크게 화를 냈다. 선거캠프와 조율 없이 바이든이 느닷없이 정책 방향을 내놓은 것이다. 오바마는 대형 금융보험 회사인 아메리칸인터내셔널 그룹에 대해 우선 850억 달러를 긴급지원 해야 한다는 입장이었는데, 바이든이 반대의견을 내는 바람에 캠프에서 해명을 내놓아야 했다. 그때쯤 공화당 전당대회에서 바이든 실언 시계를 만들어 조의 말실수를 쫓기 시작하던 참이었다.

그래도 오바마는 '철없는' 동료를 내치지 않았다. 바이든의 실수도 선거를 망칠 정도는 아니었다. 9월말 경 〈워싱턴포스트〉와 ABC 뉴스 공동여론조사에서 52대 43으로 오바마의 우세를 보여주었다. 2주 전의 백중세에서 확실하게 선회한 것이다. 오바마는 NBC의 〈투데이쇼〉에 출연해 바이든 지명에 대해 전혀 후회하지 않는다고 말했다. "이번의 지명은 제게도 자랑거리입니다."

조의 계속된 실수와 버락의 차가운 분노

선거일이 2주 정도 남았을 때였다. 이번에는 오바마도 기겁을 하고 말았다. 악의는 아니었다 해도 샌프란시스코에서 모금활동을 하는 도중 또다시 바이든이 말실수를 한 것이다.

"장담하지만, 차기 행정부가 들어서고 6개월 이내에… 우리가 이긴다면 결국 외국의 도발에 직면하게 될 겁니다. 밖에서도 그를 시험해보려 들 테니까요. 존 케네디도 얕보고 건드렸죠. 예, 시험하려 들 거예요. 그리고 뼈저리게 느끼겠죠. '아, 이 친구, 완전히 통뼈로구나' 하면서."

오바마가 만만치 않으리라는 점을 강조하고 싶었겠지만 이번에도 역효과를 낳고 말았다. 매케인 캠프도 재빨리 홍보물을 내보냈다. 오바마가 대통령직을 수행하기엔 너무 미숙하다며 유권자들을 겁박한 것이다. 바이든의 재능은 CNN의 여론조사가 발표되면서 드러났다.

오바마의 우세는 조금 더 확실해졌다. 유권자들은 51대 42

로 오바마를 지지해, 바로 전날 여론조사보다 2% 더 격차를 벌여주었다. 다만 응답자의 7%가 어느 후보를 선택할지 아직 마음을 정하지 못했다. 매케인의 홍보물에서는 ISIS* 병사들이 거리를 누비고 있었다. 그 위로 섬뜩한 음악이 퍼지더니 뒤이어 조 바이든의 섬뜩한 목소리도 들렸다. "장담하지만…" 벙커에 숨어있기라도 한 듯 음성이 웅웅거리며 울렸다.

CNN의 〈앤더슨 쿠퍼 360°〉 패널들이 바이든의 말실수를 물고 늘어지며 매케인의 홍보 영상을 틀어주었다. 매케인이 오바마의 경험 미숙을 공격하는 내용이었다. 매케인은 이렇게 말했다. "바이든 상원의원은 쿠바 미사일 위기 때 잭 케네디가 어떤 식으로 도전을 받았는지 꼬집었죠. 친구들이여, 그 사건이라면 나도 겪은 바가 있습니다.

나도 항공모함 엔터프라이즈 호에 승선했죠. 엔터프라이즈는 쿠바 해안에 정박하고 나는 비행갑판 조타실에 앉아있었습니다. 공격 목표도 있었죠. 친구들이여, 여러분은 자칫 핵전쟁이 일어날 수도 있었다는 사실을 잘 알 겁니다. 미국은 외국의 도발에 직면할 대통령을 필요로 하지 않습니다. 여러분, 난 이미 도발을 이겨냈고, 오바마는 그렇지 못합니다."

그때 오바마는 측근들과 심야 전화회의 중이었다. 그렇게 화를 내는 모습은 팀원들도 처음이었다. 평소 더 없이 냉철한 사람인지라 분노는 얼음보다 더 차가웠다. "도대체 바이든은 언제까지 헛소리를 해댈 거야?" 목소리에서 김이 날 정도였다.

몇 차례 바이든한테 물린 후로는 캠프의 전화회의에서 아예 그를 뺐다. 존 헤일만John Heilemann과 마크 할페린Mark Halperin

---

* The Islamic State of Iraq and Syria: 급진 수니파 무장단체인 이라크–레반트 이슬람국가. 2003년 국제 테러조직 알 카에다의 이라크 하부조직으로 출발해 이라크에서 각종 테러활동을 벌였다.

기자도 공저 《게임 체인지Game Change》에서 당시의 분위기를 전했다.

"조와 오바마는 전화통화를 거의 하지 않았다. 선거운동도 대부분 따로 따로였다." 그때쯤 오바마와 바이든 진영은 서로 불만이 많았다. 조는 자신을 대하는 오바마 진영의 태도가 도대체 마음에 들지 않았다.

그날 밤, 회의에서도 오바마는 바이든의 수석보좌관 패티 솔리스 도일Patti Solis Doyle에게 이렇게 말했다. 그나마 어느 정도 냉정을 되찾은 후였다. "이봐요, 조에게 사랑한다고 전해주세요. 정말로 사랑해요. 하지만 다시는 그러지 않았으면 좋겠군요."

조건부 사랑이었다. 조는 자신의 악습을 깨닫고 곧바로 사과해야 했다. 하지만 사과는 없었고 그 때문에 오바마는 더 심란했다. 오바마는 이틀을 참은 후 결국 바이든에게 전화해 자신이 얼마나 당혹스러웠는지 전해주었다. 버락을 보호하고 유권자들에게 알리고, 공화당의 개들을 묶어두어야 하건만 왜 늘 그렇게 거꾸로만 가느냐는 얘기였다.

바이든은 바이든대로 발끈했다. "왜 아무도 자기 말을 심각하게 받아들이지 않는 거지? 대통령 임기 초기에 도발에 직면하지 않을 줄 아나?" 바이든은 끝내 사과하지 않았다.

대중 앞에서는 오바마도 말실수를 대수롭지 않은 듯 넘어갔다. 다만 눈을 질끈 감거나 표정이 딱딱해지는 것만은 어쩔 수 없었다. 버지니아, 리치몬드에서도 기자들에게 이렇게 말했다. "전에도 얘기했지만, 조가 이따금 구설수에 말리는 건 사실이죠." 바이든이 하고자 하는 얘기는, 차기 행정부기 도전에 직면하기 전에 전 세계에 분명하게 메시지를 전달해야 한다는 것이다. 말이 나왔으니 말이지만 "우리는 결코 도발이나 일방적 군비폐기론, 이데올로기 따위에 휘둘리지 않을 겁니다."

주말이 되면서 조의 실수는 심야 TV의 코미디 소재가 되었다. 〈새터데이나이트 라이브Saturday Night Live〉에서 제이슨 서더키스Jason Sudeikis가 조 바이든으로, 대럴 해먼드Darrell Hammond는 필라델피아 하원의원 존 머서로 분장해, 펜실베이니아, 존스타운의 야외집회에서 유권자들을 향해 연설을 했다. 짧은 풍자였지만 바이든은 너무도 과장된 태도로 오바마가 등극한 후 도발에 직면할 것이라며 잔뜩 공포에 질린 표정을 지었다.

바이든으로 분장한 서더키스가 말했다. "위기가 닥치면 그도 결정을 내려야 할 겁니다. 음…, 그러니까… 우선… 잘 모르는 사람한테는 '에라 모르겠다, 될 대로 되라'처럼 보일지도 모르겠습니다만… 우리 군대가 파키스탄에 쳐들어갈 수도 있고 아니면… 중국에 항복하면 됩니다. 사우디아라비아에 하와이를 팔거나… 수 틀리면 그냥 폭파시키죠, 뭐. 그럼 적어도 북한 손엔 안 들어가지 않겠습니까? 아, 함부로 씹지 말라고요. 우리도 나름 계획이 있으니까."

대선이 임박하면서 오바마 캠프에서도 말실수가 부담스러웠던지, 전국 매체와 중요한 지역의 경우 바이든을 배제하기 시작했다. 〈뉴욕타임스〉에 따르면, 그는 작은 마을들을 돌며 지역 TV와 라디오를 상대로 약 200건의 인터뷰를 해치웠다. 기자회견도 열지 않고 기자들을 직접 상대하지도 않았으며 선거비행기엔 아예 기자들을 태우지 않았다.

"바이든은 특유의 수다 기질에 재갈을 물었다. 아니, 그보다 시카고의 오바마 선거본부 책사들에게 재갈을 물렸다는 편이 솔직하겠다." 〈타임스〉의 기사는 그렇게 비꼬았다. "가두연설은 철저히 사전검열을 받았으며 15분으로 시간을 제한받기도 했다. 예전의 조 바이든이라면 목청 가다듬는 시간도 모자랄 정도였다."

연설의 행태도 달라졌다. "텔레프롬프터를 보고 읽는 수준에 텍스트를 맘대로 수정하지도 못했다. 그저 연설 장소와 귀빈들의 이름 정도만 바꿔 넣는 정도였다."

유세가 끝날 때까지 바이든은 대체로 고분고분했다. 그래서인지 선거 전날 밤, 오바마의 당선 전망도 밝았다. 〈워싱턴포스트〉의 페리 베이컨Perry Bacon이 바이든의 선거운동을 따라다니다가 마지막 순간 바이든이 제 모습을 되찾았음을 눈치챘다.

"고지가 가까워지니 긴장이 풀린 모양이더군요." 베이컨이 NPR의 뉴스토크 〈텔 미 모어Tell Me More〉에서 한 얘기다. 어느 유세장에선가는 텔레프롬프터를 무시하고 농담을 하거나 횡설수설하기도 했다. "잠시 얘기 좀 해봅시다." 사전 준비된 연설에 질리기도 했을 것이다. 베이컨의 말에 의하면 "단 하루 남겨놓고 조금 더 여유를 부리는 모양새"였다.

유세 마지막 날, 갑자기 전국에 있는 매체 기자들과 접촉할 수 있었다. 비행기를 타고 오하이오, 컬럼버스로 돌아오는 도중 20분 동안 환담을 한 것이다. 승리 운운하다가 재수 옴 붙을지 모른다 생각하는 사람이었지만 그때는 미신마저 깨버렸다. "자, 여러분, 머지않아 천지가 개벽할 겁니다."

미국 정계에 등장한 새로운 스타, 배트맨과 로빈

선거 전날, 경험 부족 운운의 말실수가 초래한 감정도 이미 오래 전에 해소되었다. 다만, 바이든의 측근 토니 블링큰이 보기에도 버락은 여전히 앙금이 남아있었다. 말실수보다 사과하지 않은 문제가 더 컸다. 대화도 예전만 못하고 두 사람 사이 어딘가에 찬바람이 불었다.

결국 블링큰의 성화에 바이든이 오바마에게 전화를 걸어 실수를 인정하고 사과했다. 전화 통화를 하면서 두 사람 모두 그동안 대화가 그리웠다는 사실을 실감했다. 덕분에 통화시간도 길어졌다. 둘의 상처는 치유되고 임박한 승리에 대한 기대로 한껏 부풀었다.

백악관에 가까워지면서 버락과 조는 어떻게 난관을 헤치고 연대를 공고히 할지 나아가야 할 방향을 깨닫기 시작했다. 조의 입장에서는 새로운 책무에 얼마나 잘 적응하느냐의 문제였다. 상원의원 시절에는 최대한 사적 자유를 누리고 자신의 삶을 책임졌었다.

그런데 이제 상황이 달라졌다. 지금은 대통령과 부통령 사이에 줄다리기가 필요하다는 사실도 이해했으며, 2인자로서의 역할도 어느 정도 받아들였다. 리더의 역할을 감당해내려면 백악관 관계의 역동성도 인정해야 했다. 후일 부통령직에 대해 깨달은 바를 바이든은 이렇게 정리했다. "부통령의 실제 권력은 상대적이다. 거의 전적으로 대통령의 신뢰와 신용에 의존하기 때문이다."

오바마가 러닝메이트 문제로 이따금 초조해했지만, 사실 둘은 오랜 커플처럼 완벽하게 어울렸다. 바이든의 눈으로 보면 오바마는 공부벌레 범생이자 늘 흥미로운 짝패였다. 사고를 치더라도 사람들은 바이든을 사랑했다. 퓨 리서치센터Pew Research Center에 따르면 유세가 끝날 무렵 전국 여론조사에서 60%가 바이든을 호의적으로 보았다.

조는 잘 정제된 매력으로 대중에게 어떻게 어필할지 잘 알고 있었다. 마지막 주의 일이다. 조는 인디애나, 에반스빌의 토요일 아침 집회에 조금 늦었다. 물론 양해를 구한 터였다. 그는 지각한 이유를 말하며, 대중에게 아내가 조깅을 하다가 수녀와 만난 이야기를 해주었다.

수녀가 아내에게 그날 아침 특별 미사에 대해 알려주었다. 그 바람에 조가 아흔한 살 노모에게 전화를 걸어 미사가 어땠는지 미주알고주알 말씀드려야 했다는 얘기였다. 그리고 그 순간 조는 작은 기적을 만들어냈다. 노인 유권자와 가톨릭 신도들의 표를 확보한 것이다.

그의 정치적 연금술은 다른 유세장에서도 빛을 발했다. 플로리다 타이터스빌Titusville에서의 일이다. 어떤 남자가 한 살배기 아들한테 조를 소개했는데, 아들 이름이 바이든의 아들 헌터와 같았다. 요행히 바이든의 아들도 유세를 따라다니던 참이었다. 조는 얼른 자동차 행렬로 돌아가 아들 헌터를 끌어내 갓난아기한테 소개했다.

"이봐, 헌터, 헌터와 인사하려무나." 조의 말에 아기 헌터의 부친이 활짝 미소를 지었다.

오바마는 이런 조의 기기묘묘한 기술이 별로 신통치 않았다. 게다가 조만큼 자연스럽지도 못했다. 긴장과 자제가 몸에 밴 터라 자신의 머릿속에 틀어박혀 있는 시간도 너무 많았다.〈로스앤젤레스 타임스〉기자 피터 니콜라스Peter Nicholas 는 1년 반 동안의 대선을 기사로 다루었다. 그는 유세 말 무렵의 오바마를 묘사하면서 '절제', '강철 같은 인내' 같은 단어를 사용했다. 심지어 녹음테이프가 돌아가지 않을 때 '더욱 신중해지기도 한다'고 덧붙였다.

니콜라스는 오랜 기간 오바마를 지켜보았다. "시카고에서는 딸에게 사커킥을 시범으로 보여주고 필라델피아에서는 치즈스테이크를 먹고 인디애나에서는 롤러스케이트장을 누볐다. 놀이공원에 가서 범퍼카를 운전하고, '빅벤'이라는 기구를 타고 50미터 상공까지 치솟아 올랐다. 오바마는 이 모든 것을 엄청난 전문가처럼 해냈다. 하지만 자발적으로 나서는 법은 거의 없었다."

바이든과 달리 오바마는 별로 웃기지도 않았다. "수만 군중을 유세장으로 끌어내고 존 F. 케네디의 카리스마를 닮았다고 하는 사람이 아닌가? 그런데 우습게도 살짝 따분하다."

오바마도 나름의 매력은 있다. 오바마는 고결한 영감의 소유자이자 지금껏 미국이 경험하지 못한 정치를 구현할 인물이었다. 대중 앞에서 느리되 단호한 목소리로 연설을 할 때면 한마디 한마디가 역사적 무게감이 있고 말투는 냉철하기 그지없었다.

"한 번도 경험하지 못한 세계로 나와 함께 가자"고 말할 때의 그 태도란 정말! 수필가 크리스토퍼 히친스Christopher Hitchens는 오바마의 연설을 듣고 오바마의 특별한 후광을 그려냈다. 히친슨의 표현대로라면, 오바마가 움직일 때면 "유연하되 유유자적 했다. 날렵하되 느긋했으며, 냉철하되 냉담하지 않았다."

바이든 역시 냉철했으나 구닥다리답게 무모한 구석이 있었다. 이름 하여, 공군 선글라스의 사나이. 버락과 조는 서로 부족한 점을 채우고 혼자보다 둘이 더 거대한 뭔가를 만들어냈다. 젊은이와 늙은이, 흑인과 백인, 두 사람은 일심동체가 되어, 영리하고 매력적이며, 차가우면서도 따뜻한 연대를 이룩했다. 미국 문화에서의 입지를 보자면, 버락과 조는 현실적인 동시에 비현실적이었다. 미국이 정치와 연예계를 더럽힌 지는 이미 오래전이다. 이 두 명의 스타는 실로 오랜만의 등장이다.

펠릭스와 오스카,* 버트와 어니,** 버즈와 우디.*** 민주당원이라면, 버락과 조는 어쩌면 배트맨과 로빈을 연상할 수도 있었다. 공화당에 빼앗긴 세계를 구하기 위해 동분서주하고 있으니 말이다.

선거 당일 CNN의 〈미국의 아침 American Morning〉은 생방송으로 진행됐다. 전국의 투표소가 열리고 유권자들이 줄을 지어 기다렸다. 매체들은 특별 관심 지역 두 곳에 집중했다. 일리노이 시카고, 버락 오바마의 지역구와 델라웨어 윌밍턴, 조 바이든의 지역구였다.

오바마가 미셸과 두 딸을 데리고 하이드파크의 불라 슈스

---

* 1970년 TV 시트콤 〈기묘한 커플 The Odd Couple〉의 두 주인공. 이혼 후 맨해튼의 아파트에서 동거하며, 서로 다른 성격 때문에 웃음과 사고를 유발한다.

** 어린이 인형극 시리즈 〈세서미 스트리트Sesame Street〉에 나오는 두 주인공이다.

*** 애니메이션 〈토이스토리Toy Story〉의 두 주인공. 버즈는 카우보이, 우디는 우주인으로 나온다.

미스Beulah Shoesmith 초등학교에 모습을 나타내자, 공동 캐스터 존 로버츠John Roberts는 2학년 학생들이 학교 창문에 오바마 가족을 환영한다는 현수막을 내걸었다고 보도했다. 투표소인 체육관은 1950년대 이후 처음으로 페인트칠을 하고 바닥도 광약으로 반질반질 윤을 냈다.

CNN은 이어서 전날 밤, 〈데이비드 레터맨의 레이트쇼〉 화면을 내보냈다. 레터맨이 독백처럼 읊조렸다. "투표 당일 날씨도 큰 몫을 차지한다는데… 정말입니까? 날씨가 문제될 것 같나요? 예를 들어 내일 매케인이 이기려면 세상이 꽁꽁 얼어붙어야 할 텐데… 그럴 가능성은 없어 보이죠?"

버락과 미셸은 제일 먼저 나온 유권자들과 함께 나란히 슈스미스 초등학교의 부스에 들어갔다. 열 살 말리아는 미소를 지으며, 일곱 살 사샤는 다소 긴장한 표정으로 엄마 아빠를 기다렸다.

10분 후, 버락은 투표용지를 선거관리인에게 건네며 그녀의 뺨에 입을 맞추었다. 이제 대선을 위한 오랜 경주의 막바지에 다다랐다. 21개월의 유세 끝에 버락은 자신의 투표용지가 집계 분석을 위해 광학스캐너 안으로 사라지는 것을 보았다. 유권자 일부가 휴대폰 카메라를 들고, 조용히 의식을 지켜보다가 마침내 환호를 터뜨렸다. 버락은 확인증을 들고 활짝 미소를 지으며 선언했다. "저도 투표했습니다!"

조는 차를 몰고 국토를 가로질러 자신의 기표소인 태트널 고등학교로 향했다. 기표소는 델라웨어, 그린빌의 자택 근처였다. 도착 시간은 오전 9시가 조금 넘었고 아내, 딸, 91세 모친이 동행했다. 버락이 아이처럼 "저도 투표했습니다!"라고 외쳤듯 조도 기표소를 떠나며 특별한 행동을 했다. 어머니의 손을 잡고 농담을 던진 것이다. "끝났어요, 어머니. 아, 누굴 찍었는지는 말하지 마세요."

버락은 투표를 마친 후 선거비행기를 타고 마지막 유세장으로 떠났다. 인디애나, 인디애나폴리스의 전미자동차노조 강당, 그를 위해 폰뱅킹에 자원한 지지자들을 치하하기 위해서였다. 인디애나는 1964년 이래 한 번도 민주당 후보자가 승리해보지 못한 주였다. 비행기는 13만km를 날아갔다가 버락을 시카고에 다시 데려다주었다. 그곳에서는 투표가 끝나기를 기다렸다가 선거일의 전통인 농구시합에 참가했다.

그는 웨스트사이드의 어태크 체육센터에서 친구, 참모들과 함께 길거리 농구를 했다. 농구는 경쟁의 상징이다. 한 쪽이 이기면 다른 쪽은 진다. 아무리 위세를 부리고 상대를 조롱해도 결과는 바뀌지 않는다. 농구장에서의 소규모 비밀 경기는 대리경쟁으로 변해 전국의 선거 전장에서 쌓인 긴장을 풀어주었다.

코트의 미신도 한 몫 했다. 버락은 아이오와 코커스에서도 선거 당일 농구 시합 의식을 치르고 그곳 투표에서 승리했다. 뉴햄프셔 예비선거에서는 의식을 치르지 않아 힐러리 클린턴에게 패배했다. 비록 속세의 땀과 근육통으로 범벅이 될지언정 선거일의 경기는 그에게 초월적인 의미가 있었다.

"바라건대 이런 날은 팔꿈치에 맞아 코가 부러지거나 이가 깨지는 일은 없어야죠." 오바마는 라디오 연합 사회자 라이언 시크레스트Ryan Seacrest에게 농담을 던졌다.

조 바이든도 투표를 마친 후 공화당 지지 구역인 버지니아의 어느 유세장으로 향했다. 그곳에서 다시 시카고로 날아가 격전지인 콜로라도, 플로리다, 미주리, 네바다, 노스캐롤라이나, 펜실베이니아, 오하이오, 네브래스카를 겨냥해 마지막 선거 인터뷰를 하며 뜨거운 오후를 보냈다.

세계를 뒤흔든 감동적인 승리

저녁쯤 조와 버락은 더 이상 할 일이 없었다. 둘은 하이야트 리전시 시카고Hyatt Regency Chicago에 스위트룸을 두 개 잡고 각자의 방에서 가족, 참모들과 함께 선거 결과를 시청했다. 시카고의 밤은 바람이 불고 서늘했다. 사람들이 사방에서 그랜드파크로 몰려들었다. 미국이 새 대통령을 선출한 후 오바마가 등장하기로 한 곳이다. 사람들은 점점 많아졌다. 혹자는 그 수가 20만 명 이상이었다고 주장하기도 했다.

19층의 스위트룸, 버락은 카우치 끄트머리에 앉아, 잔뜩 찡그린 표정으로 TV화면을 응시했다. 두 손을 마주잡아 입과 턱에 기댔는데 흡사 기도라도 하는 자세였다. 마침내 희망이 보이기 시작했다. 여덟 시가 넘으면서 NBC는 오바마가 격전지 펜실베이니아를 확보했다고 발표했다. 함성이 터져 나왔다. 1시간 후 오바마가 또 다른 격전지 오하이오에서도 승리하면서 스위트룸이 들썩거리고 초조한 기대감도 한껏 치솟았다.

이스트코스트 기준 밤 11시, 캘리포니아, 오리건, 워싱턴의 개표가 끝나면서 역사가 만들어졌다. 오바마가 선거인단 270석의 문턱을 넘어섰다.* TV에서 결과를 발표하자 그랜드파크는 그야말로 아수라장이 되었다. 사람들이 환호하고 비명을 지르고 깡충깡충 뛰고, 박수를 치고 울음을 터뜨리고 성조기를 흔들고 노래를 불렀다. "그래, 우리도 할 수 있어!"

최종 결과가 나왔을 때 미셸의 모친 마리안 로빈슨Marian Robinson(당시 71세)은 스위트룸 카우치에 앉아 있었다. 오바마가 그때를 회고했다. "제가 옆에 앉았다가 장모님 손을 잡았어요. 그렇게 손을 잡고 있는데 화면에서 내가 이길 거라는 발표가 나왔죠." 오바마는 그 순간 장모의 눈에서 환희를 보았다. "이런 일이 어떻게 가능한지 믿지 못하시는 것처럼 보였어요." 오바마는 장모의 손을 잡은 채 물었다. "기분이 어떠세요?" 장모가 대답했다. "글쎄, 너무 크게 이긴 것 같지 않나?"

오바마는 장모가 어떤 생각을 하는지 궁금했다. 이 순간은 자신이나 미셸보다 장모에게 훨씬 더 충격이 컸을 것이다. 비서 출신의 마리안 로빈슨은 시카고의 사우스사이드에서 자랐다. 그녀는 물론 가족들의 재능이 어떻든 "늘 장벽이 있었죠. 뭔가 이루려고 하면 언제나 한계가 가로막았어요." 오바마의 회고였다. 그런데 지금 사위가 미국 대통령으로 선출되는 장면을 보고 있는 것이다. "상상도 해보지 못한 순간이었을 겁니다… 당신의 딸이 미국의 영부인이 되다니…."

오바마의 딸, 말리아도 열 살의 나이답게 그 순간을 기뻐했다. 미국이 지금 막 최고의 가치를 확인했지만 그런 건 아무래도 좋았다. 말리아는 깡충깡충 뛰어와 아버지, 미합중국 대통령 당

---

* 미국 대통령 선거는 간접선거이며 승자 독식 제도를 채택하고 있다. 유권자는 대통령 후보가 아니라 선거인단Electoral College을 뽑게 되는데 2020년 대선까지 선거인단은 총 538명이며 따라서 선거인단 270명 이상을 확보하면 승리하게 된다.

선자와 주먹 박치기를 했다.

감동적인 승리였다. 일반투표의 53%, 오바마는 1964년 린든 존슨Lyndon Johnson 이후, 어느 민주당 후보보다 선거인단을 많이 확보했다. 존슨은 당시 61%를 득표했으나 그건 1년 전 존 케네디의 죽음, 암살의 충격에서 국민들이 벗어나지 못했기 때문이다. 즉, 동정의 물결이 아직 가시지 않은 것이다. 오바마는 민주당 지지 주blue states를 싹쓸이했을 뿐 아니라, 인디애나, 콜로라도, 노스캐롤라이나, 버지니아 같은 공화당 지지 주red states까지 빼앗았다.

조와 질 바이든이 호텔 스위트룸으로 들어왔다. 질과 미셸은 서로 포옹했다. 조는 방으로 돌아가 사샤와 잠깐 밀담을 나누었다. 버락과 조도 단 둘만의 시간을 가졌다. 악수를 하고 코를 맞대고 목소리를 낮추어 대화를 나누는 동안 버락이 조의 어깨에 손을 얹어 친근함과 호감을 드러냈다. 마침내 두 사람의 여정이 시작되었다.

자정 직전, 오바마가 그랜드파크 무대에 올랐다. 대규모 군중이 환호를 보냈다. 그의 옆에는 미셸, 사샤, 말리아가 섰다. 오바마 가족은 환호와 합창을 들으며 손을 흔들었다. 하염없이 눈물을 훔치는 사람들도 보였다.

신임 대통령 가족은 그렇게 몇 분간 흠뻑 사랑을 만끽했다. 잠시 후 오바마가 아이들에게 귓속말을 하고 아내, 딸들에게 키스했다. 가족들이 무대를 내려가는 동안 대통령 당선자는 연단으로 향했다.

"안녕하세요, 시카고!" 오바마가 외치자 함성이 지축을 흔들었다. 그는 밝은 목소리로 연설을 이어갔다. "만일…" 그가 잠시 말을 멈추고 마음을 가다듬었다. "… 아직도 미국을 의심하는 사람이 있다면… 이 나라에 불가능이 없다는 사실을 믿지 못한다면… 건국공신들의 꿈이 이 시대에도 살아있음을 의심한다면… 우리 민주주의의 힘이 허상이라고 여긴다면… 오늘 밤이 바로 그에 대한 답이 될 겁니다." 다시 환호가 터져나왔다.

대선 상대 존 매케인의 이름을 거론하자 관중들도 존중의 박수를 보내며 매케인의 이름을 연호했다. 오바마는 매케인의 길고 고된 유세를 치하했다. "그는 사랑하는 조국을 위해 훨씬 더 오래, 훨씬 더 어렵게 싸웠습니다. 우리들은 상상도 못하지만 미국을 위해 수많은 희생을 이겨내셨죠. 이 용감하고 이타적인 지도자들의 노력과 헌신 덕분에 여기까지 올 수 있었습니다."

그 다음엔 감사해야 할 사람이 너무나 많았다. 가족, 선거참모, 전략가… 목록의 제일 꼭대기는 당연하다는 듯 부통령 당선자였다. "이 모험에 함께 동행해준 그분께 감사합니다. 진심으로 선거유세에 임해주셨죠. 스크랜튼 거리에서 함께 자라고, 델라웨어의 집까지 함께 기차여행을 해준 남성, 여성들을 대변해주셨습니다. 미합중국의 부통령, 조 바이든입니다." 박수갈채가 쏟아졌다.

TV 화면에서는 자칭 타칭 전문가들이 바이든의 길고 긴 여정을 소개하며 이번 일로 그가 대통령에 보다 가까워졌다고 평했다. NBC의 처크 토드Chuck Todd의 표현을 빌면 "30년 전 조 바이든은 민주당의 버락 오바마였죠… 오늘 밤 감회가 남다를 겁니다. 경력만으로 산전수전, 공중전까지 다 겪은 사나이 아닌가요? 마침내 부통령 당선자가 되었습니다."

역사적인 순간에 미국은 경외감에 휩싸였다. 〈NBC 심야〉 앵커 출신의 톰 브로코Tom Brokaw도 한마디 거들었다. "오늘 밤의 대사건을 우리가 제대로 소화해낼지 잘 모르겠군요." 그는 오바마의 승리가 전국에 가져다준 흥분을 존 F. 케네디의 당선에 비유했다.

당시에도 저명인사들이 영감을 받고 새 행정부에 합류하려 했다. "다들 워싱턴에 가서 정부를 위해 일하고 싶을 겁니다." 오바마의 승리는 아프리카계 미국인들에게 확실한 메시지를 던져주었다. 미국 사회를 위해 더 큰 역할을 수행하라! "지금까지는 길이 막혔지만 이제 시대가 바뀌었습니다. 그 변화가 어디까지 닿을지는 아직 모릅니다만 실로 엄청난 변화인 것만은 분명합니다." 브로코가 덧붙였다.

역사가 도리스 컨즈 굿윈Doris Kearns Goodwin도 NBC 패널로 나와 프랭클린 루스벨트에게서 역사적 비유를 찾았다. "어…, 다들 느끼셨겠지만, 버락의 수락연설을 들어보면, 언젠가의 데자뷰 같다는 생각이 듭니다. 루스벨트도 '운명과의 조우' 얘기를 했죠. 오바마처럼 전 국민이 함께 승리를 만끽하게 한 분이셨죠. 정치가 다시 흥미로워졌습니다. 다시 신나는 스포츠가 되었어요. 오바마의 힘이 그만큼 세다는 얘기겠죠?"

대통령 버락 오바마는 가장 강력한 희망과 변화의 메신저였다. 동시에 미국 역사상 아주 드물게, 흥과 온정에 진솔함까지 갖춘 인물을 행정부로 데려온 주인공이기도 했다. 조는 굿윈이 암시한 재미를 제공했으며, 특유의 열정과 노련함으로 오바마의 진지함과 의지에 보탬이 되어주었다.

미국이 버락과 조를 바라보는 방식에는 어딘가 사적인 측면이 있었다. TV 패널들도 그 점을 간파했다. NBC의 브라이언 윌리엄즈는 그날 밤 보도 중에 이렇게 말했다. "이 두 가족을 보세요. 오바마와 바이든 가족." 이번 대통령과 부통령은 가족을 사랑하는 사람들이었다. 그리고 그 점을 거리낌 없이 자랑했다.

몇 년 후, 조가 민주당 전당대회의 밤을 회고했다. 당시 열 살배기 손녀 피네건Finnegan이 아이디어를 내놓았다. 조의 가족, 손주들, 오바마의 두 딸이 모두 같은 호텔에 머물고 있었는데, 피네건은 객실 침대를 끌어내더니 어린이들이 한 곳에서 슬리핑백을 뒤집어쓰고 함께 자게 해달라고 부탁했다.

부통령 지명을 조금이라도 의심했다면 조는 손녀의 부탁을 그 자리에서 묵살하고 말았을 것이다. 나중에 그 방에 가서 문을 열었더니 "아이들이 서로 꼭 끌어안고 잠들어 있었다. 그때 난 옳은 결정을 했다고 확신했다." 바이든이 말했다.

이런 일도 있었다. 아이들이 오랜 세월 함께 지난 후의 일이다. "내 손주들과 버락의 아이들은 서로 절친입니다. 함께 휴가를 보내기도 하죠." 조는 버락과의 초기 시절도 떠올렸다. "대통령께 분명히 경고했어요. 나를 선택해야 가족이 완성된다고. 아마 농담한다고 여겼을 겁니다."

7장

체니의 어두운
그림자

취임식 이전, 바이든은 상원 일정에
참여해 이라크, 아프가니스탄,
파키스탄을 순방하며 백악관 내에서의
외교 정책에 대한 근육도 다졌다.
바이든의 역할은 다양하면서도
폭 넓었다. 대통령이 그의 관리와
정치적 능력에 크게 의존할 뿐 아니라,
다목적 조언자로 여기고 있음을
보여주는 징후였다.

부통령 조의 역할을 규정해준 조언자 먼데일

오바마의 시카고 인수위 사무실에 열두 개의 컵케이크와 촛불이 놓였다. 11월 19일, 대통령 당선자와 참모진들은 백악관 팀을 꾸리느라 여념이 없었다. 채워야 할 부서도 많고 감당해야 할 상담도 너무 많았다. 누가 오바마의 내각회의 원탁에 앉을 것인가? 누가 언론과 백악관의 관계를 '마사지'할 것인가? 기업과 접촉은? 어떤 이들을 대사로 보내야 전 세계에서 미국의 이익을 제대로 챙길 것인가?

이렇듯 치열하게 인수준비를 하던 중, 19일 수요일 오후에 업무를 일시 중단하고 참모들이 컵케이크 주변으로 몰려들었다. 이윽고 사람들은 버락의 주도 아래 어느 핵심 참모를 향해 "생일 축하해요!"를 외쳤다. 11월 20일이 조의 66세 생일이었다.

버락은 케이크를 가리키며 철부지 부통령 당선자를 놀렸다. "이제 열두 살입니다." 그 말에 조도 문득 나이의 무게를 절감하며 역시 농담으로 대꾸했다. "개 나이로는 그렇겠죠?" 버락의 생일 선물에는 의도가 있었다. 약간의 유머를 곁들이기는 했어도, 본질은 '조 어린이'를 자신이 거주하는 시카고 세계로 끌어들일 생각이었다. 생일 선물은 화이트삭스 모자, 베어스 모자, 유명 팝콘 상점 개럿에서 사온 팝콘 한 양동이었다.

인수인계 중 핵심 문제는 바이든의 역할도 들어있었다. 부통령 지명 과정 전후의 사전 논제들 중에, 조가 원하는 조건과 버락이 필요로 하는 내용을 더했다. 두 남자는 대부분 직접 만났다. 마침내 세부사항을 조율하고 오바마-바이든 파트너십이 발동한 것이다.

조의 역할을 규정하는 과정에도 조언자가 있었다. 32년 전, 월터 먼데일Walter Mondale은 부통령의 의무와 권력에 대해 신기원을 이루어냈다. 그는 부통령의 임무를 정리하고 역할 또한 재규정했다. 그 후 부통령들이 시행착오를 겪으면서 조금씩 보완하고 다듬었지만, 수준은 최고 권력자 2인의 성격과 야심에 따라 다양해졌다.

먼데일은 바이든과 마찬가지로 오랫동안 워싱턴 내부에서 상원의원으로 일했다. 먼데일이 섬긴 대통령 또한 오바마처럼 의회와 협상 경력이 일천한 워싱턴 초짜였다. 먼데일은 지미 카터 대통령을 효율적으로 도우려면, 자신도 빠짐없이 정보 브리핑에 참여하고, 내각을 비롯한 전 행정부에 협조와 자료를 요구할 권리가 있어야 하며, 청와대 참모들과 관계가 돈독하고 핵심 자문 그룹에 참여해야 하고 대통령과 개별 면담이 가능해야 했다. 면담은 적어도 매주 30분은 필요했으나 중요한 결정사항이 있을 때는 물론 그 이상도 좋았다.

조지아주 주지사 출신의 카터도 자신의 한계와 먼데일의 전문성을 인정하고 기꺼이 합의문에 사인했다. 1976년 카터-먼데일 티켓이 승리한 후, 부통령 당선자는 다음 달 자신의 생각을

11장으로 정리했다. 먼데일은 행정부와 다른 목소리가 되기를 원했다. 진실을 밝히려면 모든 정보를 파악해야 하고 권위에 굴하지 않을 용기도 필요했다.

"내게 가장 중요한 기여라면, 대통령께 포괄적인 조언자가 되는 것이다." 먼데일이 비망록에 쓴 내용이다. 그는 다른 사람이라면 절대 불가능할 도움을 줬다. 그건 먼데일이 선출관료인 동시에, 특별한 의무나 이해관계에 얽매이지 않은 유일한 인물이라서 가능했다. 유일한 직무라면 대통령과 국익을 위해 일하는 것뿐이다. 다른 사람들은 개인의 야심이나 소속기관과 선거구의 이익을 위해서 일했지만 그는 달랐다. 그렇기 때문에 대통령은 종종 너무나 공평해서 오히려 편협해 보이기까지 한 먼데일의 조언을 감수해야 했다.

"최근 행정부의 가장 큰 문제는 대통령에게 객관적 분석이 제공되지 않는다는 데 있다. 대부분 대통령이 듣고 싶거나 대통령에게 들려주고 싶은 정보들이다." 비망록을 보면 먼데일은 카터에게 이렇게 선언했다. "각하께서 꼭 들어야 하는 관점이 있다면 저도 막을 생각은 없습니다."

먼데일이 메모를 제시하고 2주 후, 신임 부통령의 역할이 과거의 무력한 전통과 확연히 달라졌다는 징후가 나타나기 시작했다. 기자회견도 그의 고향인 조지아, 플레인스 바로 외곽에서 열렸고, 대통령 당선자 지미 카터가 최종 내각 멤버를 발표했다. 물론 먼데일도 지켜보고 있었다. 카터는 먼데일을 '최고 참모'로 발탁해 '전례 없는' 권한을 부여할 생각이라고 발표했다. 먼데일의 집무실도 백악관 웨스트윙*에 마련하겠다고 했는데, 말인즉

---

* West Wing: 대통령이 집무를 보는 별관을 지칭하는
  별명이다. 가족들이 거주하는 공간은 본관 동쪽에
  있어서 이스트윙East Wing이라고 부른다. 웨스트윙은
  백악관 참모들이 일하는 공적 공간이므로 백악관
  전체를 뜻하기도 한다.

슨 '대통령과 지근거리'라는 뜻이다.

과거 부통령은 백악관 서쪽의 행정부 청사에서 말 그대로 유배생활을 했다. 이런 식의 격리는 피유배자로서 부통령의 전통적 입지를 더욱 두드러지게 만들었다. 먼데일은 후일 이렇게 회고했다. "당연히 최고의 약진은 부통령을 웨스트윙에 들인 것이다. 늘 얘기했듯, 행정부 청사는 볼티모어로 추방당하는 것과 다를 바 없었다."

기자회견을 가진 뒤 이틀 후 〈뉴욕타임스〉는 먼데일 부통령이 내각 구성에 "크게 이바지했으며" 더 나아가 "근대 백악관 역사상 가장 영향력 있는 부통령이 될 것"이라고 선언했다. 먼데일은 비중 있는 역할을 유지하기 위해 열심히 일했다. 카터도 그를 신뢰했으며, 부통령으로부터 어떤 정치적 위협도 느끼지 못했다.

30년 후의 오바마와 바이든처럼, 카터와 먼데일은 사적 호감의 혜택을 받았다. 카터 역시 러닝메이트를 수배할 때 그 점을 특히 중시했다. 어느 측근이 〈뉴욕타임스〉에서 밝혔듯, "지미는 늘 프리츠Fritz와 가깝게 지낸다고 말했다." 프리츠는 카터가 먼데일에게 붙여준 별명이다.

공감과 호감을 바탕으로 한 진정한 관계의 시작

부통령 제안을 받아들인 후 조 바이든은 부랴부랴 전화기로 달려갔다. "제일 먼저 프리츠에게 전화를 했습니다." 바이든이 청중에게 고백한 얘기다. 2015년 조지워싱턴 대학교의 '부통령 먼데일과 그 유산'을 주제로 포럼을 열었다. 바이든은 먼데일을 존경하고 그가 부통령을 위해 열어둔 비전을 높이 평가했다. 무엇보다 카터 대통령과 어떤 식으로 협조했는지 알고 싶었다. 먼데일의 조언은 물론 그의 메모 덕분에 조는 부통령을 둘러싼 나름대로의 접근방식을 형성해나갔다. 대부분 프리츠가 만들어낸 전형이 기본이었다. 하지만 포럼에서 지적했듯, 바이든도 부통령의 압박감을 충분히 이해하고 있었다. "부통령은 100% 대통령의 그림자입니다. 그 자체의 권력은 없어요. 하나도, 전혀. 결국 완전히, 철저히, 예외 없이 대통령과의 관계에 의존하는 수밖에요."

오바마에게 자신의 바람을 논했을 때도 먼데일 모델이 먹힌 것으로 보인다. 바이든은 대통령에게 속내를 그대로 보여주고 싶었다. 그럴 용기가 있는 사람이라면 대통령도 얘기를 들을 필요가 있었다. 바이든은 정보 브리핑에 참여하고 매주 대통령과 일정을 확인하고, 백악관 내 경쟁 그룹들과 일할 수 있도록 권위를 확보하고 싶었다. 서류 처리에 관여하고 회의에서도 의견을 제시하고 논쟁을 유도하며, 자문회의가 끝난 후 마지막으로 남는 사람이 되고 싶었다.

오바마도 얼마든지 환영이었다. 바이든의 첫 번째 수석 참모 론 클란Ron Klain의 말을 들어보자. "대통령은 얘기를 듣고 난 후 결정하는 분이십니다. 부통령이 문제를 제기하면 다른 사람들이 다른 견해를 내놓죠. 그럼 대통령이 더 나은 결정을 할 수 있거든요."

인수위 시절 바이든과 오바마가 정기적으로 만나 인사를

비롯해 주요 행정부 구성 문제를 논의할 때 조는 대부분 스포트라이트 밖에 머무르며 매체의 호기심을 자극했다. "부통령 당선자의 존재감이 하나도 느껴지지 않는다. 바이든은 어디 있는가? 상자에 들어가 있나?" 〈워싱턴포스트〉의 칼럼니스트 데이비드 이그나티우스David Ignatius는 그렇게 썼다.

12월 바이든은 델라웨어, 윌밍턴 자택에서 인터뷰를 했다. ABC의 일요 아침 프로그램 〈조지 스테퍼노펄러스와 한 주의 출발을 This Week with George Stephanopoulos〉이었다. "당선 이후에 뵙기가 더 어려워졌습니다. 인수기에 어떤 일을 하셨는지 베일을 조금 벗겨주시겠어요?" 스테퍼노플러스가 물었다.

조는 그 기회를 이용해 부통령으로서 자기 역할이 어떤 식으로 자리 잡아가는지 설명했다. 열정은 과거와 다를 바 없었다. "내 임무는 대통령께 가장 현명하면서 정확하고 통찰력 있는 최선의 조언을 하는 겁니다. 그래야 대통령께서 정말 중요한 결정을 내릴 수 있죠."

조는 선거 유세 기간에 오바마와 나누었던 논의를 시청자들한테 소개했다. 조의 주장이 맞다면, 당시 대통령 후보와의 회의는 3시간 30분이나 이어졌다. "대통령으로서 하게 될 주요 결정 과정에 모두 참여하고 싶습니다. 경제·정치·외교, 어느 분야이든 중요한 결정을 내릴 때 함께하게 해주십시오."

스테퍼노플러스가 물었다. "약속을 지키시던가요?"

조가 확인해주었다. "예, 지키셨습니다. 지금까지 인사 문제를 많이 처리했지만 모두 함께였죠. 제가 추천한 인사들이 많이 올라왔는데, 우연은 아니겠죠? 제가 추천해서가 아니라 대통령도 제 의견과 같아서라고 봅니다."

조는 부통령 역할에 대해서도 선을 그었다.

"백악관 밖에서 허드렛일이나 하는 부통령이고 싶지는 않습니다." 그는 이렇게 말하며 부통령 앨 고어가 담당했던 정부 개편 문제를 거론했다.

그는 그날 오후 오바마의 연설을 넌지시 예고하며, 자신의 직무범위를 강조했다. "대통령께서 오늘 발표하시겠지만… 중산층을 위한 태스크포스를 구성하고 제게 수장을 맡기실 겁니다."

스테퍼노플러스가 그 말의 모순을 지적했다. "그게 바로 허드렛일 아닌가요?"

"어, 그렇다고 보면 그렇겠지만… 이 건은 별개의 임무인데다 기간도 한정적입니다."

바이든은 전천후 부통령이지만, 오바마의 지시에 따라 몇 가지 한정적인 임무도 이끌었다. 바이든은 그 후 중산층 문제 태스크포스뿐 아니라 경제회복 노력까지 관장했다. 보건, 경제, 총기규제 등의 입법을 위해 의회 협조도 이끌어내고, 국제조약을 위한 상원의 지원도 얻어냈다.

취임식 이전, 바이든은 상원 일정에 참여해 이라크, 아프가니스탄, 파키스탄을 순방하며 백악관 내에서의 외교 정책에 대한 근육도 다졌다. 바이든의 역할은 다양하면서도 폭 넓었다. 대통령이 그의 관리와 정치적 능력에 크게 의존할 뿐 아니라, 다목적 조언자로 여기고 있음을 보여주는 징후였다. 전문 분야에서 서로 신뢰를 쌓으면서 자연스럽게 개인적인 친분도 깊어졌다.

그런 관계가 가능했던 것도, 이라크 전쟁 해결에서 가족을 중시하는 태도까지, 대부분의 이슈에서 근본적으로 생각이 같았기 때문이었다. 2008년 예비선거 유세 당시 조가 기권하기 이전만 해도 오바마와 바이든은 사사건건 의견충돌을 빚었다. 사실 그건 다른 민주당 의원들과도 마찬가지였다.

조는 그 당시를 이렇게 회고했다. "돌이켜보면 정말로 중요한 이슈에 대해 의견이 일치한 사람이 있었다면, 바로 대통령과 저였습니다. 시행세칙은 몰라도 본질적인 문제는 한 번도 어긋난 적이 없었죠. 예, 시작은 대통령 당선자와 내가 마음이 맞는다는 사실을 알면서부터였습니다. 진짜 호감을 바탕으로 제대로 된 관계가 시작된 거죠."

무소불위의 권력으로 백악관을 장악한 딕 체니

조는 과거의 부통령과 같을 수 없다는 생각에 일단 전임 부통령 딕 체니Dick Cheney를 반면교사로 삼기로 했다. 백악관을 장악한 후 자신의 영달을 위해 일상적으로 권력을 휘둘러 비난을 자초한 인물이다. 몇몇 평자에 따르면 체니는 부통령 역사상 최고의 권력자였다. 상사 조지 W. 부시의 파트너로 일하면서 몰래 따로 자신의 비밀왕국을 꾸려 군주 노릇을 한 것이다.

"체니는 부시의 백악관을 장악했다."《아귀: 부통령 체니 Angler: The Cheney Vice Presidency》의 저자 바튼 겔먼Barton Gellman의 평가가 그랬다. 그는 철저히 자신의 허영과 집착에 따라 움직였으며, 충성을 가장해 부시 대통령을 속이고 조종했다. 부시를 꼬드겨 집행권을 남용하게 만들고 그 과정에서 자신의 권력을 키워나갔다.(그것도 2001년 9월 11일, 테러리스트들의 공격 와중의 일이다.)

체니의 권한은 "너무 광범위하고 독단적이라서 나중에는 누가 대통령인지 헷갈릴 지경이었다. 종종 직접 조종간을 잡기도 했다. 대부분 암암리에 이루어진 터라 조종간을 내준 당사자인 부시도 미처 깨닫지 못한 경우가 적지 않았다."

체니가 무소불위의 권력을 휘두를 수 있었던 것은 백악관 내에서 자기 신분이 완벽하게 보호된다는 사실을 간파한 덕분이었다. 각 부서의 장관을 비롯해 백악관 관료들은 대통령의 비위를 맞추어야 하지만, 체니는 완전히 다른 영역에 속해 있었다. 부시 대통령이 상사라고 말은 하지만 함부로 자신을 해고하지 못한다는 사실을 잘 알았다.

부통령은 대통령과 마찬가지로 선출된 권력이며 그 직무는 헌법에 기록되어 있다. 국가의 이익을 위해 봉사하겠다고 서약했지만, 그 역시 대통령의 서약과는 별개였다. 그에게는 제 멋대로 행동할 자유를 얻은 것이나 다름없었다.

"나는 관료가 아니라 부통령이다. 헌법이 정한 공무원이며 대통령과 마찬가지로 선출직이다." 체니의 주장이었다. 오죽했으면 2008년 대통령 유세 중 공화당, 민주당 후보들이 함께 입 맞춰 부통령 체니가 '반면교사cautionary tale'라고 공언했겠는가.

체니 스스로도 자신의 지명이 위험하다는 사실을 에둘러 인정한 바 있다. 오바마의 관료들에게 조언이랍시고 한 얘기도 매우 시사적이다. "다른 건 몰라도, 부통령만큼은 통제해야 할 거요."

사적인 측면에서 볼 때 체니와 대통령의 관계도 향후 오바마—바이든의 우정과 사뭇 달랐다. "체니와 부시는 서로 개인적으로 가까워지기를 거부했다. 그저 서로 쥐고 흔들고자 했을 뿐이다." 제이콥 와이스버그Jacob Weisberg가 자신의 저서 《부시의 비극The Bush Tragedy》에서 한 얘기다. 체니는 "부시의 친구인 척한 적도 없다."

바이든이 보기에 부통령 체니의 행동은 막장 그 자체였다. 체니가 부통령으로 일하는 방식, 낯 두꺼운 직권 남용에 바이든은 치를 떨었다. 두 사람은 취임 이전부터 개인적, 정치적, 경영 스타일의 차이로 노골적으로 사사건건 부딪쳤다.

〈디스위크〉에 출연했을 때 조지 스테퍼노플로스는 바이든이 체니에게 가했던 신랄한 평가를 상기시켜 주었다. 10월 세라 페일린과 부통령 토론을 할 때였는데 당시 바이든은 체니를 맹폭했다. "체니는 미국 역사상 가장 위험한 부통령이 될 겁니다."

바이든이 쇼에 출연하기 한 주 전, 체니는 ABC의 조너선 칼Jonathan Karl과 면담에서 자신의 임기 활동을 변호했다. 바이든을 비롯한 정적들의 비난에 대해 소위 테러와의 전쟁 중이라 부시 행정부가 취조 방식을 강화했을 뿐이라고 했다. 그런데 고문이니 뭐니 하면서 헌법에 반하는 행위로 몰아붙였다는 것이다.

체니의 변명을 들어보자. "테러리스트 감시 프로그램Terrorist Surveillance Program을 운영하는 과정에서 우리가 고문에 관여했다거나 헌법이나 형법을 위반했다는 사람들, 다 아무것도 모르고 떠드는 겁니다."

스테퍼노플로스도 체니를 인용하며 바이든에게 반격을 주문했다. "대단히 도발적인 발언을 했더군요."

바이든도 지지 않고 부시에 대한 체니의 조언을 "외교정책뿐 아니라 국가안보에도 적절치 못했다"고 평했다.

부시 행정부는 대통령의 권한을 확대했지만 바이든은 그런 행보가 맘에 들지 않았다. 그런 식의 '독단'은 헌법을 짓밟고 미국의 안보와 세계에서의 입지를 훼손하고 만다.

체니는 언론을 싫어했지만 금요일에 다시 〈폭스 뉴스〉의 인터뷰에 응했다. 바이든이 일요일 토크쇼에 출연하기 이틀 전이었다. 인터뷰는 행정부 건물에서 촬영하고 일요일에 방송할 예정이었다. 내용은 바이든의 집요한 비난에 대한 반박이 주였다. 폭스의 크리스 월러스Chris Wallace는 바이든의 비난을 상기시킨 뒤, 바이든이 부통령 역할을 축소하려 한다며 화두를 던졌다.

"백악관에 부통령의 '그림자 정부'를 만들지 않겠다더군요. 체니 부통령이 행정력을 지나치게 확대해석 했다고 지적했죠. 위험한 태도라고요." 월러스는 그림자 정부가 매국 행위라도 되는 양 말했다.

"음, 전 근본적으로 생각이 다릅니다." 체니는 헌법에 대한 바이든의 견해를 비판한 뒤 오바마 행정부에서 바이든이 어떤 역할을 하게 될지 조망했다. "부통령의 직무 범위를 축소하고 싶다면… 예, 그건 자유입니다. 하지만 부통령이 어떻게 해야 할지는 대통령 당선자 오바마가 결정할 겁니다. 지금껏 두 분이 해온 얘기로 보아, 내 임기와는 달리 그다지 의미 있는 역할을 맡길 것 같지는 않더군요.”

먼데일이 2015년 포럼에서 지적했듯, 체니의 권력 남용으로 부통령에 대한 인식이 크게 나빠졌다. 심지어 그로 인해 섬뜩한 유머까지 생겨났다. 어느 풍자만화에서 체니가 바이든에게 부통령 집무실을 보여주는데, 지하실 벽마다 재갈과 체인이 잔뜩 걸려 있었다. 조도 그 만화를 언급했다. “그 양반 뒤에 서 있는데 체니가 이렇게 말하더라고요. ‘조, 벽장식은 조금 바꿀 필요가 있겠죠?’”

반면교사 딕 체니 vs 모범 부통령 먼데일

취임 4일 전, 버락 오바마는 1930년대 기동차를 타고 필라델피아에서 워싱턴D.C.까지 작은 마을들을 순회했다. 이메일, 블로그, 트위터, 텍스트 메시지 등 기술 발전 덕에 유세도 상당히 편해졌으나 구시대 탈 것을 이용해 수도에 입성하기로 한 것이다.

이른바 1861년 에이브러햄 링컨이 백악관으로 떠나던 당시를 재현한 행사였다. 다만 링컨이 일리노이, 스프링필드에서 출발했으니 오바마는 그 일부만 따라했다. 정거장에서 했던 연설들도 링컨(‘우리의 선한 천사들’에 호소)과 마틴 루터 킹 주니어(‘극한의 위기’와 함께 행동하겠다고 약속)처럼 화려한 수사학을 동원해, 오늘에 이르기까지 미국의 길고도 고된 노정을 강조했다.

기동차는 으리으리한 청색으로, 객차 내부에는 화려한 설비가 가득했다. 체리우드와 놋쇠 재질의 풀만 조명Pullman lamps은 지난 80년간 대통령의 여행 때마다 앞길을 밝게 비추었다. 객차 뒤의 조그마한 발코니는 적색, 백색, 청색의 장막을 드리웠다. 오바마는 선로를 따라 걸으며 추위에 잔뜩 웅크린 미국 국민에게 손을 흔들어주었다.

빈티지 기동차는 필라델피아를 떠나 델라웨어, 윌밍턴으로 진입해 부통령 당선자 조 바이든을 태웠다. 10량짜리 암트랙 기차에는 측근, 가족, 관료들이 동승했다. 뼈를 에이는 영하의 추위에도 불구하고 윌밍턴 정거장에는 8,000여 명의 시민들이 모여들었다. 상원의원 바이든이 수십 년간 워싱턴D.C.로 출근하기 위해 이용했던 바로 그 기차역이다.

버락은 조와 함께 연설을 했다. 둘이 한 팀이 되어 미국인들의 삶과 노동환경을 개선하는 데 이바지하겠다는 내용이었다. 부통령 조가 인사할 차례가 되었다. 그가 군중의 열기를 향해 외쳤다. "신사 숙녀 여러분, 오늘 기차는 출근길이 아니라 새로운 시작의 길입니다!"

고향 시민들 앞에서는 정말로 장황한 수다에 시동을 거는 것처럼 보였다. 오바마 측근 일부가 그에게 근심스러운 시선을 보냈다. 누군가 중얼거렸다. "얼마나 오래갈 것 같아?"

바이든은 암트랙 직원들이 그를 친구처럼 대접해주었다는 얘기부터 꺼냈다. 조금 지각하면 차장이 일부러 출발을 늦추고는 "기계적인 문제로 1~2분 늦게 출발하겠습니다"는 식으로 변명을 했다는 것이다.

드디어 오바마–바이든의 파트너십이 본격 가동했다. 두 사람 스타일은 대조적이었지만 묘하게도 나름 호소력이 있었다. 오바마는 오랜 세월 유보된 미국의 꿈과 약속을 규정하고 실현해줄, 반듯하면서도 매력적인 인물이다. 바이든은 진심에 호소하는 것이 매력이었다. 진솔한 인간미와 현실적인 감각으로 군중을 가깝게 끌어들이는 능력이 있었다.

조는 첫 시험을 통과했다. 오바마 측근들의 우려 섞인 시선도 있었지만, 그의 연설은 다행히 짧았다. 연착의 불안감도 사라졌다. 이윽고 취임 특급열차 '밤트랙Bamtrak'이 부드럽게 시동을 걸었다. 볼티모어에서 잠깐 멈춘 다음 드디어 워싱턴에 입성할 것이다.

혹한의 날씨에도 불구하고 수도에는 축하 인파가 몰려들었다. 인종과 민족을 초월한 수만의 군중이(혹자는 40만 명이 넘는 인파라고 주장했다.) 링컨메모리얼을 중심으로 부채꼴로 퍼져나갔다. 2009년 1월 18일, 버락 오바마가 미국 최초의 흑인 대통령으로 취임하기 이틀 전이었다.

1963년의 워싱턴 행진*이 오버랩되기도 했다. 수십 년 전 바로 이 장소에 사람들이 모여 연설과 음악, 정치와 희망에 귀를 기울였다. 당시에도 쇼의 주인공은 매력적인 흑인 우상이었다. 그리고 그의 존재와 웅변에 사람들이 눈물을 흘렸다.

그날 마틴 루터 킹 주니어는 "내겐 꿈이 있습니다.I Have a Dream"이라는 제하의 전설적인 연설을 남겼다. 가스펠 가수, 마할리아 잭슨Mahalia Jackson, 밥 딜런, 존 바에즈, 피터, 폴&메리가 함께 노래를 불렀다. 당시 스물세 살의 존 루이스**라는 친구가 지나치게 격정적으로 연설을 하는 탓에 마지막 순간 어조를 낮

---

* March on Washington: 1963년 8월 28일, 20만 명의 시민이 모여 평등권을 요구했다.

** John Lewis(1940~2020): 흑인 민권운동가이자 조지아주 민주당 하원 의원

추라는 주문을 받기도 했다.

　45년 후, 미합중국 대통령 당선자 버락 오바마를 보기 위해 전국에서 순례자들이 몰려들었다. 이는 동시에 취임 전 의식이기도 했다. 1963년보다 가볍고 허세도 가득했지만 그래도 시민권 선구자들이 다져놓은 길이 아닌가. 킹이 아니라면 오바마도 없었을 것이다. 에이브러햄 링컨이 시민권의 뼈대를 구축하지 않았다면 당연히 킹도 없었다. 대통령 당선자의 콘서트에 브루스 스프링스틴, 제임스 테일러, 존 레전드, 스티비 원더, 비욘세 등 음악의 귀족들이 속속 등장했지만, 이번 축제에 그림자를 드리운 당사자는 아무래도 킹이자 링컨이었다. 오바마는 두 영웅의 존재를 뚜렷하게 느낄 수 있었다.

　사람들의 시선이 일제히 오바마를 향했다. 두터운 외투와 짙은 색 머플러의 오바마, 지금은 스티비 원더의 음악에 맞춰 발을 구르고 몸을 흔들고 있었다. 그럼에도 불구하고 우뚝 선 영웅의 모습이다. 오바마는 역사적 인물이자 축배의 주인공이었다.

　그의 짝꿍인 부통령 당선자 조 바이든 역시 활력이 넘치고 존재감도 뚜렷했으나 새로운 전설의 위용에는 크게 위축될 수밖에 없었다. 오바마, 이제 곧 이 땅에서 가장 높은 위치에 오를 인물이 아닌가!

　바이든은 가족, 친구, 참모들과 함께 당선자 옆에 앉아 있었다. 짙은 색 외투에 스카프는 그의 수다를 암시라도 하듯 붉은 빛을 띠었다. 잠시 후 바이든도 마이크를 잡기로 했다. 제임스 테일러와 존 레전드의 합동공연 다음 순서이며 존 멜런캠프가 60인의 침례교 합창단과 함께 〈핑크 하우스Pink Houses〉를 부르기 전이다.

바이든은 워싱턴 행군을 언급하는 대신 당시의 이슈를 상기시켰다. "우리에게 일자리를 달라." 과거에는 아프리카계 미국인을 위한 일자리였지만, 2009년, 국가의 경제 침체가 깊어졌기에 바이든의 연설에서는 미국인 모두의 일자리로 바뀌었다.

조가 군중을 향해 외쳤다. "신사 숙녀 여러분… 우리는 노동의 존엄에 대해 배웠습니다. 공정한 기회가 주어진다면 모두가 존엄하게 일할 수 있다고 배웠고 저도 굳게 믿었습니다. 노동은 월급 이상의 의미가 있습니다. 노동은 존엄에 대한 이야기이자 존중에 대한 이야기입니다. 우리는 아이들의 눈을 들여다보며 이렇게 말할 수 있어야 합니다. '애야, 다 잘될 거란다.'"

프로그램 후반부에, 청바지와 보라색 선글라스 차림의 보노Bono*가 첫 노래를 부르며 뒷 부분에서는 그날의 스타를 향해 예를 바쳤다. 그가 VIP석의 대통령 당선자를 보며 이렇게 말했다. "자랑스럽군요. 아일랜드 아이 넷이 미국의 새로운 대통령, 오바마를 축하하기 위해 더블린 북부에서 날아왔습니다." 정치계의 록 스타 버락이 턱을 치켜올린 채 '진짜' 록 스타를 바라보았다 보노가 말을 이어갔다. "오늘 행사의 일부가 되길 바라며 이 노래를 골랐습니다."

오바마가 활짝 웃으며 고개를 끄덕였다.

보노는 '화려한 불빛의 도시City of Blinding Lights'를 연주하면서 조에게도 연호를 보냈다. 가사를 일부 바꿔 부르기도 했다. 보노가 장갑 낀 손으로 부통령 당선자의 자리를 가리킬 때 그의 귀걸이가 햇살에 반짝였다. "조 바이든!" 그 소리에 조는 짐짓 점잖

* Bono: 4인조 아일랜드 그룹 U2의 리드보컬

을 뺐으나 대신 질이 환한 미소로 화답했다.

보노가 연주하는 동안 오바마는 무대 위에 오를 준비를 했다. 몇 마디 논평을 하기 위해서였다. 선거사무장 데이비드 플루프가 VIP석, 당선자 뒤에 앉아있었다. 늘 당선자의 심경을 살폈지만 그날은 유독 오바마의 심경이 복잡해 보였다.

"대통령 당선자는 무대 뒤쪽 에이브러햄 링컨의 조각상을 내내 바라보더군요. 미국 최초의 아프리카계 대통령이 위대한 해방자 링컨을 조용히 바라본 겁니다. 해방자를 기리기 위해 만든 기념관 계단을 오르기 전이었죠. 그 모습에 숨을 쉴 수가 없더군요."

플루프는 후일 오바마에게 그때 무슨 생각을 했는지 물었다. 오바마는 링컨이 맞닥뜨린 시련에 대해 생각했다고 대답했다. 대통령이라는 지위에 덧씌워진 역사적 무게를 가늠해보았다는 뜻이다.

"역사적으로야 늘 파고가 거칠었죠. 물론 우리가 맞닥뜨린 시련이 더 컸겠지만, 그마저도 링컨이 북군을 구하지 않았으면 불가능했을 겁니다." 그가 플루프에게 말했다.

이틀 후면 그토록 원했던 대통령 집무실의 전용 데스크를 차지한다. 그럼 그 무게가 온전히 양 어깨를 짓누를 것이다. 그가 플루프에게 실토했다. "링컨 영감에게 부디 지혜와 판단력 그리고 인내를 내려달라고 부탁했어요."

보노가 무대를 떠나고 스피커에서 여성의 목소리가 흘러나왔다. "숙녀, 신사 여러분, 미합중국의 버락 오바마 대통령이십니다." 환호와 휘파람 사이로 오바마가 연단을 향해 성큼성큼 걸어갔다. 워싱턴 기념관으로 향하는 내내 풀 양쪽에서 사람들이 손을 내밀었다. 그는 이따금 멈춰 서서 손을 흔들고 시선을 교환했다. 오바마가 군중을 향해 외쳤다. "헬로, 아메리카!"

다음 날, 1월 19일 월요일은 취임 전날로 오바마와 바이든 가족은 조금 더 가까워졌다. 미셸 오바마와 질 바이든이 함께 일을 시작했다. 군인가족을 기리는 일로, 이는 후일 두 사람을 위한 주요 행사로 굳어진다.

월요일 아침, 오바마의 두 딸과 바이든의 손녀들이 이미 가까운 친구인 미셸과 질을 따라 버라이즌 센터*의 소년소녀 취임 콘서트에 합류했다. 콘서트는 1만 4,000여 명이 참석한 가운데 군인가족들도 4,000명이 초청되었다. 무대에는 마일리 사이러스, 조너스 브라더스, 바우와우가 등장했다. 조너스 브라더스가 무대를 장악하면서 공연은 바야흐로 절정에 이르렀다. 밴드가 함께 무대에 오르기 전, 사샤와 말리아, 바이든의 손녀들이 자기 자리에서 춤을 추고 있었다.

버락과 조, 그 창대한 브로맨스의 시작

버락과 조가 공식적으로 백악관 팀이 되기까지 불과 하루가 남았다. 바이든의 수다 경향에 대한 '쑥덕공론'도 오래전에 가라앉았건만 결국 사고가 터졌다. 바이든과 질은 케네디센터에 가서 〈오프라 윈프리 쇼Oprah Winfrey Show〉 취임 특별 프로그램을 녹화할 때였다. 이번 실수는 과거와 다른 영역이었다. 러닝메이트

---

* Verizon Center: 1997년 12월 2일에 개장한
  종합경기장. 워싱턴 소재

바이든과 오바마

제안을 받았을 때 조는 집에 돌아가 질과 그 문제로 대화를 나누었다.

"질이 흥미로운 관점을 얘기했죠. '가족을 위해서도 좋은 일 같아요'라고 말한 겁니다."

오프라가 질을 보며 물었다. "왜 가족을 위해 좋다고 대답했죠?"

"내 생각엔…" 질이 말을 하다가 다른 곳으로 새고 말았다. "조한테는 국무장관 아니면 부통령이 될 선택권이 있었죠. 그래서 말한 거예요. 조…"

그때 관중의 웃음 폭탄에 그녀가 놀라 말을 멈추었다.

몇몇 귀빈들로서는 난감한 순간이 아닐 수 없었다. 질은 별 생각 없었겠지만 아무튼 힐러리가 국무장관으로서도 최우선 지명이 아니었다는 의미가 아닌가? 힐러리 입장에서는 모욕적인 발언이 아닐 수 없었다.

질은 자신의 실수를 깨닫고 어깨를 으쓱였다.

"어…, 그래요. 사실은 사실이니까."

조는 스포츠맨답게 내내 싱글벙글거리다가 '이런, 딱 걸렸군.' 하는 심정으로 인상을 찌푸렸다.

오프라는 부통령 당선자에게서 대답을 구했다. "조?"

조의 미소는 이미 얼어붙은 터였다. 이럴 때는 입을 다무는 게 상책이다.

오프라가 재촉했다. "조?"

조는 대답 대신 한 팔로 질을 감쌌다. "괜찮아"라고 말하는 듯 보였다.

오프라는 조가 인정한 것으로 여기기로 했다. "예, 좋아요. 좋습니다."

관객들이 환호를 보내며 질을 응원했다.

조가 질을 보며 손짓을 해보였다. "괜찮으니 계속 얘기해요."

그래서 질은 국무장관이 아니라 부통령을 선택한 게 왜 가족을 위해 좋은지 설명했다. "그래서 그랬죠. '조, 국무장관이 되면 멀리 나가야 하고 우린 만날 수가 없게 되잖아요. 가끔 만찬회에서나 만날까?'" 부통령이 된다면 가족과 함께 있을 수도 있고, 조의 모험에도 참여할 수 있었다. "우리한테 중요한 문제거든요."

버락 오바마가 바야흐로 역사의 주인공이 되려는 순간마저도 바이든 팀은 가족의 말실수까지 막기 위해 진땀을 흘려야 했다.

취임식 당일 이른 아침 7시경, 후임 언론담당 비서관 로버트 깁스가 CBS의 〈얼리쇼The Early Show〉에 출연했을 때 앵커 해리 스미스가 단도직입적으로 그 문제를 파고들었다.

"지난 스물네 시간의 뉴스는 대부분 〈오프라 윈프리 쇼〉 사건을 다루었죠." 그가 당시의 영상을 조금 틀어주었다. "자, 로버트 깁스, 이야기 속의 진짜 이야기는 뭐죠?"

깁스가 대답했다. "음, 아시다시피, 당시 오바마와 바이든이 만나 바이든 의원에게 가장 적합한 직책이 뭔지 상의했죠. 하지만 선거에 이기려면 바이든이 미합중국 부통령이어야 한다는 게 오바마 의원의 생각이었어요. 오바마가 제안한 직책도 부통령이고, 바이든이 수락해 오늘날 오바마 대통령과 수행할 직책도 물론 부통령입니다."

NBC의 〈투데이쇼〉에서 메러디스 비에이라Meredith Vieira는 후임 행정부의 대답을 은폐조작의 첫 번째 사례로 규정하려 들었다. "우리 솔직해지자고요, 로버트. 솔직한 말로 여러분 선거캠프에서 툭 하면 사용한 개념 아닌가요? 어제 〈오프라〉를 봤어요. 적어도 질 바이든은 솔직하더군요." 남편이 국무장관 직을 제안받았을 때 운운한 얘기를 거론한 것이다. "사실, 질은 그 말을 반복했어요. 그런데 선거캠프에서는 부통령직만 제안했다고 억지를 쓰는군요. 단도직입적으로 묻죠. 국무장관 역시 힐러리 클린턴은 차선책이었죠?"

깁스는 짧게 대답했다 "아뇨." 그는 지난번에 한 얘기를 단어 하나 바꾸지 않고 그대로 들려주었다. 오바마 임기 중 대부분의 실수가 그렇듯, 질의 실수도 정책, 국가안보, 정보 분야에서 보면 아무 의미가 없었다.

어떤 식으로도 영향을 미치지 못했다는 뜻이지만, 그렇다해도 힐러리 클린턴에게는 당혹스러운 일이었으리라. 신임 행정부가 절대 밝히고 싶지 않은 얘기가 아닌가. 차라리 솔직하게 털어놓았던들 별 무리 없이 소문을 가라앉히고 매체의 흥미를 끊었을 수도 있었다. 하지만 오바마 참모진은 내내 애매하고 불투명한 태도를 고수했다.

불편한 질문마다 이따금 무해한 질문임에도 단단히 무장하고 매체의 입을 막는 방식을 택한 것이다. 그럴수록 언론들은 악취가 난다고 단정하고 물고 늘어졌다. 대단한 폭로를 기대한 것도 아니건만, 행여 가십거리라도 건질까 혈안이 된 것이다.

취임식을 몇 시간 앞두고 버락과 조와 언론은 일정한 패턴을 만들어내고 있었다. 기자들의 무신경한 패거리 정신이 곤혹스럽기는 해도 오바마–바이든 관계에 대해서라면 어느 정도 이점도 있었다. TV, 신문, 온라인 기자들이 바이든의 말실수를 과잉 재생산하는 과정이 오히려 역설적으로 파트너십에 대한 대중의 인식을 긍정적으로 돌리는 데 이바지한 것이다. 상황이 심각하든 가볍든, 언론은 버락과 조의 매혹적인 이미지를 앞다투어 전파했으며, 두 사람의 관계를 팝 컬처의 이미지, 즉 '브로맨스'로 바꿔 놓았다.

백악관은 '브로맨스' 개념에 개입하지 않았다고 주장했다. 하지만 일단 대중이 두 남자의 상호작용을 매혹적이라고 인지한 이상, 백악관이 나서서 버락과 조가 함께한 사진들을 굳이 방출하지 않을 이유는 없었다.

"당연히 우리도 생각은 했겠죠. '그래, 파트너십의 서사를 키우는 데는 사진이 제일 좋겠어.'" 소통위원회 부국장 리즈 앨런Liz Allen은 그 점을 인정하면서도 책임은 회피했다. "그래도 우리가 앞장선 적은 없어요. 백악관이 아니라 주류 언론사들의 작품이었죠."

8장

백악관의 신혼 게임

신혼부부란 으레 그런 법이다. 더욱이
벼락과 조는 사람들의 주목을 받고,
또 철저한 감시 아래 놓인 사람들이
아닌가. 다우드의 헤드라인이
지적하듯, 두 사람은 일종의 '백악관의
신혼 게임'에 들어갔다. 기자들은 신임
대통령과 부통령의 알력을 뻥튀기며
상황을 더 꼬이게 만들었다.

대통령 취임식의 뜻하지 않은 실수

마틴 루터 킹 주니어가 살아서 2009년 1월 20일 버락 오바마의 취임식을 보았다면, 그해 여든이 되었을 테니 역사적인 취임식 며칠 전에 생일을 맞았을 것이다. 어쨌든 킹은 정령으로 참여했고, 그의 유산은 오랜 세월 시민권 운동에 헌신한 병사의 어깨에서 찬란한 빛을 발했다. 시민권을 위해 평생을 싸우다 두들겨 맞고 피를 흘린 인물 존 루이스, 그도 조지아 하원의원 자격으로 플랫폼에 자리를 잡았다. 어느새 열한 번째 임기를 수행 중이었다.

오바마는 의사당에서 나와 VIP 석을 지나가다 잠시 멈춰 루이스를 끌어안았다. 두 남자는 짧게 밀담을 나누었다. 루이스는 대통령 당선을 축하하고 오바마는 루이스에게 기도해줄 것을 부탁했다. "당연히 기도하겠습니다, 대통령 각하. 뭐든 돕겠습니다." 루이스의 대답이었다.

자기 자리로 향하는 도중 오바마는 친구들과 지지자들에게 인사했다. 내셔널몰*에 모인 수십만 명의 환호가 천지를 뒤흔들었다. 오바마에게는 오늘에 이르기까지의 세월이 너무 벅차 감당하기가 어려웠다. 〈뉴요커〉의 데이비드 렘닉에게도 당시의 심정을 토로한 바 있다.

"그러니까… 유체가 이탈하면 기분이 그럴까요?" 그날을

---

* National Mall: 미국 수도인 워싱턴 D.C.에 위치한 국립공원. 링컨 기념관과 미국 국회의사당이 그 근처에 있다.

위해 싸워온 사람들이라면 대부분 그런 심정이었으리라. "이번 행사는 결코 나와 내 성취에 대한 보답이 될 수 없었어요. 그보다 미국을 축하하는 자리였죠. 마침내, 드디어 여기까지 왔잖아요?"

1월의 쾌청한 하루, 두터운 외투에 머플러, 스키모자까지 완전무장 했지만 몸이 저절로 움츠러들 정도로 추웠다. 플랫폼에는 지미 카터, 조지 H. W. 부시, 빌 클린턴, 아버지 조지 W. 부시 등 전직 대통령들을 비롯해 귀빈들이 자리를 잡았다. 그중에는 딕 체니도 휠체어에 앉아있었다. 그의 집무실에서 그가 상자를 옮기다가 등을 다쳤다는 보도자료를 내보낸 바 있었다.

체니가 휠체어에 앉은 채 취임식장으로 이동하는 모습이 방송으로 나가자, 한 시청자가 다음날 NPR의 〈미국의 대화 The Talk of the Nation〉에 전화해, 프랭크 카프라Frank Capra의 영화 〈멋진 인생 It's a Wonderful Life〉에 나오는 미스터 포터Mr. Potter와 전임 부통령을 비교했다. "휠체어의 딕 체니는 지난 수십 년간 보아온 라이어넬 배리모어* 중 단연 최고였습니다."

체니의 이미지는 후임 부통령에게도 홍보의 호재였다. 조 바이든은 특유의 붙임성 때문에라도 선임과 크게 대비되었다. 그는 나름대로 국가 지도자들의 품격에 대한 갈망을 불러일으켰다. 아마도 그 시작이 대통령과 부통령 간의 솔직함과 우호였을 것이다.

미국 해병악대, 어린이 합창단, 기원 등 약간의 허례와 의식이 끝나고 아레사 프랭클린Aretha Franklin이 〈내 조국, 그대에게 바치리My Country, 'Tis of Thee〉로 조국을 향한 사랑을 노래했다. 아레사는 회색 펠트모자를 썼는데 모자 위의 거대한 활 장식에 스와

---

* Lionel Barrymore: 영화배우 겸 감독. 골반 부상과 관절염 때문에 휠체어에 의존하면서도 프랭크 카프라의 〈멋진 인생〉(1946)에 출연, 고리대금업자 포터 역을 훌륭하게 소화해냈다.

로브스키 수정이 줄줄이 박혀 반짝거렸다.

정오 직전 오바마가 일어나 존 로버츠 수석재판관에게 다가갔다. 검은 법복 차림의 존은 경건했지만 경직된 표정이었다. 오바마 당선인은 아내 미셸을 대동하고, 검붉은 벨벳 표지의 성경에 손을 얹었다. 아주 아주 오래전 에이브러햄 링컨이 들고 다녔던 바로 그 성경책이다.

"서약 준비가 되었습니까, 의원님?" 수석재판관 로버츠가 물었다.

"예, 됐습니다."

"나, 버락 후세인 오바마는…" 로버츠가 먼저 취임선서문을 읽기 시작했다.

하지만 로버츠가 "경건한 마음으로 맹세하오니"를 마저 끝내기도 전에 오바마가 성급하게 끼어들었다. "나, 버락…"

오바마는 너무 서둘렀음을 깨닫고 다시 선서를 읊었다.

"나, 버락 후세인 오바마는, 경건한 마음으로 맹세하오니."

이제 실수는 로버츠의 몫으로 돌아갔다. 수석재판관이 읊었다. "성실하게 미합중국 대통령의 직무를 수행할 것입니다."

오바마도 따라 하다가 단어 순서가 잘못되었음을 깨닫고 멈추었다. "성실하게 미합중국…" 그가 "다시 하세요"라고 말하듯 로버츠를 향해 고개를 끄덕여주었다.

로버츠는 '성실하게'를 원래 있어야 할 자리로 옮겨 다시 서약을 읽어 내려갔다. 로버츠가 단어에 강세를 주자 오바마도 미소를 지었다. "미합중국 대통령의 직무를 성실하게 수행할 것입니다."

그러나 오바마는 이전의 잘못된 문장을 따라 하고 말았다. "성실하게 미합중국 대통령의 직무를 수행할 것입니다."

로버츠는 오바마의 실수를 무시하고 계속 이어갔다. "또한 내 능력이 닿는 한…"

오바마가 반복했다. "또한 내 능력이 닿는 한…"

로버츠, "미합중국의 헌법을 지지하고 보존하고 수호하겠습니다."

오바마, "미합중국의 헌법을 지지하고 보존하고 수호하겠습니다."

"그러니 주께서 도와주시겠죠?" 로버츠가 물었다.

"그러하오니 주께서 저를 도우소서."

그리하여 버락 오바마는 공식적으로 미합중국의 대통령이 되었다.

문제는 두 사람이 취임선서를 훼손했다는 것이다. '성실하게'의 문제는 일각의 우려를 자아냈다. 취임선서에 오류가 있으면 오바마의 합법성에 시비를 걸 가능성이 있었다. 〈투나잇쇼〉의 제이 레노Jay Leno가 포문을 열었다. "오늘 공식 취임식 날 DVD를 가지고 나온다고 발표를 했었죠? 그런데 한 번 보시죠? 수석재판관 존 로버츠의 대실수를 포함해 DVD에 특별한 얘기가 많이 들어 있네요."

기자들이 말실수에 매달렸지만 이번에는 바이든이 아니라 오바마 쪽이었다. CNN의 고참 백악관 특파원 에드 헨리Ed Henry 는 시청자들에게 자신이 어떤 식으로 스파이로 변장해 오바마 행정부의 첫날 이야기를 냄새 맡았는지 설명했다. 수석재판관 로버츠가 재차 대통령의 취임선서를 주관하기 위해 백악관을 찾았다.

사실 지극히도 부차적인 이야기였으나, 헨리는 온갖 잡설을 섞어가며 보도를 단계별로 끌고 나갔다. 우선, 백악관에서 뭔가를 엿들었고 여기저기 전화도 해댔다. 그리하여 백악관 고문 그레그 크레이그Greg Craig가 문제의 소지는 없지만 수석재판관 로버츠가 다시 취임선서를 주재할 필요가 있다고 생각한다고 못을 박았다. 이번 선서는 조심에 또 조심을 더해야 하리라.

로버츠는 취임선서를 주관하기 위해 검은 법복 차림으로 백악관을 찾았다. 〈워싱턴포스트〉에 따르면, "골프에서는 이를 멀리건*이라 부른다." 오히려 오바마는 농담을 할 정도로 느긋했다. 그가 주변 사람들에게 말했다. 처음 할 때도 재미있었는데 다시 못할 이유가 어디 있습니까? 로버츠가 선서할 준비가 되었는지 물었을 때도 이렇게 대답했다. "예, 그럼요. 이번에는 아주아주 천천히 가죠."

백악관에는 벤저민 라트로브**의 초상화가 걸려있다. 의식은 그 아래서 25초 동안 거행되었다. 이번에는 성서도 없고 오바마가 오른손을 들지도 않았지만 대사만큼은 완벽했다. 구경꾼들 몇 명이 참석하고 대표 취재기자가 짧은 암송과정만을 녹음했다. 귀빈들을 줄 세우지도 않고 내셔널몰의 시민들도 당연히 없었다.

취임선서를 마무리한 후 로버츠가 미소를 지으며 말했다. "다시 한 번 축하합니다."

---

* Mulligan: 1차 시도가 안 좋을 경우, 두 번째 시도를 할 수 있다.

** Benjamin Latrobe: 의사당을 건축한 건축가이며 미국 건축의 아버지로 불린다.

출발부터 삐걱거린 불안한 파트너십

권력을 물려받은 날 온 세상이 하찮은 실수만 물고 늘어졌다. 그 바람에 오바마도 발끈했건만 부통령은 아예 불난 데 부채질을 해댔다. 제2차 대통령 취임선서 이전, 선서 문제로 곤혹을 치른 것이다. 아이젠하워 행정부 건물 450호, 백악관 고참 참모들이 있는 자리에서의 일이었다. 진지하게 치러야 할 행사이건만 그날 조는 다소 흥분한 상태였다.

오바마 대통령은 성조기 앞 연단에 서서 몇 마디 하는 것으로 공식일정을 시작했다. 짙은 색의 빳빳한 정장, 반짝이는 흰색 셔츠, 청색 타이… 업무 첫날부터 강한 인상을 남기려는 사람 같았다.

그는 나라를 위한 의무에 대해 고양된 말투로 얘기했다. "과거 공직생활을 했던 사람들에게 이런 순간은 얼마든지 일어날 수 있습니다." 참모들에게 말하는 목소리도 진지했다. 그가 핵심을 강조하듯 주먹까지 가볍게 흔들어보였다. "국민은 이제 정말로 우리한테 의지합니다." 그가 등 뒤의 부통령을 돌아보며 물었다. "조, 취임선서 하시겠어요?"

대통령이 물러나고 조가 앞으로 나섰다.

"저도 두 번 해야 하나요?"

바이든은 수석재판관 로버츠를 상대로 농담을 던졌으나 대통령은 장단을 맞춰주지 않았다. 조가 상황판단을 못하고 있다고 본 것이다.

"고위 관료답게." 오바마는 웃지 않았다. 다소 긴장한 표정이었다.

"고위 관료답게." 바이든이 반복했다. 다만 대통령과 조금 더 놀아볼 심산이었던지 결국 한마디 내뱉고 말았다. "전 로버츠 판사만큼 기억력이 좋지 않습니다."

말실수로 종종 구설수에 휘말린 터라 조에게도 농담할 기회가 많지는 않았다. 나름 좋은 기회라 여겼던지 기어이 다른 사람을 조롱하고 만 것이다. 참모진들은 그에 반응했다. 한쪽에서는 한바탕 웃음이 터지고 일부는 숨을 삼켰다. "오오오!"

오바마는 고개를 저으며 앞으로 나가 부통령의 팔꿈치를 건드렸다. 이를테면, 장난하지 말고 어서 끝내자는 뜻이다.

케이블뉴스 기자들이 '기회는 찬스다' 하며 물고 늘어졌다. 바이든은 수석재판관의 실수를 농담으로 받았을 뿐이건만 방송 매체는 그 농담을 조의 첫 번째 공식 말실수로 만들어버렸다. 더불어 임기 시작부터 대통령과의 알력을 드러낸 셈이 되고 말았다. CNN은 〈앤더슨 쿠퍼의 360°〉에서 영상을 내보내며, 백악관 특파원 에드 헨리의 설명을 덧붙였다. "대통령의 제스처를 보세요. 별로 유쾌해 보이지는 않죠?"

오바마–바이든 파트너십의 출발이 어딘가 불안해 보였다. 조는 부통령의 역할을 위해 아직도 본능과 싸우는 수준이었다. 2주 후, 버지니아, 윌리엄스버그의 산장에 갔을 때 경제 회복을 위한 고된 싸움에 대해 솔직하게 토로했다. "아무리 제대로 한다 해도, 또 아무리 확신을 갖고 일한다 해도… 여전히 잘못될 가능성이 30% 정도는 됩니다."

조는 평소처럼 있는 그대로의 모습을 보여주고 싶었다. 다만 유감스럽게도 이런 식의 직설은 백악관이 선호하는 방향과 거리가 있었다. 기자들이 대통령의 첫 기자회견에서 그 언급에 대해 물었을 때도 오바마는 부통령을 살짝 조롱하는 모습을 보였다.

"조가 왜 그랬는지 누가 알겠습니까, 안 그래요?" 그 말에 장내는 웃음바다가 되었다. "하긴 언제는 안 그랬나요?" 다시 웃음바다. 조는 조롱거리가 되고 말았다.

오바마는 학자 출신답게 행정부의 전망을 분명하게 정리하고자 했다. 미국 경제에 드리운 잠재적, 재정적, 경제적 참사를 막으려면 사태 파악부터 해야 한다.

"내가 보기에 조가 하고 싶었던 얘기는… 현 시점의 엄청난 시련을 감안했을 때, 우리가 아무리 잘해도 그 하나하나가 일거에 모든 문제를 해결하지는 못한다는 뜻 같아요. 기껏 한 걸음 다가선 것뿐입니다. … 당연한 얘기지만 계획대로 정확히 맞아 떨어지는 일은 어디에도 없습니다. 아시다시피 전례 없는 위기상황이니까요."

그는 해야 할 일들을 대략 정리했다. 당장 경기부양책을 가동하되 접근 방식도 점검이 필요하다. 감세, 부실기관에 대한 투자, 모두가 마찬가지다.

"하지만 아무리 제대로 해나간다 해도… 금융제도를 손보는 문제가 남아요. 은행들이 여신업무를 재개하도록 해야 됩니다. 주택문제도 해결하고, 규제구조가 제대로 작동하고 있는지도 확인해야 해요. 금융제도를 손보지 않으면 위기는 언제든 다시 일어나고 맙니다."

대체로 조가 평가한 문제점들이지만, 조 특유의 언론 자극성 발언 대신, 오바마는 특유의 정교하고 진지한 방식으로 풀어냈다.

대중 앞에서 대통령이 비아냥거리는 통에 사람 좋은 부통령도 상처를 받았다. 오바마도 측근을 통해 사과했다. 무례할 생각은 없었다고 했지만 상처는 곪고 곪았다. 결국 매주 함께하는 조찬 중 조가 그 문제를 거론했다. 자신도 말조심을 할 필요를 인정했지만 대통령은 물론 참모진들로부터 조롱 받고 싶지 않다는 말도 덧붙였다. 버락과 오바마는 점심 식사에서 진솔한 대화를 통해 서로의 상처를 봉합했다.

버락과 조의 화해와 별개로, 대통령이 부통령을 조롱했다는 점에서 백악관 파트너십에 대해 조심스러운 우려가 나올 수밖에 없었다. 〈폭스 뉴스〉는 웹사이트 헤드라인으로 비명을 질렀다. "오바마가 바이든을 내동댕이쳤다고?" 기사는 이렇게 시작했다. "개와 고양이… 아니면 물과 기름?"

〈크리스천 사이언스 모니터Christian Science Monitor〉의 작가 지미 오어Jimmy Orr는 버락의 무례에 충격을 드러냈다. "이런, 동료를 이렇게 취급해도 됩니까?" 〈뉴욕타임스〉의 모린 다우드Maureen Dowd는 오바마 비난 대열에 합류했다. "바이든의 발언에 다소 문제가 있을지 모르지만 그렇게 정직한 인물이 또 어디 있겠는가?" 버락의 발언에서도 어느 정도의 절제를 엿볼 수 있었지만 정중함의 대명사 격인 오바마의 발언이라는 점에서 백악관을 흔들 수밖에 없었다.

"신임 대통령은 품위가 있고 누구보다 예의가 바르다. 심지어 적에게까지 공손한 사람이기에 조금만 실수해도 크게 부각될 수밖에 없다. '언제는 안 그랬나요?'라고? 대통령은 언제나 안 그래야 한다." 다우드는 그렇게 썼다.

신혼부부란 으레 그런 법이다. 더욱이 버락과 조는 사람들의 주목을 받고, 또 철저한 감시 아래 놓인 사람들이 아닌가. 당연히 서로 간의 마찰을 버려야 할 일이 많을 것이다. 다우드의 헤드라인이 지적하듯, 두 사람은 일종의 '백악관의 신혼 게임'에 들어갔다. 기자들은 신임 대통령과 부통령의 알력을 뻥튀기며 상황을 더 꼬이게 만들었다.

다우드는 오바마에게 '바이든에게 실망한 아버지 이미지'를 입히려 들었다. 하지만 한편으로는 '두 거물이 잘 지낸다'고 주장하는 내부자들에게 이렇게 말하기도 했다. 오바마가 바이든의 진솔한 조언을 인정하고 토론에서 배제되지 않아 자신도 기뻐하고 있다고.

다우드가 보기에 두 커플에게는 불균형이 존재했다. 바이든이 아무리 자유분방하다 해도 대통령을 의도적으로 경시하는 일은 없을 것이다. 역으로 바이든에 대한 대통령의 신의는 다소 불분명했다. "고도의 초자아를 지닌 사람이 바이든 식의 괴팍한 이드본능적인 욕구와 어울리기 쉽지 않을 것이다. 절제력이 강한 사람이 절제력이 약한 사람과 결합하는 일도 그렇고, 감수성 빵점인 사람이 감수성이 철철 넘치는 사람과 맺어지는 것 역시 마찬가지다." 다우드의 평가였다.

조는 다소의 약점에도 불구하고 분명 소중한 파트너였다.

특히 복잡다단한 정치계에서는 더욱 그렇다. 다우드는 칼럼에서 대통령에게 조언했다. "조의 충정은 가치가 크다. 대통령도 그 가치에 보답해야 한다. 자신의 부하를 '잘못된 만남'이라는 기사로 팔아넘기지 않기를 바란다."

경기 부양 계획의 수장 바이든

언론이 억측에 몰두하는 동안 오바마는 즉시 불화의 소문은 오해라며 확고한 메시지를 전달했다. 자신과 부통령이 다툴 여가 따위는 없었다. 두 사람이 백악관에 입성한 것은 미국 금융제도가 붕괴하던 즈음이었다. 국가는 대공황 이후 최대 위기 속에서 허우적거렸다. 경제가 벼랑 너머 곤두박질치지 않으려면 무엇이 됐든 당장 조치를 취해야 했다. 버락과 조 사이의 문제가 뭐든 재앙을 막지 못했을 때 떠안아야 할 책임에 비하면 사소하기 그지없었다.

오바마가 바이든에게 의지하지 않는지는 몰라도, 혹은 경제회복을 향한 바이든의 능력과 추진력을 의심할지 몰라도, 적어도 겉으로 티를 내지는 않았다. 2월 24일, 취임 후 1개월밖에 되지 않았을 때 대통령은 양원합동 회의에 나가 경제 위기를 막을 방안을 대략적으로 밝혔다.

"우리는 재건하고, 회복할 것입니다. 그리하여 미합중국은 그 어느 때보다 강국으로 거듭날 것입니다."

앞 옆 중앙 바로 오른쪽에 신임 국무장관 힐러리 클린턴이 앉아 있었다. 클린턴은 대통령 각료들을 각자의 자리로 안내하며, 의원들 하나하나와 포옹을 나누었다. 다만 재무장관 티모시 가이트너Timothy Geithner한테만큼은 노골적으로 불만을 드러냈다. 가이트너도 클린턴한테 밀리지 않기 위해 애를 쓰던 참이다.

오바마가 연설을 시작할 때 〈앨버커키 저널Albuquerque Journal〉의 워싱턴 특파원, 마이클 콜맨Michael Coleman이 클린턴을 지켜보았다. 기자의 위치는 연단 바로 위, 의사당 기자석이었다. "클린턴은 오바마를 지켜보고 오바마는 몇 계단 떨어진 연단에서 연설 중이었다. 자신이 차지할 수도 있었던 자리… 그녀의 머릿속엔 어떤 생각이 오고 갔을까?"

오바마는 자신의 전략과 프로그램을 풀어냈다. 어떻게든 일자리를 창출하고 금융과 신용제도를 개선하며 교육을 업그레이드하고 의료시스템을 개혁하면서 국내 에너지 자원을 개발해야 했다.

마지막으로 이라크 전쟁 종식 문제도 있지만 구체적인 절차는 후일로 미루었다. 예산이 풍선처럼 불어나자 반대당이 웅성거리기 시작했다. 얼마 전 의회에서 통과한 경기부양 법안만으로도 7,870만 달러에 달하지 않았던가! 예산을 잘못 운용하거나 탕진할 위험이 너무나 컸다.

"이 정도 규모의 예산이라면 제대로 써야 할 책임감도 무거울 수밖에 없습니다. 바이든 부통령에게 전례 없이 가혹한 감독 임무를 부탁한 이유도 그래서입니다. 아무도 바이든에게 걸리고 싶지 않겠죠?" 오바마가 선언했다.

버락은 잠시 연설을 끊고 조를 향해 미소를 짓고 엄지를 세워 보였다. 조는 오바마의 등 뒤, 부통령의 공식 좌석에 앉아있었다. 의사당에서 박수갈채와 웃음소리가 터져 나왔다. 오바마는 기다렸다.

〈로스앤젤리스 타임스Los Angeles Times〉에서는 연설을 실시간으로 블로그에 올리면서 짧게 논평을 덧붙였다. "그야말로 '화기애매'한 순간이었다. 이거야 말로 억지생색이 아닌가. 어쨌거나 바이든은 개의치 않은 듯 보였고 군중은 행복해했다."

백악관 대변인 낸시 펠로시Nancy Pelosi가 자기 발치를 내려보다가 조를 돌아보며 박수를 보냈다. 오바마가 조를 돌아보며 큰소리로 물었다. "내 말이 맞죠?"

조는 활짝 웃으며 두 손을 들어 보였다. 말인즉슨, '예, 아마도요.' 정도겠다.

수백만의 시민이 일자리를 잃고 집과 예금을 빼앗겼다. 대출은 하늘의 별따기이건만 엎친 데 덮친 격으로 미래는 더욱 불안했다. 경기부양 자금은 막대했고 그만큼 목표도 거대했다. 단순히 경제 회복을 넘어 미국을 재건하자는 뜻이다.

"비전을 완수하기 위해 돈을 트럭으로 쏟아 붓는 것, 그게 바로 오바마의 한방이었다. 화석연료 의존도와 탄소 배출량을 줄이고, 보건과 교육을 현대화하고 세법을 개선하는 데다 정부 기관을 보다 효율적으로 정비해 21세기의 실질적이고 경쟁력 있는 경제를 일으켜 세우겠다는, 소위 오바마 법안의 착수금인 셈이다." 마이클 그룬왈드Michael Grunwald는 이렇게 평가했다.

경기부양 계획은 의외의 소득도 있었다. 공화당의 격렬한 반발을 자극한 것이다. 그 바람에 공화당은 국가이익보다 당에 대한 충성심을 중시하는 꼴이 되었으니 그야말로 '당 기능 장애 증후군'이 따로 없었다.

오하이오의 공화당 상원의원 조지 보이노비치George V. Voi-novich가 오바마를 향한 공화당의 접근방식을 이렇게 요약했다. "오바마가 찬성하면 우린 무조건 반대했다."

오바마를 광적으로 반대하느라 공화당원들은 성공의 징후들까지 무조건 평가 절하했다. 설상가상으로 오바마와 바이든, 백악관 팀 전체는 국민과 교묘한 역학에도 맞서야 했다.

예를 들어 중증 우울증처럼, 실제로 발생하지 않은 가치는 사람들에게 쉽사리 먹혀들지 않았다. 바이든의 수석 경제 고문 자레드 번스타인Jared Bernstein의 말처럼 "'우리가 아니었다면 훨씬 더 어려웠을 것이다.' 같은 구호는 무의미하다."

막중한 임무와 싸우는 동안 바이든에게는 어머니의 조언이 힘이 되었다. 그가 펜실베이니아의 스크랜턴에서 뛰어놀 때 해준 얘기들이다. 그룬왈드가 저서 《뉴뉴딜The New New Deal》에서 그 이야기를 들려주었다. 어린 조이가 다리를 다치거나 머리를 부딪치면 어머니는 그만한 게 얼마나 다행이냐고 위로해주었다. 자칫 다리가 부러지거나 두개골이 박살 났을 수도 있지 않는가.

"경기회복법의 백악관 척후병으로서 바이든은 어머니의 교훈을 재활용하는 기분이었다. 상황이 절망적이지 않아 그나마 다행이라고 설득하는 것이다." 그룬왈드의 부연 설명이었다. 바이든은 대규모 재난을 아무리 잘 저지해도 칭찬을 듣기 어렵다는 사실도 깨달았다. 최악의 위기가 물러가면 사람들은 이내 보다 현실적인 문제로 시선을 돌린다.

바이든도 노동자 계급 출신이다. 적어도 백만장자 정치인 클럽 회원은 아니었다. 경제위기로 고통 받는 서민의 심정을 헤아릴 줄 안다는 뜻이다. 그는 고차원적인 재정 논쟁을 집어치우고, 일반인 수준에서 이해 가능한 언어로 논의할 것을 주장했다. 번스타인은 위기가 최고조에 달했을 당시의 바이든에 대해 이렇게 입을 열었다.

"브리핑을 하면, 늘 이런 식으로 비판을 했어요. '미안하지만 영어로 합시다, 경제어 말고.'" 번스타인도 바이든에게서 배운 바가 있었다. "우리가 사람들을 성인으로 대하고 상황 설명을 하고, 현재 어떤 지경에 처해 있는지, 어떻게 이 난관을 벗어날지에 대해 정직하고 일관된 언어로 얘기한다면, 그들도 함께하려 할 거라고요."

낙천주의자 조는 오바마의 지시를 충실한 사냥개처럼 받아들이고, 희망의 메시지를 부지런히 짖어댔다. "그래야 내 일이 흥미진진하죠." 조가 그룬왈드에게 말했다. 기자와는 초면이건만 그는 오랜 친구를 대하듯 어깨동무를 했다. "우리는 내일을 건설하는 중입니다!"

오바마가 의회 연설을 한 다음 날, 조는 아침 토크쇼에 출연했다. 자신의 계획을 설계하는 모습이 마치 실세처럼 보였다. CBS의 〈얼리쇼The Early Show〉에서는 공동 앵커 매기 로드리게스Maggie Rodriguez에게도 그렇게 얘기했다. 각료회의를 열면 각 부서장들이 대통령의 목표를 이루기 위해 제대로 일을 하는지, 자원을 어떤 식으로 활용하는지 확인하곤 한다. 주지사와 시장은 물론 산업 및 기업 지도자들과도 만날 계획이다.

"우리는 돈을 쫓을 겁니다. 이건 원칙의 문제라서 제대로 해야 합니다. 예, 제대로 할 겁니다." 조가 큰소리를 쳤다. 조는 보안관이기도 했다. 그는 일은 투명하게 처리하고 부정은 뿌리 뽑겠다고 경고했다. "돈을 계획대로 쓰이지 않을 경우… 예를 들어 주지사들이 돈을 받아 일자리 창출이 아니라 불황대비 펀드에 쏟아 붓는다면, 반드시 찾아내 그 사실을 공개할 것입니다."

경기부흥 프로젝트의 수장, 조 바이든은 자신만만했다. 그의 활동에 오바마도 흡족해했다. 두 사람의 관계에서도 사소한 알력은 거의 보이지 않았다. "두 사람은 상대를 믿었기에 서로의 일에 개입하지 않았다." 리즈 앨런의 말이다. 앨런은 오바마와 바이든 양쪽의 참모진으로 일한 바 있다.

특종 경쟁을 빙자한 쓰레기 기사가 쏟아지고

3월 21일 토요일 저녁, C-SPAN*의 카메라가 워싱턴의 르네상스 호텔 내부에 설치되어 정계 관계자들의 입장을 감시했다. 다들 타이에 이브닝가운 차림으로 에스컬레이터로 향해 걸어갔다. 카메라를 신경 쓰는 귀빈은 한 명도 없었다.

오바마 대통령의 오만한 수석 참모 람 이매뉴얼은 손짓까지 해가며 활기차게 잡담 중이었다. 연방준비이사회 의장 벤 버냉키Ben Bernanke도 심각한 표정으로 성큼성큼 걸어 들어왔는데, 그 모습이 마치 재정 위기 극복을 위한 전국 베스트 드레서 선출

---

* Cable-Satellite Public Affairs Network: 케이블
  텔레비전 네트워크로 정부 활동과 공공 이슈를
  24시간 다룬다.

대회에 지각이라도 한 사람 같았다.

에스컬레이터 꼭대기에는 조지 W. 부시 대통령의 언론담당비서 출신의 다나 페리노Dana Perino가 지인을 포옹하고 있었다. 미네소타 상원의원 에이미 클로버샤Amy Klobuchar도 입장했다. 그녀는 미소 띤 얼굴로 동료의 안부를 물었다.

생각에 잠긴 듯 지나가는 사람은 스티븐 추Steven Chu, 노벨상 수상자이자 오바마의 에너지 담당비서였다. 전반적인 분위기가 마치 C-SPAN이 야생의 워싱턴에 자연 카메라를 설치해 정치 동물들의 행동을 지켜보는 듯했다.

각료, 상원의원, 주지사, 시장, TV 유명인 등 600명가량의 초특급 실세들이 호텔로 쏟아져 들어와 에스컬레이터 2층 아래로 사라졌다. 그곳 그랜드볼룸에서 그리다이언 클럽*의 연례 만찬회가 있을 예정이다.

이른바 언론 및 정치 단체에서 연출한 '풍자의 밤'이었다. 카메라가 허락되지 않은 곳이라, 국가 지도자들은 스스럼없이 농담을 하고 연기도 하며 한 접시에 300달러짜리 랍스터 판나코타를 즐겼다. 물론 밖에서는 수백만 시민이 경제 붕괴 문제로 전전긍긍하고 있었다.

그런데 유독 귀빈 한 명이 보이지 않았다. 미합중국 대통령, 오바마는 그날 밤 캠프 데이비드에서 가족과 함께 지냈다. 그리드리언 클럽이야말로 1885년 창설된, 가장 오래된 워싱턴 기자 조직이 아닌가! 회원들에게 대통령의 냉대가 달가울 리 없었다. 대통령이라면 누구나 취임 1년 내에 클럽의 연례만찬에 참석해 까맣게 타버린 고기 맛을 봐야 했다. 아, 그로버 클리블랜드Grover

* Gridiron Club: 중견 언론인 모임으로, 1885년부터 매년 3월이면 각계 인사들을 초청해 재담과 촌극 등으로 미국의 현안을 풍자한다.

Cleveland도 참석한 적이 없기는 했다. 평소에도 기자들의 입방아에 속이 탈 대로 탄 터라 굳이 이런 데까지 참석해 통구이 신세가될 생각은 추호도 없었던 것이다.

오바마가 왜 만찬을 피했는지에 대해 의견이 분분했다. 공식적인 이유라면, 딸의 봄방학 첫날이라 대통령의 메릴랜드 휴양지, 캠프 데이비드에서 가족이 함께 지내기로 선약이 되어 있었다. 어쩌면 이런 민감한 위기에 화려한 의상을 입고 고급요리를 즐기는 광경을 한심한 작태로 여겼을 수도 있었다. 아니면 브리튼의 〈텔레그래프Telegraph〉에서 간파했듯 "오바마는 시끌벅적한 사교파티나 수다, 시내 외출 따위와 어울리는 인물은 아니었다."

기자들은 애초에 오바마가 멀리 시카고에 가리라 생각했다. 하지만 대통령이 그다지 멀지 않은, 캠프 데이비드에 있다고하자 열이 받치기 시작했다. "대통령 기준으로 봐도 시외는 아니었다. 오바마가 중요한 행사라고 생각했다면 헬기로 불과 20분거리였다."

〈폴리티코〉의 보도는 그런 식이었다. "미셸이 그날 밤 가족휴가를 결정했다. 오바마가 아무리 대통령이라도 그 결정에 반기를 들지는 못했을 것이다." 그 주장은 백악관도 곧바로 부인했다. 〈워싱턴포스트〉의 댄 자크Dan Zak도 미셸 오바마 가설에 비아냥한 스푼을 더했다. 화장실 들어갈 때와 나올 때가 다른 사람, 백악관 입성을 위해 언론에 알랑거렸지만 지금은 그럴 이유가 없어졌다는 얘기였다. "전형적인 모습이다. 기자들에게 아부하다가 정작 당선되면 아내한테 돌아간다. 겁쟁이들."

오바마가 불참하자 클럽 회원들은 노골적으로 배신감을 드러냈다. 〈시카고 트리뷴〉의 칼럼니스트 클레어런스 페이지Clar-ence Page도 한마디 했다. "사람들의 실망감은 여느 때보다 컸다. 슬퍼하고 분노했다. 오바마는 임기 1년차에 만찬회에 참석하지 않는다는 게, 어떤 의미인지 이해하지 못했다. 이번 만찬은 흔하디 흔한 국빈 초빙 행사와 차원이 다르다."

이 모든 억측과 보도는 오바마가 그간의 얼빠진 기사들에 질리고 물렸다는 가설에 신빙성을 더해주었다. 만찬이 있던 바로 그 주 〈뉴욕타임스〉의 마크 리보비치가 미쳐 날뛰는 언론매체들을 집중 조명했다. 이슈와 상관없이 기자들은 특종 경쟁을 빙자해 쓰레기 기사들을 마구잡이로 토해냈다.

　　최근의 쓰레기 뉴스를 하나 보자. 〈폴리티코〉가 단연 선두였다. 〈폴리티코〉는 대통령 측근들이 언론담당 비서관 닉 샤피로 Nick Shapiro에게 초콜릿케이크와 '해피버스 데이' 노래를 선물했다는 보도를 내보냈다. 그 밖에도 백악관 홍보 비서관 젠 사키Jen Psaki의 약혼자가 요리를 해놓고 프러포즈를 했는데… 심지어 젠이 내내 파자마 차림이었다는 얘기까지 실었다.

　　〈월스트리트저널〉은 백악관 예산청장 피터 오재그Peter Orszag가 다이어트 코크 중독자라는 사실을 폭로하고, 〈워싱턴 이그재미너Washington Examiner〉는 수석보좌관 람 이매뉴얼이 ATM 앞에 서있는 모습을 지면에 실었다.

　　"새 행정부 사람들의 이야기, 사소한 일상에 대한 갈증은 늘 있었다. 백악관 기자단은 오늘도 눈에 불을 켜고 최신 뉴스를 찾아다니며, 진부하기 짝이 없는 이야기들을 그 잘난 '특종'으로 포장했다." 리보비치는 당시의 뉴스 공장이 어떻게 열일을 하는지 여실히 보여주었다. 그는 당시 CNN의 매체쇼 〈믿을 만한 소식통Reliable Sources〉에 출연해서도 〈타임스〉 보도를 하나도 빠짐없이 재탕했다.

사실 TV에 출연해 이미 신문매체에 보도된 내용을 되풀이하는 것으로 리보비치 역시 부지불식간에 쓰레기뉴스의 무한재생산에 기여한 셈이었다. 그는 이렇게 결론을 내렸다 "피터 오재그가 다이어트 코크를 즐긴다는 사실은 〈월스트리트저널〉에도 실렸다. 그것만으로도 오늘날 언론이 어디에 와 있는지 시사하는 바가 크다."

기자들은 오바마가 유세를 할 때도, 백악관에 입성한 후에도 불만이 많았다. 후보자나 대통령이 전통 매체를 기피하고, 시민들에게 직접 얘기하는 방식을 선호하기 때문이었다. 〈믿을 만한 소식통〉에서 사회자 하워드 커츠Howard Kurtz가 오바마와 매체와의 관계를 요약해주었다.

"버락 오바마가 취임하기 이전부터 우려는 있었다. 대통령이 디지털 채널을 이용해 유튜브 정치를 하면서 주류 언론을 엿먹일 수도 있지 않은가."

커츠가 보기에 언론의 소음만 점점 커졌을 뿐, 오바마가 언론을 무시한다는 우려는 전혀 근거가 없었다. "음… 완전히 헛발질이었죠." 오바마는 〈60분〉에 나가 당선 후 첫 인터뷰를 마쳤다. 그 후에도 주류 언론의 유명 앵커들과 여러 차례 수다를 떨었다. 〈뉴욕타임스〉, 〈워싱턴포스트〉는 물론, 칼럼니스트 연합, 지방신문기자, 히스패닉 기자, 흑인 기자들도 여러 차례 만났다.

〈60분〉에도 다시 등장할 예정이다.

〈믿을 만한 소식통〉이 나가고 이틀, 그라이디언 만찬 사흘 후, 오바마는 제2차 행정부 기자회견을 열었다. 클리블랜드 〈플레인 딜러Plain Dealer〉의 엘리자베스 설리번Elizabeth Sullivan은 불만이 많았다. 대통령이 질문 가능 기관을 직접 선정하겠다는 메시지를 보냈기 때문이다.

실제로도 전통에 따라 첫 번째 기회를 〈연합통신사Associated Press〉에 제공했다. 하지만 그 다음부터 "오바마 대통령은 '주류 언론사' 기자들만 거의 하나씩 걸러 가며 지목했다. 예를 들면, 〈워싱턴포스트〉, 〈월스트리트저널〉, 〈뉴욕타임스〉, 〈뉴스위크〉, 〈타임〉 같은 식이다."

사설 편집장이자 외교 전문 칼럼니스트 설리번은 신임 행정부의 전통 매체 회피 노력을 다음과 같이 묘사했다. 예를 들어 연설은 온라인 공회당에서 하고 대통령에게 하고 싶은 질문은 백악관 홈페이지를 통해 투표하는 식이다. 오바마는 심지어 신임 홍보관을 불러 웹사이트에서 직접 홍보가 가능하도록 기능을 개선하라고 지시했다.

"오바마 취임 후 첫 2개월간, 백악관 언론 담당 비서관들은 완전히 본분을 잊었다. 대도시 신문이 어떤 생각을 하고 어떤 얘기를 하던 대장님께서 별 관심이 없다는 이야기를 태연하게 흘리고 다닌 것이다."

바이든, 오바마의 밀접한 협조자가 되다

그라이디언 만찬에 불참한 이유가 정말 언론에 대한 불만 때문 인지는 몰라도 그 덕분에 오바마와 부통령 사이가 원만하다는 사실을 알릴 수 있었다. 오바마는 만찬 행사에 조 바이든을 대신 보냈다. 농담도 충분히 장착하고, 양념처럼 상사를 흉볼 만반의 준비도 갖추었다. 버락과 조 사이에 알력이 존재한다면 부통령이 오바마를 상대로 우스갯소리를 남발하지는 못했을 것이다.

〈워싱턴포스트〉는 바이든이 아닌 다른 사람을 그날의 스타 로 점지했다. "오바마가 부재한 상황에서 가장 핫한 인물은 캘리 포니아 주지사, 아놀드 슈워제네거Arnold Schwarzenegger에게 돌아 갔다. 그를 대동한 아내 마리아 슈라이버Maria Shriver는 보라색 가 운에 어깨를 드러냈는데 옷이 얼마나 꼭 끼는지 흡사 압축포장 을 한 것처럼 보였다." 슈워제네거는 연단에 오르자마자 기자들 의 불만을 꿰뚫어보고 가볍게 농담부터 던졌다. "여러분들이 큰 기여를 하긴 했죠. 백악관에 올려 보내기 위해 불철주야 뛰어다 녔잖아요? 이제 유세도 끝나고 옷도 이렇게 잘 차려입었건만, 결 국 한바탕 짝사랑으로 끝이 났군요." 장내는 웃음바다가 되었다.

〈폴리티코〉와 대조적으로 〈워싱턴포스트〉는 조의 활약상 을 헤드라인으로 뽑았다. "바이든, 그라이디언의 쇼를 훔치다." 부통령은 행사가 막바지로 접어들 때쯤 무대를 장악하고 〈워싱 턴포스트〉에게 공격의 빌미도 제공했다. "쇼가 길어지면 누가 조 바이든에게 마이크를 넘기려 하겠는가!"

조에게 스포트라이트가 들어왔다. 그도 자신의 장황함에

대한 비난을 알았기에 이번엔 역으로 농담을 던졌다. "이번엔 짧게 끝내겠습니다. 그럼 《담대한 희망》얘기부터 시작할까요?"

슈워제네거도 겨냥했다. 주지사에게 "연설이 아주 좋았다"고 칭찬한 다음 특유의 걸쭉한 억양을 꼬집은 것이다. "그런데 영어로 했으면 더 잘 알아들었을 텐데요."

바이든은 여세를 몰아 오바마 대통령과 참모들을 향해 포문을 열었다. 이른바 '공인된 실언'을 펼쳐내기 시작한 것이다. "오바마 대통령께서도 인사를 전하셨죠. 오늘 밤 참석 못하신 까닭은 다름 아닌 부활절 준비 때문입니다." 그리고 속삭이듯 "삶은 계란을 무지 좋아하세요."

그 다음 재물은 람 이매뉴얼이었다. 람은 큰소리로 욕을 잘하는데 문제는 두 사람 집무실 벽이 너무 얇았다는 점이다. 바이든의 주장에 따르면, "이매뉴얼의 욕설을 듣노라면 마치 매일매일 'F'를 남발하는 〈세서미 스트리트〉를 시청하는 기분"이었다.

대통령의 든든한 조언자로서 입지를 굳힌 이상, 백악관 내의 역할에 대해서도 얼마든지 농담할 수 있었다. 그는 버락이 얼마나 자신의 조언을 좋아하는지 자랑했다.

"우리가 얼마나 가까운지 알아요? 나한테 이러시더군요. '어쩌면… 꼭 그리라는 보장은 못하지만… 내년쯤 어쩌면 블랙베리 이메일 주소를 알려줄지 모르겠어요' 하시더라니까요!"

백악관에는 시급한 문제가 두 개 있었다. 하나는 경제 붕괴를 막고 두 번째는 버락과 조의 관계 때문에 지휘라인이 혼란에 빠지지 않도록 단속하는 일이다. 행정부는 애써 대통령과 부통령의 조화를 부각하고, 재가 받은 사진들을 온라인에 배포했다. 이는 백악관 내에서의 평화 이미지를 전하는 데 도움이 되었다.

4월과 5월, 백악관은 사진 두 장을 내보냈다. 사진에서는 두 남자가 심각하면서도 애정 어린 태도를 취하고 있었다. 하나는 정장에 흰색 셔츠, 타이 차림의 대통령과 부통령이 백악관 퍼팅 그린을 산책하며 골프를 치고 있었다. 두 사람의 등 뒤로 남쪽 현관의 기둥이 엄숙미를 더해주었다.

다른 사진의 버락과 조는 함께 점심 식사를 했다. 버지니아, 알링턴의 버거 상점. 두 사람은 음식이 나오기를 기다리며 대화에 몰두한 모습이었다. 주문 번호 88이 적힌 클립이 테이블 위에 놓여 있었다.

둘 다 급히 사무실을 빠져나온 노동자들처럼 흰색 셔츠에 타이를 맸다. 버락은 소매를 말아 올렸다. 테이블 중앙에 케첩, 스테이크소스, 머스터드 병이 모여 있고 두루마리 휴지도 하나 놓여 있었다. 그야말로 단골식당에서 식사하는 단골손님의 모습이었다.

둘의 관계는 확고했다. 바이든은 여전히 잊을 만하면 말실수를 하지만 오바마는 이제 그 점까지 수용하고 그를 효율적인 파트너로 여겼다. 바이든도 오바마가 밀접한 협조자로서의 관계를 깨뜨리지 않으리라 확신했다. 이따금 의견대립이 있다 해도 마찬가지다. 사실, 언론의 사소한 시비를 극복하고 서로의 목표에 집중하기 위해서도 둘은 함께 움직일 필요가 있었다.

"말실수는 그다지 중요하지 않았어요. 오바마와 바이든은 장거리 경주에 뛰어들었다고 믿고 있었죠. 오바마는 행정부를 계주를 위한 다리라고 여겼고 또 제대로 해낼 생각이었어요." 백악관 고문 리즈 앨런이 회고했다.

오바마는 미래에 시선을 고정하고 순간의 부침에 일희일비하지 않기로 했다. "그 점은 두 분의 관계에도 그대로 적용되었죠."

9장

신종플루의 공습

백악관은 바이든에게 이제껏 경험해
보지 못한 완전히 새로운 세계였다.
충동적인 발언을 억제하고 말하기
전에 한 번 더 생각해보라고 요구하지
않는가! 조금씩 배워가고는 있지만,
그가 인정했듯이 과거의 조 바이든을
완전히 떨쳐내기까지 적지 않은
시간이 필요했다.

바이든, 참모가 아닌 파트너로서의 입지를 굳혀가다

바이든이 오바마의 백악관에서 핵심 인물이 되고 있다는 징후는 얼마든지 있었다. 경기회복 프로젝트를 관리하는 업무 외에도 조는 독일 뮌헨의 안보회의에 참석해 오바마 대신 외교정책에 대해 부통령 자격으로는 최초의 연설을 했다. 전국을 돌아다니며 중산층 대책위원회의 목표들도 점검했다.

오바마는 바이든의 기여도를 농구에 빗대 설명했다. 이를테면 조는 '실적 기록판에는 나타나지 않지만 활약이 엄청난 선수'였다. 오바마의 비유에 따르면 "코트를 뛰어다니며 여분의 리바운드를 따내고 여분의 패스를 하며 종횡무진 휘젓고 다니는 선수"인 셈이다.

워싱턴에서는 함께 있는 시간이 많았다. 하루에 3시간에서 5시간 정도인데, 여기에는 정보와 경제 브리핑을 비롯해 온갖 회의가 포함되어 있다. 바이든의 손에도 오바마의 일정표가 들려있어서 언제든 대통령과 합류할 수 있었다. 때로는 오바마가 예고 없이 바이든을 불러 난감한 문제를 상의하기도 했다.

두 사람의 파트너십도 바이든이 요청하고 오바마가 약속한 가이드라인에 따라 형태를 잡아가고 있었다. 리즈 앨런은 두 진영을 번갈아 가며 참모로 근무했는데, 그녀의 말에 따르면 대통령 자신도 '항상 바이든에게 조언을 구하라. 동의하지 않더라도 진지하게 받아들이라'는 지침에 충실했다. 한 고문의 지적에 의하면 오바마-바이든 관계가 견고해지면서 바이든은 '그저 참모가 아닌 파트너'로서의 입지를 굳혀갔다.

누가 상사인지도 이따금 불투명할 때도 있었다. 심지어 사소한 결정에서도 그런 식이었다. 오바마는 금요 점심회동의 메뉴를 선택했다. "다이어트 바는 대통령의 선택이었어요. 바이든은 뭐든 잘 먹습니다. 그런 점에서는 참 편한 분이죠." 조의 수석참모 론 클레인Ron Klain의 설명이다.

감시자들인 언론도 두 사람의 관계가 어떻게 변하는지 늘 지켜보았다. 〈크리스천 사이언스 모니터Christian Science Monitor〉의 기자는 버락과 조가 "나름의 공생관계를 구축했다"고 전했다. 바이든의 고향, 델라웨어 윌밍턴의 라디오 기자 앨런 루델Allan Loudell은 그 관계를 양 극단의 결합으로 비유했다. "음과 양, 서로 상극인 커플 같은데 신기하게도 잘 어울리는 듯 보이는군요."

백악관도 조의 말실수를 유리하게 바꿀 기막힌 묘안을 찾아냈다. 미셸 코틀Michelle Cottle이 〈뉴 리퍼블릭New Republic〉의 기고에서 백악관의 전략을 정확하게 설명했다. "부통령이 제어가 어려워지면 '팀 오바마'가 즉시 출동해 민폐를 에너지로 전환시킵니다. 천방지축, 자화자찬, 구설수 자판기 등등 바이든 의원에 대해 들은 얘기가 있으면 모두 잊어라. 그리고 부통령을 다시 보라. 진솔함 그 자체가 아닌가? 그는 본 대로 들은 대로 전하고, 목에 칼이 들어와도 자기 의지를 굽히지 않는 분이다!"

바이든이 말실수를 하면, 동시에 매력적인 개성을 드러낸다는 의미가 된다. 백악관식 표현대로라면 조는 '진솔하고', '진짜이며', '정직하고', '뚝심 있다', 그리고 '늘 바른말만 한다'. 이 프레임대로라면 "바이든 특유의 언어 통제력 결핍은 정직하고 관대하고 솔직한 정치가로서 지불해야 할 정당한 대가인 셈이다. 사회가 이 모양 이 꼴인데, 오히려 고귀하고도 바람직한 특성이 아니겠는가?"

파트너가 '직언맨'이면 오바마도 특별히 나쁠 게 없었다. 자신이 조심성 많고 계산적인 성격이기에 부통령과 시간을 보내며 느긋해지는 법도 배웠다. 그뿐 아니라 조는 오바마를 도와 열린 마음으로 토론을 유도하는 지도자의 이미지를 굳혀주었다. 비밀회담이든 간부회의든, 바이든은 본 대로 느낀 대로 있는 그대로 말했다. 때때로 악역까지 자임하며 폭넓은 논쟁을 유도했다. 처음부터 조가 요구해온 역할이지만 오바마도 물론 환영해 마지않았다.

"내가 보기에, 대통령 면전에서 직언할 때면 종종 제도적 장벽과 맞닥뜨립니다. 조는 다른 사람들 생각까지 기가 막히게 잡아내요. 공개적으로 하기 어려운 문제들까지 간파해 정확하게 전달하거든요. 그런 의미에서 조는 교유기(버터 만드는 기계) 같습니다."

오바마–바이든의 주거니 받거니 하는 관계는 둘 모두에게 이익이었다. "토론 결과가 어떻게 나오든, 그 역학 자체가 반대의견을 용인하는 오바마의 이미지와 기꺼이 반대의견을 제공하는 바이든의 이미지 모두에 도움이 되죠." 코틀의 평가다.

백악관이 묘안을 내어 바이든의 스타일을 '직언맨'으로 합리화하기는 했어도, 특유의 가벼운 혀는 여전히 대통령과 참모진에게 악몽을 선사할 가능성이 있었다. 지금까지 바이든의 말실수는 그저 당혹스러운 수준이었다. 자신이든 대통령이든 큰 피해를 받은 적은 없었다. 무해한 환경이라면 이 '직언맨'의 실수를 마땅히 치러야 할 대가로 바꿔놓는 것이 가능했기 때문이다.

이런 전략이 무난히 통한 것도 사실은 잘못이 그다지 크지 않은 덕분이었다. 하지만 "바이든이 지나치게 솔직하면요? 거짓말을 못 한답시고 정말 불편한 사실까지 있는 그대로 까발리면 어떻게 될까요? 가벼운 말실수가 아니라 아주 심각하고 본질적인 문제라면요?" 코틀이 되물었다.

지금까지 행정부는 조를 변호하면서 오바마-바이든 관계에 긍정적인 빛을 드리울 수 있었다. "이 전략의 결말이 행복할지 참혹할지는 여전히 미지수입니다. 하지만 그로 인한 긴장감이야말로 조를 지켜보는 재미일 수 있겠죠. 아슬아슬해서 심장이 쫄깃해지는 겁니다."

'돼지독감'으로 인한 팬데믹 히스테리의 창궐

4월 30일, 조는 NBC의 〈투데이쇼〉에 출연했다. 심한 독감이 전국을 휩쓸던 와중이라 공동체마다 타격이 컸다. 수십 명의 아이들이 앓아누웠다. 노스캐롤라이나 버크 카운티의 초등학교는 학생 10분의 1이 독감에 걸리고 워싱턴, 피어스 카운티는 독감에 걸린 환자가 무려 인구의 10%가 넘었으며, 네브래스카의 퍼킨스 카운티와 뉴욕의 차파콰에서는 전체 인구 중에서 학생 환자가 31% 이상이었다. 호러스 그릴리Horace Greeley고등학교는 독감이 덮치면서 하루 휴교를 결정할 정도였다. 더욱 불안하게도 유전자 변형 탓에 항바이러스제인 타미플루도 잘 듣지 않았다.

독감 팬데믹(감염병 세계적 유행)의 공포가 뉴스를 뒤덮었다. 말하기 좋아하는 사람들은 역사까지 들춰내며 상황이 최악으로 치달을 수 있다고 국민을 겁주었다. 그들은 1918년의 독감 대유행으로 전 세계에서 최소 5,000만 명, 미국에서만 67만 5,000명이 목숨을 잃었다는 사실까지 들먹였다. 1957년과 1968년의 유행병은 전 세계 사망자가 100만 명, 미국도 10만 명이 넘었다.

그것도 가장 두려운 신종 질병인 조류독감과 돼지독감이 등장하기 전의 일이다. 이 외래병들은 세계 반대편에서 발발해 마침내 최근 미국 도시에 상륙했다.

조류독감이 인도네시아를 강타해, 1월 이후 지금까지 네 명이 사망했다는 뉴스는 다들 들어 알고 있었다. 베트남에서도 환자 셋 중 한 명이 목숨을 잃었다. 수치는 미미해 보이지만 전염병은 점점 늘어가는 추세였다. 2003년 베트남에서 109건이 보고되고 53명이 죽었다.

WHO세계보건기구의 발표에 따르면 2003년 이후 조류독감 사망자는 총 250명이었다. 조류독감은 농장을 휩쓸기도 했다. 2008년 홍콩에서 조류독감 창궐로 닭 9만 마리를 살처분했다. 2009년 3월 중순 인도의 웨스트 벵갈, 다즐링시에서도 1만 5,000여 마리의 닭을 살처분했다.

바이든과 오바마

미국에서도 지엽적이지만 발병이 일어났다. 4월 초 켄터키 주 서부, 어느 가금농장에서 조류독감이 발생했다. 계란 수확과 더불어 조류를 가공하는 가공육 업체인 '퍼듀팜스'에 납품하는 농장인데 결국 격리당한 채 2만 마리의 닭을 살처분해야만 했다. 싱가포르는 '켄터키 프라이드치킨'의 가금 수입을 금지했다. 그간 미국은 아시아의 조류독감을 두려워했건만 이제 아시아인들이 미국에서의 창궐을 걱정하기 시작한 것이다.

조류독감쯤이야 하던 사람들마저 돼지독감에는 몸서리를 치고 말았다. 진원지인 멕시코에서는 이미 100여 명이 목숨을 잃었다. 뉴질랜드, 캐나다, 스페인, 이스라엘, 영국 등에서도 이 끔찍한 바이러스 사례가 보고되었다. 급기야 미국에서도 양성반응이 나타나면서 불안감이 증가했다. 3월 말경 전국에서 최소 40명의 환자가 발생했다. 그마저 증가추세였다. 3월 28일, 돼지독감이 오하이오에 상륙하면서 아홉 살 소년이 감염 증세를 보였다.

얼마나 위험한 병인지 알아보려고 사람들이 웹에서 정보를 찾으면서 온라인도 두려움에 휩싸였다. 전문가들은 소문을 퍼뜨리거나 불안을 조성하지 말라고 종용했으나, 닐슨 온라인Nielsen Online에 따르면, 블로그, 뉴스 사이트, 포럼 등에서 돼지독감 관련 대화가 매일 두 배씩 늘어났다. "트위터로 돼지독감을 잡을 수는 없다. 가짜 정보들을 노려본다고 돼지독감을 이해하는 것도 아니다." 〈PC 월드〉 웹사이트의 로버트가 이런 행태를 비판했다.

히스테리의 창궐을 억제하려 애쓰는 신문도 있었다. 〈워싱턴포스트〉는 팬데믹 공포에 대한 다섯 가지 소문을 다루며 다음과 같이 결론을 맺었다. "위협이 부풀려진 게 사실이다." AP도 다른 뉴스매체와 마찬가지로 설명과 정보를 실었다. AP는 질의 문답 형식으로 행여 팬데믹 상황이라 해도 1918년의 스페인독감처럼 수백만 명이 사망하는 일은 없다고 장담했다. 간단히 말해 '그런 참사는 불가능하다'였다. 20세기 초반과 달리, 지금은 폐렴 같은 2차 감염 항생제를 비롯해 수많은 치료수단이 존재한다. 1918년 팬데믹에서 희생자를 양산한 것도 바로 2차 감염이었다.

케이블 〈뉴스네트워크〉는 최신 정보를 전달하는 와중에도, 늘 그렇듯 소설 쓰기에 여념이 없었다. 4월 27일, CNN의 아침뉴스 공동앵커 알리나 조Alina Cho가 전 세계와 미국의 독감환자 수치를 열거한 다음 곧바로 아시아 주식시장의 폭락을 건드렸다.

아시아 시장은 팬데믹 현상에 지나치게 민감한 곳이다. 다음 날 저녁 CNN의 〈앤더슨 쿠퍼의 360°〉에서 앤서슨 쿠퍼는 이 난장판의 주범인 바이러스를 잔뜩 확대해 화면에 띄워 불안감을 키웠다. 쿠퍼는 심지어 저녁 방송에서 미스터리 형사 흉내까지 냈다.

"오늘 밤, 살인마의 몽타주입니다. 자, 한 번 보시죠. 애틀랜타 질병통제센터의 전자현미경으로 들여다본 진짜 바이러스죠. 신종플루, 이름 하여 돼지독감. 아주 미세한 단백질이자 유전물질입니다. 저 혼자서는 먹지도 숨 쉬지도 움직이지도 못하지만 인간의 몸에 들어오기만 하면 번식도 하고 살인도 합니다. 자, 여러분 지금 바이러스가 전국적으로 퍼져나가고 있습니다."

오바마 대통령은 단어를 조심스럽게 써가며 전국적 공포와 싸워나갔다. 국립과학 아카데미National Academy of Sciences를 방문한 자리에서는 번영, 보건, 국가안보를 위해 과학과 의학의 역할을 강조하고 연구 투자비를 늘이겠다고 공언했다.

그런 맥락에서 오바마는 보건복지부에서 이미 공중보건 위기를 '예방수단'으로 선언하고 필요하다면 얼마든 자원을 활용할 수 있다고 선언한 사실에 주목했다. 그는 특유의 담담한 목소리로 국민들에게 공표했다. "정부는 미국 내 돼지독감 사례들을 꼼꼼하게 살펴보고 있습니다. 전염병은 분명 관심 대상이고 고강도 경계가 필요하지만 그렇다고 두려워할 필요는 없습니다."

같은 날 CNN 〈시추에이션룸The Situation Room〉의 앵커 울프 블리처Wolf Blitzer는 오바마의 연설 장면을 보여준 뒤 곧바로 불안감을 조성하기 시작했다.

블리처는 CNN의 고참 백악관 특파원 에드 헨리를 스크린에 불러내서 열흘 전 오바마가 펠리페 칼데론Felipe Calderón 대통령을 만나기 위해 멕시코에 다녀온 일을 들먹였다. "에드, 대통령이 얼마 전 멕시코를 다녀오셨죠? 그곳에서 멕시코인의 관광안내를 받았는데, 그 때문에 이런저런 추측이 흘러나오거든요? 공교롭게도 그가 다음 날 사망했기 때문인데요. 현지에 있을 때 대통령 자신이나 측근들이 심각한 위험에 처해있었다는 사실을 자각하고는 있는 건가요?"

이미 기자 브리핑에서 한바탕 언론담당비서 로버츠 깁스를 괴롭힌 사건이었다. 헨리가 블리처에게 대답했다. "로버트 깁스가 강조하고 또 강조한 바에 따르면 대통령의 건강이 위험에 처한 적은 없습니다. 주치의들도 대통령의 건강이 양호하다고 확인했죠. 이상 징후는 전혀 발견되지 않았습니다."

헨리는 곧바로 이렇게 덧붙였다. CNN이 부추긴 선정보도를 가라앉힐 필요가 있다고 판단한 것이다. "사실, 앵커께서 언급한 그 사람 말입니다. 멕시코에서 박물관 투어를 담당했는데요. 그 다음 날 사망하기는 했어도 사인이 돼지독감인지는 아직 불분명합니다."

블리처는 수백만 명의 시청자 앞에서 대통령의 건강에 대해 불안감을 조성하고 특파원과 논쟁을 벌인 후에야 그 이야기가 기우에 불과했다고 확인해주었다.

"지금 소식이 들어왔는데요. 멕시코 정부 관료에 따르면 대통령의 투어를 담당했던 사람은 돼지독감이 아니라 지병 때문에 사망했답니다." 그가 시청자에게 말했다.

이틀 후 오바마 대통령은 기자회견을 열고 독감비상에 대해 몇 마디 덧붙였다. "분명히 위중한 상황입니다." 그는 시민들에게 "정부가 합심해 최대의 예방과 대비책을 취하고 있다"고 공언했다. 돼지독감 진단을 받거나 의심할 만한 증세가 있을 경우 학교를 잠정적으로 휴교할 필요가 있다는 보건담당자들의 경고도 전했다. 바이러스를 추적해 처치하고, 필요하다면 치료약을 구할 수 있도록 150억 달러의 긴급자금지원도 요청해놓은 상태였다. "바이러스의 충격을 최소화하기 위해 만반의 대책을 수립해두었으니 국민 여러분은 안심하셔도 됩니다."

첫 번째 질문에서 한 기자가 국경 폐쇄를 고려 중인지 물었다.

오바마가 다시 반복했다. "우려스럽기는 해도 두려워할 정도는 아닙니다." 그는 자신의 대답이 지적이고 체계적이기를 바랐다. 더욱이 공중보건 관리들의 조언을 따를 필요도 있었다. "보건당국에서도 아직 국경 폐쇄를 추천한 바 없습니다."

오바마는 특유의 침착한 모습으로 국민이 지켜야 할 수칙과 습관을 제시했다. "악수를 하면 손을 씻고, 기침을 할 때는 입을 막아주세요. 사소한 것 같지만 그 차이는 엄청납니다. 몸 상태가 좋지 않으면 집에서 머물러야 합니다. 아이들이 아프면 결석이 최선입니다. 혹시 감기 비슷한 증상이 나타나면 비행기를 타면 안 됩니다. 대중교통도 이용하지 마세요. 폐쇄 공간이라면 여러분이 바이러스를 퍼뜨릴 수도 있습니다."

미국 교통 산업계 전체의 반발 불러온 바이든의 실언

이 전국적 혼란과 공황 와중에 어느 날(하필 대통령의 기자회견 다음 날) 새벽 7시 바이든도 〈투데이쇼〉에 출연했다. 워싱턴 중계였기에 바이든은 분할 화면에 등장했다. 공동 사회자 매트 라우어Matt Lauer는 묵시론적 경고로 인터뷰를 시작했다.

WHO에서는 독감 등급을 5단계로 높였다. 유행병이 조만간 광범위한 현상이 된다는 의미다. 사회자는 오바마 대통령의 언급을 시청자들에게 상기시켰다. 대통령은 멕시코 국경을 봉쇄하거나 두 나라간 비행운행을 축소할 생각이 없다고 단언한 바 있다. 그는 이어서 부통령에게 현재 상황을 정확히 설명해줄 수 있는지 물었다.

바이든은 행정부를 대변해 합리적으로 얘기를 이어갔다.

미국은 물론 전 세계의 최고 전문가들이 국경 폐쇄나 비행기 여행 제한 같은 오버액션은 불필요하다고 강조했다. 그보다 학교를 비롯해 사람들이 모이는 지역에서의 확산을 막기 위해 조치를 취해야 한다. 바이든의 설명은 그랬다. "휴교와 국경 폐쇄는 차원이 다른 문제입니다. 우리 정부는 전 세계 유행병 전문가들의 조언에 따라 움직이고 있는데 전문가들의 조언이 그렇습니다."

부통령에게서 기대했던 반응이 나오지 않자 라우어가 조금 더 밀어붙였다. "그럼, 부통령님과 저, 비전문가로서 얘기해보죠." 라우어는 위기에 대한 나름의 유추를 제시했다. 유행병은 수도관 파열과 같아서 결국 온 마을을 덮칠 것이다. 해당 마을을 봉쇄하고 깨끗이 복원한다고 치자. 하지만 터진 수도관이 빚어낸 감염의 홍수는 기필코 멕시코에서 미국까지 밀고 들어오지 않겠는가. 그의 논리는 이런 식이었다.

"그러니까 누군가 돌아가 수도관을 봉쇄해야죠. 그래야 이웃 마을에 피해가 가지 않을 것 아닌가요?"

"비유가 적절한 것 같지는 않군요." 바이든이 반박했다.

감염자들이 미국 국경을 넘나들 가능성이야 얼마든지 있지만, 확진자 유입은 멕시코뿐만 아니라 다른 나라도 마찬가지다. "어느 국경을 폐쇄하죠? 캐나다 국경도 닫나요? 유럽발 비행기 편도 봉쇄하고? 유럽에서도 환자가 발생하고 있지 않습니까? 우리가 알기로도 투자비용에 비해 효과가 미미합니다. 그보다 확산억제에 집중해야 할 때죠."

라우어는 여전히 불만이라 다른 쪽으로 찔러보았다. "이렇게 물어볼까요? 아, 그렇다고 어디 한번 끝까지 가보자 식의 질

문은 아닙니다. 절대. 하지만 말이죠. 행여 부통령 가족이 찾아
와서….."

바이든이 웃었다.

"아니, 아니, 부통령님, 웃을 일은 아니고요. 아무튼 가족이
찾아와 이렇게 말합니다. '음, 항공편으로 멕시코에 가서 다음 주
에 돌아올 생각인데 그래도 괜찮을까요?'라고 말입니다."

바이든은 마침내 남편, 아버지, 할아버지 입장으로 돌아갔
다. 결국 오바마 행정부가 원할 법한 답변에서 살짝 빗겨간 것이
다. "가족이라면 조금 달랐겠죠. 사실이 그렇고. 이 시점에서 폐
쇄된 공간을 이용해 어디 가는 건 현명하지 못합니다. 멕시코에
간다 해서가 아닙니다. 비행기의 폐쇄성 때문이죠. 누구든 재채
기를 하면 비행기 전체로 번질 테니까요."

그는 부통령이 아니라 개인적인 조언임을 강조하면서 이렇
게 덧붙였다. "단 내 경우입니다. 다른 이동수단이 있다면야… 그
렇다고 지하철을 타라고 권하고 싶지는 않군요. 내 관점에서 볼
때, 중요한 것은 확산 방지예요. 들판 한가운데에 서있는데 누군
가 재채기를 한다? 그건 상관없지만 폐쇄된 비행기는 조금….."

"맞습니다." 라우어도 동의했다.

"… 폐쇄된 자동차나 폐쇄된 교실이라면 그건 또 다른 문제
입니다."

반응은 즉각 터져 나왔다. 바이든도 곧바로 후회했다. 부통령은
절대 민간인처럼 얘기하면 안 된다. 아버지나 할아버지가 되어서
도 안 된다. 부통령의 말은 정직하면 할수록 백악관의 공식입장
이 되기 때문이다. 아니나 다를까 행정부와 몇몇 사업체를 당황

하게 만들고 말았다. 대통령은 조심조심 위기상황에 대처하건만 그마저 부통령이 걷어차버린 꼴이 되고 만 것이다.

아침 9시가 되기도 전, 바이든의 사무실은 부통령의 말을 해명하느라 눈코 뜰 새가 없었다. 숫제 부통령의 입에서 나온 말을 완전히 재구성할 필요가 있었다.

"부통령이 가족에게 전하는 조언은 행정부가 국민에게 전하는 조언과 같습니다. 꼭 필요한 경우가 아니면 비행기를 타고 멕시코를 오가는 일은 피할 필요가 있겠다. 특히 몸 상태가 좋지 않으면 비행기는 물론 지하철처럼 닫힌 공간도 피해야겠죠." 바이든의 대변인 엘리자베스 알렉산더Elizabeth Alexander가 한참 진땀을 흘리고 있었다.

오전 10시경, 국토안보부 장관 재닛 나폴리타노Janet Napolitano도 MSNBC에 출연해 다른 방식으로 부통령의 말실수를 마사지했다. "부통령께서 그 말을 다시 하신다면, 몸이 좋지 않을 경우 대중교통이나 밀폐된 공간을 피하라고 하실 겁니다. 실제로 우리 정부가 지향하는 방침이 그렇습니다."

뉴욕의 억만장자 시장 마이클 블룸버그Michael Bloomberg는 그날 아침 지하철을 타고 집무실에 가는 퍼포먼스를 벌였다. "기본적으로 지하철은 얼마든지 안전합니다. 지하철이 다른 운송수단보다 위험하다는 생각은 전혀 들지 않아요."

블룸버그 시장도 다른 사람들처럼 바이든의 진의를 재구성해서 얘기했다. "조 바이든이 하고자 했던 말은, 어떤 식으로든 징후가 있다면 집에 머물러 있으라는 겁니다."

하지만 다른 사람들은 조를 맹폭했다. 보스턴 인근, 라헤이

바이든과 오바마

클리닉의 응급의학과 과장, 마크 장드로Mark Gendreau 박사는 전염병 전파 전문가다. "부통령의 입장을 이해 못하는 바는 아니나 우리가 알고 있는 과학적 증거로 보면, 오늘 그의 발언은 완전히 비과학적이었다."

항공사 압력단체인 항공운송협회Air Transport Association는 고객들이 공항을 기피할 기미를 보이자 황급히 조의 발언에 항변했다. 협회장 제임스 메이James May는 바이든의 언급을 "실망스럽기 짝이 없다"고 일침을 가했다. 항공사는 정부 관료들과 함께 운영하지만 아프지도 않는데 비행기를 피하라고 조언한 이는 하나도 없었다는 얘기다.

"여객기의 공기는 대부분 공공건물보다 깨끗합니다."

백악관 정기 브리핑에서 한 기자가 홍보비서관 로버트 깁스에게 조의 인터뷰 얘기를 꺼냈다. "혹시 부통령의 언급에 대해 해명이나 수정 또는 사과할 의향이 있습니까?"

"어… 제 생각으로는…" 깁스는 적당한 단어를 찾느라 잠시 버벅거렸다. "부통령의 진의는… 지난 며칠간 여러분께서 이미 말씀하셨죠. 말인즉슨, 아프거나 기침, 재채기, 콧물 등 감기 증세가 있으면 예방차원에서 여행을 자제해야 합니다. 부통령은 그렇게 말씀하셨고 진의도 다르지 않습니다."

기자는 인정하지 않았다. "부통령의 실언을 애써 설명하려는 충정은 이해합니다만, 지금 말씀은 그분이 하신 얘기와 맥락이 전혀 다른 듯합니다. 그날 앵커의 질문은 만일 가족이…"

깁스는 기자의 말을 끊었다. "부통령이 어떻게 말씀하셨는지 잘 이해합니다. 그래서 부통령이 어떤 말을 했고 진의가 어땠는지 설명하는 중이죠. 말인즉슨…" 깁스가 조금 전의 말을 반복하자 장내가 웃음바다가 되었다.

"이유가 어떻든 누군가의 발언 때문에 누군가 과도하게 불안해한다면 우리는…우리 정부는 물론 그 점에 대해 사과드립니다. 바라건대 제 말과 CDC의 논평 그리고 나폴리타노 장관님의 해명으로 부통령이 받는 오해가 해소되었으면 좋겠군요."

말실수가 있던 날 저녁 〈애틀랜틱 미디어Atlantic Media〉의 정치부장 론 브라운스타인Ron Brownstein이 MSNBC의 〈하드볼Hardball〉에 패널로 출연해 바이든을 비꼬았다. "오바마 행정부가 한 말 중에 '조 바이든은 대외 활동보다 대내에서 더 쓸모가 있다'가 있습니다. 그 점에서만큼은 우리 모두가 동의할 것 같군요."

바이든의 지지자이자 사회자인 크리스 매튜스Chris Matthews는 농담으로 그를 옹호했다. "평가가 너무 박하십니다. 마이크를 빼앗고 싶은 심정이네요. 자, 조너선 앨터Jonathan Alter에게 마이크를 넘깁니다. 자… 저야 늘 조 바이든 편입니다. 그 양반, 마음에 들어요… 앨터 기자는 어떻게 생각하십니까?"

매튜스는 앨터에게서도 지지를 얻지 못했다. 앨터는 〈뉴스위크〉의 국내 정치 전문 칼럼니스트였다. "고전적인 말실수에 수습책도 엉망이었죠. 말실수를 안 한 척 딴청부리지 말고 솔직하게 실수를 인정했어야죠. 원숭이도 나무에서 떨어질 수 있지 않습니까?"

앨터는 바이든을 향한 동정심도 거론했다. "사람들은 조 바이든의 말실수에 관대합니다. 솔직하게 인정했다면 다들 웃고 넘어갔을 겁니다. 말실수 때문에 미국 전역의 교통 산업 전체가 셧

다운 될 수 있었는데, 그걸 어떻게 묻어두려고 했을까요?"

오바마의 고문들이 성급하게 대응하는 가운데, 정작 대통령은 대체로 바이든의 실수를 대범하게 받아들였다. 어차피 싸움은 장기전, 직접 언급을 피하면서 소란이 가라앉도록 했던 것이다. 깁스가 뉴스브리핑에서 지적했듯 오바마는 바이든의 논평에 대해 아무 말도 하지 않았다.

말실수의 소란이 평소의 충격을 상회한 경우는 또 있었다. 그런 실언이 기존의 불안감을 휘저어놓았을지 몰라도 그렇다고 비상사태나 정부의 정책이나 대응은 변하지 않았다.

그 사건은 대체로 '조는 역시 조'라는 사실을 확인해주었다. 정직하고 직설적인 조. 행정부는 민첩하게 달려들어 지나친 비난을 통제했지만, 그럼에도 언론매체는 벌떼처럼 달려들어 결국 국민에게 정확한 정보를 전달하는 데 도움을 주었다. 물론 목적이야 채널을 채우고 시청자들을 끌어들이기 위해서였지만 말이다.

말실수로 여러 사건을 일으켰지만 오바마의 조언자로서 조의 입지는 전혀 변화가 없었다. 부통령 역할에 다소 적응이 필요했지만 조는 훌륭한 경기부양책 팀 수장이자 전 세계를 돌아다니며 미국 외교 정책을 수행하는 특임 대사였다.

전직 부통령 월터 먼데일과의 토론에서 바이든은 자신의 역할에 대해 얘기하며, 애정이 많았던 상원에서 백악관으로의 이주가 쉽지만은 않았다고 회고했다. "평생 상사를 모셔본 적이 없었어요. 상원의원으로서 의견을 피력할 때면 늘 '내 생각은 이래'라고 대답했죠." 하지만 백악관은 달랐다. "그건 말도 안 되죠.

늘 이견을 제시하고 행정부의 본질이 무엇인지를 상기해야 합니다."

백악관은 바이든에게 이제껏 경험해보지 못한 완전히 새로운 세계였다. 충동적인 발언을 억제하고 말하기 전에 한 번 더 생각해보라고 요구하지 않는가! 오랫동안의 독불장군이 비로소 팀의 일원이 된 것이다. 조금씩 배워가고는 있지만, 그가 인정했듯이 과거의 조 바이든을 완전히 떨쳐내기까지 적지 않은 시간이 필요했다. 적어도 6개월은 기다려줄 필요가 있었다.

"내가 무슨 말을 하든, 그 책임은 대통령에게 돌아간다는 사실을 깨달아야 했어요. 질문을 받을 경우에도 즉답을 피하고 머릿속으로 대답을 다듬은 후 대통령의 방침에 어긋나지는 않은지 확인까지 해야 합니다."

바이든이 먼데일을 보았다. "프리츠, 난 선배님보다 더 오래 걸렸습니다."

참혹한 공포의 시기에 조는 자신을 희생해가며(?) 국민에게 웃을 기회를 제공했다. 〈투데이쇼〉에 출연한 날 밤 〈데일리쇼〉의 존 스튜어트Jon Stewart는 오바마와 바이든의 독감 창궐 관련 대민 연설 스타일을 비교했다. 오바마가 냉정하고 합리적인 아버지라면 바이든은 우왕좌왕 시끌벅적한 할아버지였다.

스튜어트는 두 사람의 영상을 보여주고 나름의 방식으로 대통령과 부통령의 조언을 요약해주었다. 오바마에 대해서는 "자, 이제 이해했죠? 평소처럼 보건수칙을 지키면 됩니다"라고 말했다. 바이든을 얘기할 때는 대책이 없다는 듯 두 손을 허공으로 날렸다. 조의 경고를 제멋대로 해석할 때는 소리까지 질렀다.

"당신들이 알아서 살균감방을 만들고 혼자 살란 말이야!" 잠시 후 스튜어트는 목소리를 가라앉히며 지금까지의 백악관 파트너 십을 비꼬았다. "조 바이든이 부통령으로 한 일이라고는 대통령 을 식겁하게 만드는 것뿐이었죠."

10장

담대한 도약

최초의 흑인 대통령 버락 오바마가
당선된 이후에도 미국의 인종
불균형은 여전히 뿌리가 깊다.
게이츠 사건은 인종 정책이 여전히
시궁창에서 헤매고 있음을 보여준
상징적 사건이다. 천하의 오바마도
인종 문제를 수면 위로 떠올려
해결하기는 쉽지 않았다.

인종 갈등을 촉발한 하버드 게이츠 교수 체포 사건

2008년 대선이 끝나고 버락 후세인 오바마가 백악관으로 향할 때만 해도, 미국인들은 마침내 200년간의 고통스러운 인종 갈등의 역사가 한순간에 막을 내린다고 믿었다. 드디어 미국이 인종을 초월하고 마술처럼 황금시대로 접어들었으며, 바야흐로 탈 인종 시대가 성큼 다가온 것이다. 〈뉴욕타임스〉는 1면 가득 이렇게 선언했다.

"오바마의 압승에 인종 장벽 무너지다."

오바마가 취임한 후 CNN의 래리 킹은 여덟 살 아들이 선거 결과에 충격을 받았다고 전했다. 〈래리 킹 라이브〉에서 초대 손님에게 한 얘기다.

"아이가 이제 흑인이 되고 싶다고 하네요. 농담 아니에요. 흑인한테 혜택이 많다는 겁니다. 바야흐로 흑인의 시대입니다. 이런 걸 격동기라고 하나요?"

오바마도 바람이 있었다. 자신의 당선으로 말미암아 미국이 인종차별을 넘어 서서 1963년 마틴 루터 킹 주니어가 선언한 꿈을 향해 좀 더 가까이 다가가기를 바랐다. "언젠가 당신의 아이들이 피부색이 아니라 인격으로 평가될 그런 나라에서 살게 될 것입니다." 하지만 오바마 역시 현실주의자였다. 인종 투쟁의 길고도 거친 역사는 단 한 번의 승리로 씻겨나갈 수 없었다. 그 승리가 아무리 찬란해도 마찬가지다.

2009년 7월 16일, 취임 후 처음으로 오바마는 미국의 인종 문제에 대해 연설했다. 최초의 흑인 대통령에게는 늘 미묘하고 복잡한 화제였다. 전미유색인지위향상협회National Association for the Advancement of Colored People의 100주년 기념행사 자리였다. 오바마는 뉴욕 힐튼 호텔의 그랜드볼룸을 가득 메운 청중을 상대로 시민권의 도약적 발전을 언급했다. 그렇지 않았다면 그의 당선은 불가능했으리라.

"2009년이면 더 이상 인종차별이 문제되지 않으리라 생각한 사람들도 있을 겁니다. 예, 알고 있습니다. 다만, 지금 이 순간이 미국 역사상 가장 차별이 심하지 않다고 말씀드릴 수는 있습니다. 그 정도는 저도 자신할 수 있습니다만 차별의 고통은 여전히 현재형입니다." 관중들이 동의의 박수를 보냈다.

바로 몇 시간 전, 대통령의 의중을 암시라도 하듯, 매사추세츠, 케임브리지에서 인종 갈등 사건이 터졌다. 노쇠한 하버드 대학의 교수가 지팡이에 의지해 렌터카에서 내렸다. 웨이브스트리트의 저택 바로 앞이었고 교수는 중국 여행에서 막 돌아오던 참이었다.

헨리 루이스 게이츠 주니어Henry Louis Gates Jr는 미국에서 가장 유명한 흑인 학자 중 한 명이다. 하버드 소속 W. E. B. 두 보아 재단의 아프리카와 아프리카계 연구소 소장으로 PBS 시리즈 〈미국의 얼굴들Faces of America〉 촬영을 위해 아시아에서 1주일간 머물며 유명 첼리스트 요요마의 조상을 연구했다.

렌터카 운전사가 게이츠의 가방 세 개를 들고 계단 위 현관까지 운반해주었다. 교수가 현관을 열려고 하는데 꼼짝도 하지 않았다. 비서가 그랬을까? 교수 대신 우편물을 챙겨주었으니 어쩌면 안에서 문을 잠그고 뒷문으로 빠져나갔을지도 모를 일이다.

"그래서, 운전사한테 부탁했어요. '한 번 밀어봅시다.'" 검은색 상의를 입은 모로코 거한과 함께 문을 힘껏 밀었지만 기껏 스크린도어만 찢겨나갔다.

때마침 점심 시간이라 하버드 동창회지에서 일하는 루시아 휠렌Lucia Whalen이 밖으로 나왔다. 거리를 산책하고 있는데 한 노파가 불러 세우더니 누군가 게이츠의 집에 침입하려 한다는 것이 아닌가. 휠렌 부인은 직접 상황을 확인하고 911에 전화했다.

"상황을 정확하게 말씀해주시겠어요?" 남자 통신반 경찰이 물었다.

"음, 실은 잘 몰라요." 휠렌 부인은 두 남자가 문을 밀고 있는 광경을 본 게 전부였다. "글쎄요, 어쩌면 그 집 주인들인데 열쇠를 찾지 못했는지도 모르죠. 어깨로 부딪치고 난리를 치더니 기어이 들어갔네요. 그 사람들한테 열쇠가 있는지는 확실치 않아요. 여기에선 잘 안 보이거든요."

휠렌은 피부색 얘기는 꺼내지 않았지만 결국 경찰이 물었다. "백인인가요? 아니면 흑인이나 히스패닉?"

"흠… 덩치가 큰 남자들이에요. 한 사람은 히스패닉 같은데 그것도 잘 모르겠어요. 그리고 안으로 들어간 사람은… 보지 못했어요."

"오케이, 부인은 지금 밖에 서있나요?" 경찰이 물었다.

"예, 밖에 있어요."

"좋아요. 경찰이 갈 겁니다. 곧 도착할 테니 잠깐만 기다려주세요." 경찰은 그녀의 이름을 물었다. "예, 휠렌 부인, 경찰이 가고 있습니다."

"예, 좋아요. 기다릴게요."

케임브리지 경찰서 제임스 크로울리James Crowley 경사가 정복 차림에 순찰차를 타고 하버드 스트리트 웨어 인근을 순찰하다가 비상통신 센터의 가택침입 추정 방송을 듣고 곧바로 그곳으로 달려갔다.

계단 위 현관으로 올라가는데 인도에 서있던 여성이 경사를 불렀다. 휠렌은 신분을 밝히고 자신이 목격한 바를 간단하게 설명했다. 크로울리는 경찰이 출동했으니 잠시 기다리라고 한 뒤 현장을 조사하기 시작했다.

문을 향해 돌아서는데 유리창 너머 로비에 늙은 흑인이 서 있었다. 게이츠와 운전사는 15분 동안 문과 씨름한 끝에 아예 뜯어내는 쪽을 택했다. 그리고 게이츠는 집안으로 들어가고 운전사는 떠났다. 크로울리 경사는 할 얘기가 있으니 로비의 남자에게 현관 밖으로 나올 것을 요청했다.

"아니, 싫소." 크로울리 경사의 보고서에 따르면 남자는 그렇게 대답했다.

게이츠는 당시를 이렇게 회고했다. "본능적으로 나가면 안 된다고 생각했어요." 게이츠는 나이 쉰아홉에 키는 175cm에 조금 못 미쳤다. 체중은 68kg 정도였다. 반면에 경찰은 30대였고 키도 게이츠보다 10cm 이상은 더 컸다. 게이츠에 따르면 경찰 말투는 위협적이었다. 교수는 경찰을 '총을 든 백인 덩치'라고 표현했다.

크로울리의 보고서를 보면, 게이츠가 관등성명을 밝히라고 해서 알려주었다. 이 집에 '가택침입 신고가 들어와 수사 중'이라는 설명도 덧붙었다. 게이츠가 문을 열고 외쳤다. "뭐야? 내가 흑인이라서 그래?"

크로울리는 신분증을 요구했지만 게이츠는 거절했다. 그리고 되레 경찰의 이름을 물었다. 크로울리의 설명에 따르면, 게이츠는 신분증을 가지러 부엌으로 가고 크로울리도 뒤를 쫓아 들어갔다. "아무리 생각해도 기가 막히더군요. 어쨌든 신분증을 보여줄 생각이었어요. 그래야 이 친구를 내보낼 테니까. 모르긴 몰라도 머릿속으로 온갖 망상을 하고 있었겠죠. 가택침입 깜둥이를 체포하다!" 게이츠는 며칠 후 〈워싱턴포스트〉와 인터뷰를 했다.

경찰은 게이츠에게 집에 또 누가 있는지 물었다. 그때쯤 게이츠는 경찰이 할 일도 없느냐는 식으로 신경질을 부렸다. "내게… 인종차별주의자 '짭새'라고 욕을 했다." 크로울리의 보고서 내용이다. 흑인의 신분은 아직 미확인이지만 크로울리도 이 남자가 이 주소에 거주한다고 믿기로 했다. "내가 보기에는 남자가 저를 향한 적개심에 크게 놀라고 당혹스러워하는 것 같았습니다." 크로울리의 설명이다.

게이츠의 설명은 좀 다르다. 그는 경찰에게 하버드 대학과 매사추세츠 신분증을 보여주었다. 두 곳 모두 주소가 기록되어 있었다. 경찰에게도 계속 물었다. "'당신은? 이름과 배지번호를 대쇼.' 나도 화가 났거든요." 게이츠는 경찰이 끝내 신분을 밝히지 않았다고 주장했다.

크로울리는 무전을 보냈다. 현재 어디 어디에 와 있는데, 집주인으로 보이는 사람이 '매우 비협조적'이라는 내용이었다. 보고서에 따르면, 교수는 휴대폰으로 전화를 걸어 "서장 바꿔. 서장 이름이 뭐야?"라고 묻고는 자기 집에 "인종차별주의자 경찰이 들어와 있다"고 소리쳤다. 남자가 경찰을 돌아보며, "감히 내가 누군 줄 알고 그러느냐?" "이제 똑똑히 알게 될 거야"라는 식의 말도 했다고 크로울리는 보고서에 썼다.

게이츠는 계속 소리를 지르며 크로울리에게 신분을 밝힐 것을 요구했다. 크로울리는 이미 신분을 밝혔다고 주장했다. 게이츠가 나중에 밝힌 얘기로는 계속 경찰의 관등성명을 요구했는데 무시당하자 열이 뻗쳤단다. 그가 경찰에게 투덜댔다. "미국은 늘 흑인을 이런 식으로 대하지."

크로울리의 얘기로는 게이츠는 계속 그를 인종차별주의자라고 욕하며, 내가 누구인 줄 알고 감히 건드리느냐는 식으로 몰아붙였다. 크로울리는 그만 떠나는 게 좋겠다는 생각에 뒤돌아 나오며, 게이츠에게도 그저 밖에서 얘기할 생각이었다고 말해주었다. 게이츠도 가만있지 않았다. "좋아, 밖에 나가서 당신 어미와 얘기하자고."

인도에는 몇 사람이 모여 있었다. 케임브리지와 하버드 대학의 경찰들, 휠렌, 구경꾼 몇 명… 교수가 현관으로 나올 때 다들 크로울리와 게이츠를 올려다보았다. 보고서에 따르면, 경찰이 집 계단에서 인도에 내려설 때까지도 게이츠는 계속 소리를 질러댔다. 경찰을 인종차별주의자로 몰아세우고, 절대 가만있지 않겠다며 경고했다. 거리의 사람들에게도 소리쳤다. "미국이 흑인들을 어떻게 대하는지 똑똑히 보라고!"

크로울리는 그 상황을 보고서에 상세히 기록했다. 사람들이 보는데도 교수는 계속 소리를 질렀다. "나는 게이츠에게 공무집행방해 소지가 있다고 경고했다." 게이츠는 그래도 계속 악을 썼다. "나는 게이츠에게 재차 진정하라고 경고하며 수갑을 꺼냈다." "그리고 게이츠가 악을 쓰는 동안 '당신을 체포하겠다'고 알려줬다."

크로울리의 증언에 따르면 크로울리는 현관으로 돌아가 수갑을 채우려 했으나 게이츠가 저항했다. 게이츠는 자신이 장애인이며 지팡이가 없으면 쓰러진다고 소리쳤다. 등 뒤로 수갑을 채우자 손이 아프다고 불평했다. 결국 수갑을 벗긴 다음 두 손을 몸 앞으로 빼내 다시 채웠다.

크로울리는 지팡이를 가지러 집 안으로 들어갔다. 하버드 교수는 순찰차에 실린 채 케임브리지 경찰서로 끌려가 서류를 작성하고 지문을 찍었다. 그리고 혁대, 지갑, 지팡이를 제출한 다음 감방에 갇혔다.

인종 갈등 폭발로 궁지에 몰린 대통령

게이츠의 체포로, 미국이 인종 문제를 극복하고 있다는 환상도 순식간에 깨졌다. 사건 내용이 언론매체를 타고 퍼져나가면서 양쪽에서 분노가 폭발하고 사건은 꼬일 대로 꼬여만 갔다. 게이츠의 주장대로라면, 자신이 체포된 것은 오직 흑인이기 때문이다. 경사 말처럼 심하게 대들지도 않았다.

크로울리는 크로울리대로 게이츠의 행동이 '혼란과 난동'에 가까웠다고 주장했다. 공무집행방해 혐의가 충분했다는 것이다. 그러다 보니 어느새 진실은 증발하고, 주장은 내내 엇갈리기만 했다. 버락 오바마의 당선에도 불구하고 인종 갈등은 여전히 미국의 골칫거리로 남아있었다.

"헨리 루이스 게이츠의 체포가 인종 갈등의 상징이 되는 데는 채 하루가 걸리지 않았다. 미국에서 가장 유명한 흑인 지식인이 수갑을 찼다. 그건 흔하디 흔한 프로파일링*이 아니라 평등으로 가는 길이 얼마나 험난한지 알려주는 이정표다. 유명인이 자기 집 현관에서 경찰에게 잡혀갔다. 그럼 도대체 보통 흑인들은 어떻게 취급당하겠는가." AP통신의 논평이다.

하버드의 사회학자 로렌스 보보Lawrence Bobo가 경찰서에 찾아가 보석금 40달러를 내고 게이츠를 집에 데려다주었다. "소설 《트와일라이트 존》처럼 초현실적인 순간에 갇힌 기분이 들었어요. 얼마나 화가 났는지 모릅니다."

보보는 그렇게 말하며 "지금까지 당연시했던 신뢰가 완전히 깨지고 말았습니다"라고 덧붙였다. 게이츠는 신분증도 제시하고 자기 집이라는 사실도 증명했다. "그럼, 상황은 그 자리에서 끝이 났어야죠. 그런데 앙금이 남은 거예요. 경찰은 오히려 자신이 치욕스럽게 당했다고 느꼈을 겁니다."

논란은 미국 경찰이 흑인을 어떻게 다루느냐에 대한 논쟁

---

* Profiling: 인종이나 연령 등의 특징을 이용하여
  범죄 관여 여부를 추정하는 행위

으로 비화됐다. 게이츠는 〈워싱턴포스트〉와의 인터뷰에서 소회를 밝혔다. "미국 시민이 경찰 개인에게 속절없이 당할 수 있다는 사실이 놀랍더군요." 그는 흑인과 가난한 사람들은 "나쁜 경찰의 폭력에 아무렇게나 노출되어 있습니다"라고 덧붙였다. 그 후 〈제트Jet〉와의 인터뷰에서도 게이츠는 크로울리가 보고서에 기록한 상황을 전부 부인했다. "경찰이 아니라 문학도였군요. 새빨간 거짓말입니다."

7월 21일 화요일 검찰은 게이츠의 기소를 취하하는 식으로 논란을 가라앉히려 했다. 케임브리지 경찰서도 공식 논평을 내보냈다. "이번 사건으로 게이츠 교수나 케임브리지 경찰서의 인격과 명예가 훼손되지 않기를 바랍니다." 성명은 케임브리지 경찰과 게이츠가 공동 명의로 발표했다.

경찰 대변인 켈리 다운스Kelly Downes도 한마디 보탰다. "제가 보기에는 두 성인이 서로 대응했는데… 그 사이에 냉정한 이성이 외출을 해버린 경우입니다. 게이츠도 운이 좋지 않았고 케임브리지 경찰서도 일이 꼬이고 말았죠."

이번 사건은 신임 대통령한테도 만만치 않은 도전이었다. 오바마는 여전히 어느 차원까지 인종 문제를 파고들 수 있고 파고들어야 하는지 저울질 중이었다. 인종 문제의 경우 어지간히 말조심을 한다는 정도는 잘 알려진 사실이다. 정치를 해오면서도 대체로 말을 아꼈다. 선거 유세 중 친구 제레미아 라이트 목사가 곤경에 처했을 때 인종 관련 연설을 한 것이 대표적 예외일 것이다.

지금껏 오바마의 인종 연설은 신중하게 작성하고 연습도

충분히 했다. 하지만 7월 22일 골든아워 시간대의 기자회견은 사뭇 달랐다. 사실 질의응답 시간의 목적은 보건 시스템 개혁이 현재 어떻게 진행되는지 밝히는 데 있었다. 개혁안의 핵심을 마무리한 후 대통령이 마지막 질문을 받았다. 질문자는 〈시카고 선타임스〉의 린 스위트였다.

"최근 헨리 루이스 게이츠 주니어 교수가 케임브리지 자택에서 체포되었습니다. 그 사건에 대해 어떻게 생각하시는지요. 그 사건이 미국 내 인종 갈등과 어떤 관계가 있을까요?"

오바마가 대답했다. "음… 우선 스킵 게이츠가 제 친구라는 점을 밝힙니다. 말하자면 어느 정도 편견이 있을지도 모른다는 뜻이죠. 사실 그 사건에 대해 모든 사실을 알지는 못합니다." 실제로 사실관계가 조금 틀리기도 했다. "보도대로라면 그분이 열쇠가 없어 쇠지레로 문을 따고 들어갔다죠?" 게이츠는 자신한테 열쇠가 있었지만 문이 꼼짝도 하지 않았다고 증언한 바 있다. 오바마가 계속 이어갔다. "그 다음 경찰서에 강도가 가택침입을 한다는 신고가 들어왔고요. … 여기까지는 맞죠?"

오바마는 분위기를 가볍게 하려 애썼다. "이를테면 내가 이곳을 침입하려 한다면…" 그가 엄지로 어깨 너머의 백악관, 특히 자신이 서 있는 이스트룸을 가리켰다. 넓고 붉은 카펫, 크고 번쩍이는 목재 문들… 기자들이 웃었다. "어… 사실관계가 지금은 여기가 내 집이라 생각하니 그런 일은 일어나지 않겠죠. 그냥 시카고의 옛집을 예로 들어봅시다." 그가 말을 이어갔다.

오바마는 한껏 미소를 지으며 순간을 즐겼고 기자들도 다시 웃음을 터뜨렸다. "여기서는 총 맞아 죽을 테니까요." 기자들이 웃은 이유는 자기통제로 유명한 지도자로서는 놀랍도록 신랄한 비아냥이기 때문이다. 오바마는 자신이 어디까지 말할 수 있는지 실험했을 것이다. 따라서 농담으로 말의 수위를 조절할 필요가 있었으리라.

그날 밤 늦게 MSNBC의 레이철 매도우Rachel Maddow도 자신의 프로그램에서 그 점을 지적했다. "매우 훌륭한 농담이고 큰 웃음도 자아냈죠. 실상은 미국의 인종 프로파일링에 대한 매우 신랄하고 예리하며 직접적인 논평이었습니다."

"지금까지는 괜찮습니다. 경찰은 할 일을 했죠. 신고가 있었고 수사를 했어요. 그 시점에서 내가 이해하기로는 게이츠 교수는 이미 집 안에 들어갔어요. 경찰이 따라 들어가고, 약간 말다툼이 있었겠죠. 문제는 게이츠 교수가 신분증을 보여주고 그곳이 자기 집이라는 사실도 증명했다는 겁니다. 그런데 공무집행방해 혐의로 체포됐어요. 결국 기소는 철회되고."

대통령은 최대한 조심했으며 자신이 아는 사실들만 나열했다. "직접 보지는 못했으니 그 사건에서 인종이 어떤 역할을 했는지 저도 잘 모릅니다."

그때 오바마가 방향을 틀면서 논평을 시도했다. 그리고 유머를 잊고 실수를 범했다. 후에 백악관 참모들은 기자들에게 이렇게 해명했다. "대통령께서도 게이츠의 체포에 개인적으로 분노했으며 그래서 속내를 밝히고자 하셨습니다." 오바마도 위험한 순간임을 깨닫고 있었다. 임기 중 최초로 맞닥뜨린 인종 문제 논쟁이 아니던가. 참모들과 그 문제를 어떻게 풀어낼지 논의도 했다. 법관 출신으로서 게이츠가 집주인임을 확인해준 다음에 체포되었다는 사실이 중요하다는 것도 알고 있었다. 따라서 명백한 부당행위에 분노하지 않을 수 없었던 것이다. 자신도 흑인이 아닌가.

"아무튼 이 말은 해야겠어요. 첫째, 그게 누구라도 아주 화가 날 겁니다. 둘째, 케임브리지 경찰은 어리석은 짓을 했어요. 자기 집이라는 사실을 증명했는데 체포하다니."

그리고 논쟁의 역사성을 꺼내 들었다. "셋째, 아시다시피 이 사건과 별개로 이 나라에는 아프리카계와 라틴계 미국인들이 경찰에게 부당하게 취급 당한 역사가 아주 길고 깁니다. 이건 분명한 사실이에요."

대통령은 그나마 많이 나아졌다는 식으로 마무리를 지었다. "인종은 이 사회의 구성인자입니다. 아무리 그래도 지금까지의 기적 같은 발전을 후퇴시키지는 못해요. 나는 오늘 바로 그 역사적 발전의 시금석으로 이 자리에 섰습니다."

언론매체는 오바마의 말 중에서도 단어 하나를 물고 늘어졌다. 물론 '발전'은 아니었다. 기자회견이 있던 날 저녁, 방송사들은 오바마 대통령이 케임브리지 경찰이 게이츠를 체포한 데 대해 '어리석은' 짓을 했다고 단언했으며, 따라서 논란이 예상된다고 지적했다.

NPR의 〈올 씽스 컨시더드All Things Considered〉의 워싱턴 논설위원 론 엘빙Ron Elving은 궁지에 몰린 대통령을 이렇게 요약했다. "이 아주 특별한 관형어를 많이, 아주 많이 듣게 될 겁니다."

뼛속까지 조정자를 자임하는 대통령으로서 괴로웠다. 적잖이 놀라기도 했다. 인종 갈등 사건에 더해 어휘 선택 문제로 언론을 자극하고 국론까지 양극화시킬 위험에 처한 것이다. 참모들도 표현에 다소 문제가 있었다며 아쉬워했다.

　　백악관 언론담당비서관 로버트 깁스가 행정부 내의 당혹감을 솔직히 인정했다. "다시 말할 기회가 있다면 단어를 바꾸고 싶으실 겁니다." 이슈의 폭발성을 모르는 사람은 아무도 없었다. 특히 24시간 뉴스 방송이 극성이었다. 깁스도 아쉬움을 표했다. "인종과 정치 얘기만 나오면 케이블 TV가 고깃덩어리를 만난 하이에나처럼 달려듭니다."

　　게이츠와 크로울리, 양 진영은 곧바로 진지를 강화했다. CNN 쇼 앤더슨 쿠퍼와의 첫 인터뷰에서 교수는 크로울리 경사의 사과를 받고 싶다고 했다. "크로울리 경사에게 아무 말도 듣지 못했어요." 게이츠가 말했다. 크로울리가 잘못을 깨닫고 보고서 조작을 인정한다면 "인간적으로 기꺼이 용서할 의향이 있습니다."

　　크로울리는 이미 어떤 형태의 사과도 거부한 터였다. 그 상황에서 자신의 행동은 완전히 적절했다는 것이다. 보스턴 WCVB-TV의 평가처럼 "세상은 불확실성투성이지만 크로울리 경사가 사과하지 않으리라는 것만큼은 너무도 확실하다."

　　상대 진영을 향한 비난의 목소리가 난무하는 가운데 크로울리가 케임브리지 경찰로서 11년간 성실하게 복무했으며, 경찰 아카데미에서 인종 프로파일링의 위험에 대해 후배 경관들을 교육시킨다는 사실은 묻히고 말았다. 대통령에 대해서도 한마디 했다. 대통령께 유감은 없지만, 생각은 그냥 생각으로 간직했으면 좋을 뻔했다며 아쉬움을 표한 것이다.

"미합중국 대통령 각하를 110% 지지합니다. 하지만 상황을 제대로 파악하지 않은 채 왈가왈부 하실 일은 아니었습니다."

케임브리지를 비롯해 전국의 경찰들도 자신들의 입장을 대통령에게 전했다. 케임브리지 경찰 감독관 로버트 하스Robert Haas는 기자회견까지 자청해 소속 경찰을 대통령이 악당으로 몰아간 데 대해 동료들과 함께 "매우 고통스럽다"고 말했다.

전국의 5만 공공안전요원을 대변하는 국제 경찰협회The International Brotherhood of Police Officers도 케임브리지 경찰서 편에 섰다. 협회장 데이비드 홀웨이David Holway가 성명서를 발표했다. "대통령의 논평으로 전국 공공안전요원들의 사기가 땅에 떨어졌다."

대통령의 실언으로 나라가 온통 말의 전쟁에 빠졌다. 부통령이 사고뭉치라지만, 이번만큼은 심지어 조가 일으킨 이전의 그 어떤 실언보다 더 큰 파장을 일으켰다. 정치적 우군들도 당혹감을 감추지 못했다. "이렇게까지 큰 실수를 한 적은 없었는데…."

대통령은 측근들과 함께 해결책을 모색했다. 다음 날 오바마가 기금모금 행사 때문에 시카고로 날아갈 때부터 로버트 깁스가 상황 정리에 돌입했다. 그는 대통령 전용기에 동승한 기자들에게 오바마의 논평을 해명했다.

"정확하게 하죠. 경찰을 어리석다고 한 건 아니잖아요? 대통령께서는 단지… 어떤 시점에서 상황이 통제 불능 지경이 되었다고 말씀하신 거예요. 그 점은 다들 이해할 것 같은데요?"

위기는 점점 심각해졌다. 그 바람에 오바마의 의사일정, 특히 그가 크게 신경 쓴 보건 의제까지 수면 아래로 가라앉을 것만 같았다. 시카고에 있는 동안 친구들과 저녁식사를 했는데 다들 이번 난제에 대해 한마디씩 보탰다. 금요일 아침 오바마는 아내 미셸과 상의했다.

금요일 오전 10시, 로버트 깁스는 대통령께서는 더 하실 말씀이 없다고 언론에 통보했다. 오바마의 참모들은 대처방법을 두고 두 갈래로 나뉘었다. 일부는 더 이상 건드리지 말고 사과도 하지 않아야 한다는 쪽이고 다른 사람들은 정면에 나서서 위기를 극복해야 한다고 주장했다.

그날 아침 케임브리지 경찰연합이 기자회견을 열었다. 케임브리지 경찰 최고 책임자 협회장Cambridge Police Superior Offcers' Association 데니스 오코너Dennis O'Connor에게 말조심 따위는 없었다. 그는 단순한 의견충돌을 게이츠 교수가 인종 갈등으로 몰아갔다며, 오바마 대통령이 크로울리 경사에게 사과해야 한다고 정식으로 요구했다.

오코너의 비난을 기화로 오바마는 난도질당하고 있는 통치력을 회복해야겠다고 결심했다. 자신이 상황에 불을 붙이고 그 불에 부채질을 했다면 그에 걸맞은 해명을 할 필요가 있었다. 그렇게 두 진영을 회유할 수만 있다면 다행이겠다. 금요일 정오가 조금 지나고 그가 선임고문 데이비드 액셀로드에게 전화했다. "크로울리 경사에게 전화해야겠어요. 기자실에도 그 사실을 확인해주겠습니다."

극적인 통화와 입장 발표로 사건은 수습되고

오후 2시경 크로울리 경사는 단골 식당인 토미 도일의 아이리시 펍에서 식사 중이었다. 버거를 우적우적 씹고 벨기에산 블루문 백맥을 홀짝이는데 휴대폰이 울렸다. 대화는 짧았다. 주점 공동 운영자 피터 우드맨에 따르면, 전화를 끊고 난 후 크로울리가 만면에 미소를 지었다. "그 친구 말이 '세상에 맙소사, 지금 전화한 사람이 누군지 알아?'였어요."

〈뉴욕데일리뉴스New York Daily News〉에서 예고 방송이 나간 데다, 백악관의 언론담당 비서관 깁스가 미리 전화까지 한 터라, 토미 도일 주점 손님들도 오바마 대통령이 크로울리에게 전화하리라는 사실을 이미 들어 알고 있었다. "말도 안 돼!" 함성이 주점에 메아리쳤다.

어느 순간부터 식당이 조용해졌다. 누군가 TV와 음악소리도 최대한 낮췄다. 평소에 왁자지껄하던 주방에도 정적이 흘렀다. 크로울리는 창문 옆 식탁에 앉아 주점의 시선을 한 몸에 받았다. 손님들이 주변에 모여 귀를 기울였다. 크로울리는 맥주를 홀짝였다. 휴대폰은 바로 앞에 놓여있었다. 주점의 정적 속에서 긴장감은 5~6분이나 이어졌다.

"단추 떨어지는 소리도 들릴 정도였어요." 우드맨의 말이다. 애인 한 쌍이 들어와 자리가 있는지 묻자 사람들이 일제히 돌아보았다. "쉿, 쉿, 아무 말 말고 아무 데나 앉아요!"

마침내 전화벨이 울렸다. 크로울리가 마음을 가다듬고 심호흡을 한 뒤 세 번째 벨소리에 전화를 받았다.

"안녕하십니까, 대통령 각하."

오바마는 스피커폰으로 크로울리를 크로울리 경사라고 불렀다.

"지미라고 부르십시오, 각하." 크로울리가 말했다.

오바마도 버락이라고 불러도 좋다고 말했다.

5분 정도 대화하는 동안 주점은 쥐죽은 듯 고요했다.

"아무도 숨을 쉬지 않았죠." 우드맨이 말했다.

웨이터 카일 시어러가 주문을 받는데 바텐더가 크로울리의 테이블을 가리켰다. "이봐, 지금 오바마 대통령하고 통화 중이야." 시어러는 무슨 개소리냐고 생각하면서도 그쪽으로 건너갔다. "오바마의 목소리를 듣고 나서야 겨우 믿을 수 있었어요."

버락과 지미는 소동 얘기를 했다. 지미는 어서 수습하고 싶다고 말했다. 버락은 느긋하게 지금 어떤 술을 마시는지 물었고, 경찰은 대통령도 블루문을 좋아한다는 사실을 알았다. 두 사람이 통화를 마쳤을 때 장내는 환호와 박수갈채로 떠나갈 듯했다.

크로울리와 통화한 후 오바마 대통령은 백악관 기자 브리핑실로 들어갔다. 담당비서관 로버트 깁스를 기다리던 기자들이 기겁을 했다. 아침에 깁스의 발표가 있었기에 대통령의 입장발표는 사실 기대조차 하지 않았다.

오후 2시 30분, 오바마는 기자들의 흥분부터 가라앉혔다. "할 일 있으면 계속 볼일들 봐요." 기자들이 웃음을 터뜨렸다.

대통령은 지금 막 크로울리와 통화를 끝냈다고 얘기했다. "우선⋯ 느낌부터 말할게요. 훌륭한 경관이고 좋은 사람이더군요. 그건 전화 통화에서 확인했고 그 친구한테도 그렇게 말했습니다."

토미 도일의 아일랜드펍에서도 손님들의 눈이 일제히 벽에 걸린 TV 화면을 향했다. TV에서는 기자들 앞에 나선 대통령을 보여주었다. 웨이터 시어러는 굉장한 명사를 만난 듯한 기분이었다.

"대통령이 TV에 나와 내 옆에 서 있는 남자 얘기를 하잖아요. 나도 괜히 으쓱하더라고요. 별 볼 일 없는 웨이터 주제에 말입니다."

브리핑실에서는 오바마가 이번 소동에서 자신이 어떤 역할을 했는지 설명하고 있었다.

"혼란이 점점 커지고 있군요. 예, 저도 응분의 책임이 있습니다. 단어를 잘못 선택하는 바람에 케임브리지 경찰서, 특히 크로울리 경사를 비방했다는 인상을 주고 말았죠. 인정합니다. 달리 표현할 수도 있었는데 아쉽네요."

오바마는 직접적인 사과 대신, 양 진영인 크로울리와 게이츠도 지나친 바가 있었다는 점을 강조했다. "지금까지 들은 바에 따르면 게이츠 교수를 집에서 끌어내 경찰서로 데려가는 과정에도 과민반응이 있더군요. 게이츠 교수도 과민반응을 보인 것 같고요."

대통령이 짧은 등장은 여느 때보다 가벼운 분위기로 끝났다. 크로울리와 함께 이번 에피소드를 우호적으로 끝낼 방법을 모색해보기로 했다. 경사와 교수를 백악관에 초대해 대통령과 맥주 한잔해도 좋지 않겠는가. 그가 기자들에게 말했다.

바이든과 오바마

"일정이야 어떻게 될지 모르겠지만 어쨌든 함께 해결할 겁니다." 오바마가 씩 웃어보이자 기자들도 밝게 웃었다.

대통령의 말에 따르면, 크로울리도 자신과 게이츠 교수가 겪은 그간의 고통에 유감을 표했다. 기자들이 집을 감시하는 바람에 세 아이가 밖에 나가 놀지도 못한단다.

"그 놈의 기자들을 쫓아낼 방법이 없겠습니까?" 대통령이 경사의 불평을 대신 전하자 기자들이 다시 웃음을 터뜨렸다. 오바마도 크로울리에게 자신의 딜레마를 전했다. "나도 그에게 말했어요. '우리 집 마당에서도 쫓아내지 못한다오.'" 기자들이 다시 웃었다.

발표를 마친 후 대통령은 게이츠한테 전화해 백악관에서 맥주 한잔 할 의향이 있는지 물었다. 물론 크로울리와 함께였다. 교수도 동의했다.

주말이 되자 기자들이 행정부 관료들에게 모임 계획에 대해 물었다. 언론에서는 이미 그 모임을 '맥주 회담'으로 명명하기까지 했다. 일요일 CBS의 〈페이스 더 네이션〉의 사회자 밥 쉬퍼는 오바마의 고문 데이비드 액셀로드에게 관련 질문을 던졌다. "어…, 두 분 다 관심을 표했으니, 곧 모임이 있을 겁니다. 대통령께서도 이번 기회를 빌려… 역사적으로 혼란스러운 주제에 대해 토론의 창구를 열어두실 겁니다."

여느 아프리카계 미국인과 마찬가지로 오바마도 미국에서 흑인으로 살아가는 것이 얼마나 굴욕적인지 잘 알고 있었다. 젊은 시절, 자신의 문화적 자아를 추구하는 과정에서도 흑인들의 고통을 고민했다. 그 얘기는 그의 저서 《아버지의 꿈》에 생생하게 기록해두었다.

책에서 오바마는 백인 조부모의 집에서 살 때의 일화를 소개했다. 어느 날 아침 부엌에 들어갔는데 두 분이 한창 얘기 중이었다. 그 전날 할머니가 일하러 나가는데 버스정류장에서 한 남자가 다가와 돈을 요구하더란다. 오바마의 할머니가 말했다. "그 사람은 아주 무례했단다. 베리, 정말 무례했어. 1달러를 줬는데도 계속 요구했어. 때마침 버스가 와서 다행이지, 안 그랬으면 내 머리를 때렸을지도 몰라."

할아버지도 크게 걱정했다. 아무래도 신경이 쓰이는 모양이다. "전에도 남자들 때문에 고생한 적이 있었다. 할머니가 왜 저렇게 무서워하는지 아니?" 할아버지는 대답도 기다리지 않고 계속 말을 이어갔다. "흑인이라서 그래. 네가 오기 전에 그 자가 흑인이라고 말하더구나." 할아버지는 흑인이라는 단어를 속삭이듯 내뱉었다. "할머니가 무서워하는 이유는 그래서야. 내가 보기엔 합당치 않다만."

그 말에 어린 배리는 한 대 얻어맞은 기분이었고, 한참 백인과 흑인의 경계를 들여다보았다. 오바마는 이렇게 썼다. "그렇게 손자를 사랑하고 손자의 성공을 바라마지 않는 분들이다. 그럼에도 불구하고 내 형제일 수 있는 사람들이 여전히 지독한 두려움의 대상일 수 있다는 사실을 깨달은 것이다." 베리에게는 가혹한 현실이었다.

오바마도 2급 시민의 기분이 어떤 것인지 잘 알고 있다. 위대한 흑인 저자, 볼드윈, 엘리슨, 휴즈, 두 보아 등의 저서도 읽었다. "내 태생을 바탕으로 내가 아는 세상과 화해하려 노력도 했다." 흑인의 예속과 학대의 오랜 역사도 연구했다. 백인이 지배한 이유는 "흑인을 상대로 여전히 근본적인 권력이 작동하기 때문"임을 믿게 되었다. 젊은 시절에는 백인의 지배가 전 국민의 집단 기억이라고 믿었기에 "좋은 백인과 나쁜 백인의 차이를 구분"하지 못했다.

수백 년에 걸쳐 뿌리 박힌 어렵고도 긴 싸움

게이츠–크로울리 사건 덕분에 오바마는 미국 문화의 인종 갈등에 대해 연설할 기회를 얻었다. '대통령 메가폰'을 사용한다면야 국민이 공감하고 이해하도록 이끌 수도 있겠지만 지금은 입지를 회복하는 것만으로도 버거웠다. 액셀로드가 〈페이스 더 네이션〉에서 언급했듯이, 오바마는 이번 갈등을 국민 교육의 기회로 삼고자 했다.

오바마는 책임교사가 되어 논의를 이끌어가고자 했다. 그날 아침 〈페이스 더 네이션〉에서도 조지타운 교수이자 작가 마이클 에릭 다이슨Michael Eric Dyson이 전국적 인종 논의에서 대통령이 의미 있는 역할을 해야 한다고 촉구했다.

"여기 큰 문제들이 있습니다. 크로울리 씨와 게이츠 씨가 백악관에서 오바마 대통령을 만나 맥주를 마신다? 그건 좋아요. 하지만… 우리가 괴로운 이유는 구조적인 문제들 때문이죠. 대통령의 불량학생들은 목소리가 엄청 큽니다. 그 바람에 대통령은 언급을 피하거나 주저하고 있는 겁니다. 그러나 주저할 게 아니라 오히려 직접 맞닥뜨려야 합니다."

다이슨의 동료 패널이자 〈워싱턴포스트〉의 보수파 칼럼니스트 캐슬린 파커Kathleen Parker도 동의했다. "이번 인종 논의는 어느 때보다 절실합니다."

흑인 권력의 전문가 브렌다이스 대학의 교수 페니얼 조셉Peniel Joseph도 〈고등 교육 크로니클Chronicle of Higher Education〉에 글을 기고했다. "버락 오바마가 당선된 이후에도 미국의 인종 불균형은 여전히 뿌리가 깊다… 게이츠 사건은 인종 정책이 여전히 시궁창에서 헤매고 있음을 보여준 상징적 사건이다."

날짜가 정해졌다. 7월 30일 목요일 게이츠와 크로울리가 백악관에 와서 오바마와 맥주를 마시기로 했다. 언론매체는 당연하다는 듯 멍청한 가십거리에 매달렸다. 세 남자의 음주습관에 대해 〈캔자스시티 스타Kansas City Star〉에서는 이런 질문을 했다. "오바마, 게이츠, 크로울리는 어떤 맥주를 좋아할까?" 〈샌프란시스코 크로니클San Francisco Chronicle〉 웹사이트에서는 독자들에게 어떤 맥주가 테이블에 오를지 여론조사까지 시행했다.

미국산 맥주 대신 외제를 올릴까 불안해하는 사람들도 크게 늘었다. 심지어 맥주 자체가 기호가 다양한 음료라며 실망스럽다는 이도 있었다. 캘리포니아, 리버사이드의 주민, 수전 보케Susan Bourque가 지역신문 〈프레스 엔터프라이즈Press Enterprise〉에 자신의 견해를 실었다.

"대통령이 특정 음료를 광고하려고 하는데도 아무렇지 않게 받아들이는 분위기가 더 이상하다."

기자들은 경쟁이라도 하듯 행사의 이름을 짜냈다. '세 잔의 화합', '비어스트로이카', '담대한 맥주'*, '세맥하라', '화합을 위한 건배' 등등.

만남의 날 오후, CNN은 화제의 행사 사전 프로그램을 내놓았다. 앵커 키라 필립스Kyra Phillips가 백악관 특파원 에드 헨리에게 '깊은 논쟁과 가벼운 음주' 둘 중에 어느 쪽이 될지 물었다. 헨리는 백악관 대변인 로버트 깁스의 말을 인용하는 것으로 대답을 대신했다. "얼마 전 대통령께서 새로운 정책을 내놓거나 의제를 논할 생각은 없다고 말씀하셨습니다. 정말로 사적인 모임으로 여기시는 듯합니다."

'맥주 회담'이 진행되기 직전 배석인원이 많아졌다. 회동 전에는 단 세 사람한테 집중했다. 오바마가 게이츠, 크로울리와 함께 백악관 정원 로즈가든의 피크닉 테이블에서 맥주잔을 부딪치는 그림이었다.

신문과 방송 카메라가 15m 거리에서 30초가량 사진과 영상을 찍는데 제4의 인물이 화면에 잡혔다. 하기야 화기애애한 분위기를 원한다면 흥을 돋우는 사람 하나는 끼어야 말이 될 법도 했다. 바로 부통령 조 바이든이다.

당시 펜실베이니아 주의 주지사인 에들 렌델Ed Rendell이 바이든의 매력을 요약해주었다. "행정부 내에 함께 맥주를 마시고 싶은 사람을 고르라면 다들 조 바이든을 선택할 겁니다."

백악관 소통비서관 케이트 베딩필드Kate Bedingfeld의 말마따나 4인의 맥주 파티는 '아슬아슬하고 위태로운 상황'이었다. 부

---

* '담대한 맥주The Audacity of Hops'는 오바마의 저서
  《담대한 희망》을 패러디한 것이다.

통령의 사교 기술에 많은 부분을 의지해야 하기 때문이다. "대통령이 부통령을 초대한 까닭은 그가 인간의 감정을 꿰뚫고 통째로 이해하는 신비한 능력을 지녔기 때문"이었다. 바이든이 배석함으로써 "두 사람이 서로를 얼마나 신뢰하는지, 개인적으로 얼마나 가까운지" 보여주었다. 베딩필드가 설명했다.

바이든의 등장으로 테이블 풍경도 균형을 맞추었다. 아프리카계 미국인 둘과 백인 한 명이 아니라 흑인 둘과 백인 둘, 외면적으로나마 인종적 불균형을 극복한 것이다. 경찰 친화적이고 노조 친화적인 노동자 계급 출신의 바이든을 테이블에 앉힘으로써, 오바마의 말실수로 발끈한 전국 경찰들에게도 행정부의 메시지를 보낸 셈이다.

바이든이 함께했다 해도 대화가 쉬운 것은 결코 아니었다. 게이츠와 크로울리는 정장에 타이 차림이었다. 목련나무 그늘이라 해도 바깥은 덥고 습했다. 오바마와 바이든도 타이를 맸으나 재킷 없이 소매를 말아 올렸다. 흰색의 타원형 테이블에는 달랑 시원한 맥주 잔 4개와 땅콩과 비스킷을 담은 은빛 종지들뿐이었다.

백악관 웨이터가 정복 차림으로 드나들기는 했어도 사실 느긋한 가든파티와는 거리가 멀었다. 앨런 아벨슨Alan Abelson이 그의 저서 《배런스Barron's》에 썼듯이 그런 세팅에서 부통령의 기여는 특별했다. "조 바이든은 공식적인 수다꾼으로 참여했다. 썰렁한 파티에 활력을 불어넣는 역할이다."

대화는 심각하기도 했고 가볍기도 했다. 오바마, 게이츠, 크로울리가 맥주잔을 부딪칠 때는 '화기애매'했다. 어느 시점에선가 조가 과자 종지에 손을 뻗으며 무슨 말인가를 했는데 그 말에 버락이 활짝 웃었다.

　미국의 주류업체들은 대통령의 맥주 선택에 불만을 표했다. 대통령은 벨기에의 버드라이트를 고수했다. 크로울리는 블루문 벨지언화이트를 오렌지 조각과 함께 마셨다. 게이츠는 레드스트라이프를 기대했지만 샘 애덤스의 라이트비어로 만족했다. 금주주의자 바이든은 무알콜 버클러 비어를 라임 안주와 함께 마셨다.

행사를 보도하는 과정에서 신문매체는 케이블 네트워크의 보도 행태를 나무랐다. 〈워싱턴포스트〉의 다나 밀뱅크Dana Milbank는 뉴스 방송사들이 '맥주 회동'을 두고 갈지자걸음을 걷고 있다고 비판했다. MSNBC는 맥주잔 세 개를 보여주며 '빅매치'까지 카운트다운 시계를 내걸고, CNN은 카운트다운 시계에 맥주잔을 부딪는 장면을 자체 제작했다.

　밀뱅크가 보기에는 회동 자체로는 인종 갈등 주제를 이끌어갈 원동력이 거의 없었다. "빅매치는 소리만 요란했다. 셋이 로즈가든에 모였지만 의제도 논의도 없었다. 결국 '빅'매치는 '빈'매치로 끝나고 잔치에서 나온 것은 땅콩과 말잔치뿐이었다." 참석자들도 나름대로 의견을 더했다. 크로울리는 기자회견을 통해 대화는 '진솔하고', '매우 따뜻하고', '친밀했다'고 전했다.

　"오늘 여러분이 목격한 장면은 두 남자가 특정한 사안을 두고 동의하지 않는다는 데 의견 일치를 본 것입니다. 따라서 오늘 논의의 구체적 내용은 말하고 싶지 않습니다." 회동에 배석한 바이든에 대해 묻자 이번에는 대답도 빨랐다. "부통령은 정말 대단한 분이셨어요. 아내, 아이들과 함께 백악관 내에서 잠시 바이든을 만났는데 아이들한테 얼마나 친절하든지요. 그날의 주제와 상관없는 얘기들도 몇 개 들려주셨죠."

게이츠는 2008년 자신이 공동으로 설립한 웹사이트, 더 루트The Root에 감상을 올렸다. "지난주 내 체포에 대해 전국적으로 시끄러웠다. 격렬하고 혼란스럽기까지 했다. 하지만 이제 일상적인 경찰 단속이 얼마나 위험한지, 인종 프로파일링이 얼마나 끔찍한 일인지, 공감대가 더 커졌다고 믿을 만한 이유가 생겼다."

오바마의 법무장관 에릭 홀더Eric Holder는 그해 초 행정부의 흑인 고위 관료가 인종 문제에 대해 솔직하게 말하는 것이 얼마나 위험한지 확인해야 했다. 2월 오바마가 취임한 지 한 달도 채 되지 않아, 그는 수백 명의 사법부 직원들에게 흑인 역사의 달*을 주목하라고 역설했다.

"이 나라는 스스로 인종의 도가니라며 자랑스러워 하지만 실제로는 늘 인종차별적입니다. 결국 근본적으로 겁쟁이 나라로 남을 것입니다." 홀더가 군중을 향해 얘기했다.

정말로 앞으로 나아가려면, 진정한 진보를 이루려면, 아직 해결되지 않은 채 곪아 터진 수많은 인종 문제에 대해 솔직하게 대화할 필요가 있다는 뜻이다.

"평범한 미국인들은 인종에 대해 말하기를 꺼려합니다. 지금껏 한 번도 편하지 않았던 문제이니까요. 우리나라의 역사를 보면 이해 못할 바도 아닙니다."

오바마의 논평과 달리, 홀더는 인종적 겁쟁이라며 미국을

---

* Black History Month: 2월은 건국과 발전에 기여한 흑인사회의 기여와 공로를 기리고 축하하는 달이다.

맹공했어도 그 말을 말실수로 여기는 사람은 아무도 없었다. 이는 법무장관이 충분히 의도와 목적을 갖고 사용한 개념이기 때문이다. 다만 보수진영에서 만큼은 득달같이 물고 늘어졌다. 〈워싱턴포스트〉부터 열을 올렸다. "더도 덜도 없이 홀더는 나이, 인종 관계없이 미국인 모두를 모독했다." 신문을 읽어보면 홀더의 논평은 "도덕적 파산 지경에 거짓투성이며 기껏 자신의 오만을 여과 없이 드러낼 뿐이었다."

러시 림보Rush Limbaugh는 자신의 라디오 프로그램에서 홀더의 논평을 "용서불가"라고 몰아붙였다. 죠나 골드버그Jonah Goldberg는 〈내셔널리뷰National Review〉 웹사이트에서 홀더의 견해가 "진부하면서도 섬뜩하다"고 평가했다.

오바마 대통령은 열기를 가라앉히기 위해 홀더의 표현과 거리를 두었다. "내가 법무장관에게 조언을 했다면 우리는 다른 개념을 사용했을 것이다. 그 정도만 말하겠다." 〈뉴욕타임스〉와의 인터뷰 내용이다.

오바마는 다시 길고 긴 싸움을 준비했다. 미국의 인종 문제를 보다 크게 역사와 진보라는 문맥 속에서 다루기로 한 것이다. "내 생각에는 인종 문제를 아무리 얘기해봐야 뿌리 깊은 갈등은 해소될 수 없다. 인종 갈등을 해결하려면 우선 경제를 회복하고 일자리를 마련해야 하며 의료서비스를 제공하고 아이들에게 배울 기회를 제공해야 한다. 그렇게 한다면 우리 대화도 좀 더 발전이 있을 것이다."

오바마는 특유의 통찰력으로 이미 2월부터 한 말이 있다. "인종에 대해 얘기할 때 우리는 종종 불편해한다. 자칫 인종 간의 싸움이나 갈등이 벌어질 수 있기 때문이다." 이제 몇 개월 후 게이츠 논쟁의 중심에서 대통령은 미국에서 인종 문제 자체를 논하는 게 얼마나 어려운지 실감해야 했다. 특히 오바마 자신에겐 더욱 더 힘들었다.

버락과 조가 빚어내는 인종화합의 가치

인종 문제에 대한 침묵이 대통령 유세 중 국민 앞에서 내건 약속은 아니다. 저술가 타네히시 코츠Ta-Nehisi Coates가 기억하기로도 제레미아 라이트 문제로 시끄러웠을 때 오바마는 인종 문제의 실상을 얘기할 필요가 있다고 단정했다.

"이 나라는 지금 더 이상 인종 문제를 외면해서는 안 됩니다." 2008년 3월 인종 관련 명연설에서 한 얘기다. 그런데 취임한 이후 오바마는 보란 듯이 인종 문제를 외면했다. 게이츠 사건 3년 후 코츠가 그의 저서인 《대서양The Atlantic》에서 이렇게 탄식했다.

부끄러운 일이다. 왜냐하면 오바마가 단순히 '미국 최초의 흑인 대통령'이어서가 아니라 '흑인연구 강좌를 열 수 있는 최초의 대통령'이기 때문이다. 코츠에 따르면 오바마는 직접 경험도 하고 위대한 흑인 작가들의 글도 숙독했다. 요컨대 흑인의 삶과 문화에 정통하다는 뜻이다. 오바마는 자신의 저서 두 권에서도 인종 문제를 다루었다.

하지만 "몇 가지 특별한 상황을 예외로 하면, 대통령은 거의 필사적으로 인종 얘기를 피했다. 정치적 셈법이 어떻든 간에 그 결과는 포괄적이고 치명적일 수밖에 없었다. 가장 눈에 띄는 결과는, 오바마조차 미국의 인종사를 직접 거론하지 못한다는 데 있다. 아니, 인종으로 촉발한 문제에 대해서도 그게 무엇이든 의미 있는 행동을 취할 수 없었다."

오바마는 인종에 대한 미국의 잠재적이고 종종 노골적인 적의에 놀라 입을 다물었으며 그 후 인종 문제라면 보다 조용한 행보를 취하기로 했다. 사실 이슈야 어떻든 오바마는 성정이 처음부터 불같은 대통령은 되지 못했다. 그보다는 지성과 논리로 열정을 누르고, 보다 신중한 설득에 의존했다. 미국의 화약고, 인종 문제에 대해서도 결국 실례를 들고 상징을 통해 말하기로 한 것이다.

미합중국 대통령으로서 그의 말과 행동은 앞으로 인종 문제가 개선되리라는 하나의 상징으로 이바지했을 뿐이다. 그의 행동은 그 순간을 위해서만 존재했다. 지상에서 가장 강력한 국가의 하루하루를 운영하는 인물이 아닌가.

지도자의 재킷을 입은 이상, 아무리 인종에 대해 입을 다문다 해도 이미 커다란 울림이 될 수밖에 없다. 그는 미국을 위해, 흑인 국민을 위해, 스스로 선택한 길고 긴 싸움의 살아있는 징표였다. 입지만으로도, 피부색만으로도 그것만은 결코 피할 수 없다.

타네히시 코츠가 이해했듯 "버락 오바마의 아이러니는 여기에 있다. 즉 그가 미국 역사상 가장 성공한 흑인 정치가가 된 이유는 '의견이 분분한' 인종 문제를 회피하고, 조 바이든이 한때

지칭했듯 '오염되지 않은' 대통령이 되었기 때문이다. 하지만 자신의 검은 피부 때문에라도 그가 어쩔 수 없는 흑인임이 드러날 것이다."

오바마 대통령이 인종 문제와 관련해 솔직한 리더십을 포기하면서, 미국 내 흑백 관계에 대해 희망을 피력하는 방식도 더 난해하고 교활해졌다. 조 바이든과의 파트너십은 그 자체의 작동 방식만으로 인종 간 조화의 상징이었다. 말할 필요도 없고 인종적 측면에서 애써 파트너십을 부각할 이유도 없었다. 그냥 그 자체로 위대한 웅변이나 다름없었다.

여기 흑인 대통령과 백인 부통령이 있다. 이는 미국 역사상 최초의 조합이다. 업무 성격상 이따금 긴장감이 돌지는 몰라도, 그럼에도 불구하고 두 남자는 서로에 대한 존중과 신뢰, 호감을 드러냈다. 그 관계 때문에라도, 선도적인 인종 관계라는 점을 특별히 부각하지 않고도 버락과 조는 그 자체로 모범이었다. 오바마 행정부 말기에는 그 이미지만으로도 하나의 멋진 스토리였다.

2009년 7월 30일 이른 저녁 로즈가든에 조가 예고 없이 배석해 무알콜 버클러 맥주를 마실 때 오바마-바이든 관계는 잠재적인 하나의 상징으로 떠올랐다. "백문이 불여일견 아닌가?" 조지타운 대학 사회학자 마이클 에릭 다이슨이 10년 후쯤 그 순간을 회고하며 한 말이다.

바이든의 참석은 게이츠와 크로울리, 전 국민에게 분명한 메시지를 던졌다. 흑인 대통령과 백인 부통령이 나라를 이끌고 있으니 흑인 교수와 백인 경찰도 서로의 차이를 극복할 수 있다.

버락과 조의 관계는 선도적이었다. 다이슨이 보기에 "정치 지형의 정상에 오른 두 사람의 피부색과 관계를 통해 인종 갈등의 해결 가능성을 이상적으로 투사했다."

그날 버락과 조의 합석은 "상징적이고 의미심장한 방식으로 국민에게 많은 것을 보여주었다." 다이슨이 덧붙였다. 시청자는 그곳에서 이뤄지는 대화는 듣지 못한 채 네 사람, 흑인 둘, 백인 둘이 서로 대화하는 모습만 보았다. 그 순간 흑백 대표로서 오바마와 바이든의 역할은 지극히 교훈적이었다. "그들의 합석은 상징적인 힘이 있었다. 힘과 조화의 미를 발산했기에 사람들은 직접 어떤 일이 일어나는지 볼 수 있었다.

조는 없어서는 안 될 인물이었다. 인종 문제에 입을 닫은 흑인 대통령한테는 특히 그렇다. 시민권 수호자로서의 오랜 경력만으로도, 오바마 대신 부당함과 차별 이슈에 대해 목소리를 더할 수 있기 때문이다.

"아이러니하게도 바이든은 어떤 점에서는 흑인의 면모를 충분히 갖추고 있었다. 흑인 버락 오바마에게 도움이 된 것도 그 덕분이었다." 다이슨이 보기에 바이든은 흑인들과 함께 오랜 세월을 일했기에 아프리카계 미국인들과 특별히 긴밀했음은 물론 그들의 곤경에도 크게 공감하고 있었다.

하와이와 인도네시아에서의 성장 덕분인지 오히려 오바마는 흑인의 삶과 문화에서 어느 정도 벗어나 있었다. 다이슨의 주장대로라면 "바이든이 오바마보다 미국 흑인의 의식에 더 익숙하고 친숙했다." 흑인들은 "바이든이 인종 문제의 핵심에 더 가깝다"고 믿었다. 빌 클린턴과 마찬가지로 흑인의 악수방식에도 익숙해 함께 익숙하고도 익살스러운 방식의 악수 경쟁을 할 정도였다.

다이슨은 말했다. "바이든은 인종에 대한 편견이 없기에 어떤 의미에서 백악관에서 가장 '흑인다운 백인'이었다."

'맥주 회담'에서도 바이든은 흑인을 향한 백인의 우호를 상징했다. 그가 배석함으로써 경찰과 교수 사이의 긴장감이 느슨해지고 인종 간 화해의 기대감을 높였다. 그와 버락이 상징적으로 드러내는 동시에 오바마가 전 국민에게 보여주고 싶었던 바로 그 그림이었다.

"게이츠와 크로울리는 흑백대결의 상징이었다." 다이슨은 계속 이어갔다. 오바마는 "인종 갈등을 극복하는 상징으로서 자신의 역할을 강조하기로 마음을 먹었다. 그래서 우리가 함께 공존 가능하다는 사실을 보여주고자 증거물 A, 즉 조 바이든을 데려왔다."

버락과 조의 관계가 빚어내는 인종화합의 가치는 로즈가든의 작은 모임 너머 멀리멀리 퍼져나갔다. 그 상징은 둘의 관계가 지속적인 우애로 발전하면서 향후 수년간 사진과 영상으로 재생산되었다. 둘은 노골적으로 애정을 과시하면서도 자신들이 의인화한 인종적 약속에 대해서는 오히려 함구했다. 두 사람의 관계가 갖는 중차대한 가치를 우리 스스로 받아들이도록 한 것이다.

"오바마가 점수를 딴 정치적 실험이 많지만 둘의 관계가 가장 강력했다고 볼 수 있다. 삶의 궤적이 서로 다른 사람들도 얼마든지 공존할 수 있다는 가능성을 보여주었다. 인종의 음과 양, 특히 흑과 백은 얼마든지 가치 있는 일을 해나갈 수 있다. 사람들은 그 관계에서 희망을 보고 우리도 해낼 수 있다는 열망을 키워나 갔다."

둘의 우정은 급진적이다. 오바마의 통치가 혁명적임을 상 징적으로 드러냈기 때문이다. 실제이든 상징이든, 버락과 조는 200년 이상 이어온 전형적인 흑백 관계를 완전히 전복시켰다. "두 사람은 구조대가 되었다. 그리하여 흑인과 백인은 영원히 구 분되어야 하며 영원히 지배, 피지배 계급으로 존재해야 한다는 사악한 신앙과 맞서 싸웠다. 둘의 관계로서 명확하게 뒤집어버린 것이다. 흑인이 상사이고 백인이 부하가 아닌가." 다이슨은 그렇 게 분석했다.

11장

전우

버락과 조는 격렬한 도발에 시달리며
서로 특별한 이해관계가 생겼다. 한
사람을 공격하면 암묵적으로 파트너를
공격한 셈이 되었다. 대통령은
부통령의 뒤를 지켰다. 부통령이
항상 자신을 지켜준다는 사실을 알기
때문이다. 그 점이 관계의 버팀목이
되어주었다.

아프간 문제를 둘러싼 바이든과 매크리스털의 갈등

스탠리 매크리스털Stanley McChrystal 장군이 조 바이든 부통령과 맞붙었다. 몇 달간 두 남자는 단단히 진영을 다지고, 부시 행정부가 개시한 아프가니스탄 전쟁을 향후 어떻게 이끌어갈지 설전을 벌였다.

가장 최근의 설전은 2009년 10월 1일에 벌어졌다. 그날 매크리스털 장군은 런던에 위치한 국제전략문제연구소International Institution for Strategic studies에서 군사 전문가들을 대상으로 연설을 했다.

매크리스털은 아프가니스탄에서 6만 8,000여 명의 미 병력을 포함해, 10만여 명의 나토 다국적군을 이끄는 최고 사령관이다. 연단에 서자 깡마른 체형이 군복과 무척이나 잘 어울려 보였다. 그날 장군은 빳빳한 군복 차림에 다채로운 기장과 훈장의 모자이크가 가슴을 현란하게 장식했다. 양쪽 어깨에서는 별 네 개가 보조를 맞추어 행진했다.

오바마 행정부는 지난 몇 개월간 광범위하게 아프가니스탄 전술을 검토하고 있었다. 아프가니스탄은 말 그대로 악화일로였다. 장군은 6월에 사령관으로 취임했고 대통령은 매크리스털에게 현장 분석 자료를 요구했다. 장군은 대통령의 지시에 따라

8월 말 66쪽의 비밀보고서를 작성해 보냈다. 문제는 그가 고비용 구조의 포괄적 개입을 목표로, 나름의 계획안을 작성했다는 데 있었다. 지역에 안전보장군을 보강하고, 아프간 정부에 힘을 실어주며, 경제발전까지 도모함과 동시에 탈레반Taliban의 반란을 진압해야 한다는 내용이었다. 그의 주장에 따라 대대적 반란진압 작전을 진행하려면 미국은 대규모 병력 증원을 감내해야 했다.

장군의 전략 목표는 바이든의 계획과 정면으로 충돌했다. 부통령은 백악관의 외교정책 수석고문 자격으로 군비와 임무 축소를 주장하던 터였다. 목표도 분명했다. 그는 아프가니스탄에서 국가를 세우는 것보다 파키스탄의 지역 테러분자들과 알 카에다를 제거하자는 쪽이었다. 그와 매크리스털은 미군 병력을 강화하는 문제에서 정면으로 맞부딪쳤다. 어느 진영도 양보할 기미는 없어 보였다. "아프가니스탄 병력 증강에 유일하게 지속적으로 반대한 고위관료가 바로 조 바이든이었다." 국가안전보장회의 부보좌관 벤 로즈Ben Rhodes가 말했다.

고위급 장성들은 대체로 여론 전쟁에 끼어들지 않는다. 하지만 매크리스털은 달랐다. 아프간 임무가 지극히 중요하고 복잡하다고 확신한 터라 한껏 열을 올렸다. 그로 인한 반향에 대해서는 생각해볼 겨를이 없었다. 런던 연설이 있기 2주 전쯤 〈워싱턴포스트〉의 밥 우드워드Bob Woodward가 매크리스털의 1급 비밀평가서를 폭로해 메가톤급 센세이션을 일으켰으니 당혹스러운 장군의 입장이야 누구나 다 알고 있었다.

매크리스털도 이판사판이었다. 자신의 경험에 비추어 볼

때 자신의 판단은 절대 불변의 진리였다. 그 때문에 워싱턴의 민간인 전문가들과 싸워야 한다 해도 상관없었다. 장군은 런던에 가서 아프가니스탄 현지 상황을 깔끔하면서도 포괄적으로 정리했다. "상황은 심각하고, 악화되는 측면도 없지 않지만", 국가 재건이라는 점에서 보면 "엄청난 진척이 있었다". 그러고는 "도로 건설, 깨끗한 물 확보, 의료 보건 확충, 학교 설립, 여성 교육 기회 확대" 등을 예로 들었다.

어려운 점이 없다는 얘기는 아니다. 무엇보다 폭력과 폭동이 거세졌다. "지금의 흐름을 뒤집어야 해요. 시간이 필요합니다." 그가 선언했다. 시간에 대한 언급은 일부 인사들이 미국의 역할을 축소하겠다는 데 대한 반발이기도 했다. 미국이 손을 뗀다면 아프가니스탄은 혼란에 빠지고 말 것이다. 임무를 축소하라는 바이든의 촉구에도 반기를 들었다. "누군가 소위 '혼돈의 땅' 전략을 취하자고 하더군요. 소말리아처럼 혼돈의 왕국으로 만든 다음 밖에서 통제하면 된다는 식이죠."

하지만 그가 원하는 바는 그 반대였다. "우리한테는 인내와 절제, 결단과 시간이 필요합니다."

무대 위의 매크리스털은 절제미를 보여줬다. 작가이자 기자 에반 토머스Evan Thomas는 아프가니스탄에서 그와 함께 지낼 때 그에게서 '매혹적인 열정과 진솔함'을 보았다. 그는 심지어 자신의 결함까지 솔직하게 드러냈다. "난 성질이 지랄 맞습니다. 성격도 급하고 부하들도 마구 다루죠…." 하지만 그 내면에는 정교한 전략이 숨어있다"고 썼다. 토머스는 장군에게 매료되어 그를 '순종'의 전사라고 부른 바 있었다.

매크리스털은 2성 장군의 아들로 1976년 웨스트포인트를 졸업했다. 토머스의 증언에 의하면 "하루 한 번만 식사를 하고 매일 새벽 5시에 일어나 강박적으로 운동을 한다. 말라 보이는 것은 몸에 지방이 거의 없기 때문이다."

매크리스털은 군대의 강력한 목소리를 냄으로써 아프가니스탄 나토군 수장으로서뿐 아니라 연합합동특전사령부Joint Special Operations Command의 전설적인 전직 사령관으로서도 자기 권위를 확보했다. 벤 로즈의 관점에서 "군 내부에서 매크리스털의 명성은 가히 신화적이다. 이라크와 아프가니스탄에서 특수작전 능력을 구축해낸 주인공이 아닌가. 이른바 정예군은 문을 걷어차고 테러분자들을 체포하거나 사살했으며, 흡사 환자 몸에서 암의 전이를 추적하는 의사처럼 폭동을 진압했다."

연설 후 질의 시간에 '만일 규모를 축소할 경우 아프가니스탄과 파키스탄에서의 테러 전쟁이 성공할까' 하는 질문이 있었다. "대답은 간단합니다. 불가능해요. 아프가니스탄이 안정을 찾지 못한 상태에서 떠난다고요? 그야말로 근시안적인 전략이 될 겁니다."

바이든을 직접 언급하진 않았지만 매크리스털의 상대는 분명했다. 〈뉴욕타임스〉는 런던 연설 기사를 게시하며 두 사람의 갈등을 화두로 올렸다. "아프가니스탄의 총지휘관 스탠리 A. 매크리스털 장군은 목요일 연설을 통해 탈레반 반란을 진압하고 알 카에다를 사냥하는 선에서 전쟁 규모를 줄여야 한다는 요구를 거부했다. 이는 부통령 조셉 R. 바이든 주니어가 제안한 옵션이다."

백악관은 매크리스털의 항명에 발끈했다. 통수권자가 전략적 결정을 내리지 않은 상태에서, 일개 사령관이 먼저 나서서 잠재적 대안이 부적합하다고 공개적으로 반대를 표한 것이다. 오바마에게 보내는 장군의 메시지도 분명했다. 조너선 앨터 기자가 보도했듯이 "대통령이 바이든 편을 들 경우 총사령관이 불복종할 수도 있을까?"

매크리스털은 후에 항명할 뜻은 아니었다고 해명했다. 2013년 자신의 회고록《내 몫의 임무My Share of the Task》에서 인용하자면 "기자들의 질문에서 바이든 부통령을 언급하지 않았고 나도 대답할 때 그를 염두에 두지 않았다. 그런데도 내 대답이 아프가니스탄에 대한 전략적 반발이자, 부통령 견해에 대한 비판으로 보도되었다. 그럴 의도는 없었지만 아무튼 오해의 소지는 충분했다고 본다."

국방장관 로버트 게이츠Robert Gates는 매크리스털이 누굴 염두에 두고 대답했는지 확신했다. "스탠의 연설에 악의는 없었다지만, 후일 어느 회견에서는 바이든이 지지하는 대안을 즉각 거부했다." 게이츠도 2013년 회고록을 출간했다.

2월 행정부 초기에 오바마 대통령은 아프가니스탄 병력을 1만 7,000명 증원하고, 3월 중 다시 아프간 병사 훈련교관으로 4,000명을 추가 파병했다. 이제 미군 병력은 총 6만 8,000명이 되었다. 바이든은 처음부터 아프간에 대한 영향력 확대가 미국의 국익과 무관하게 이루어졌다고 주장했다.

취임 전 오바마 당선자의 지시에 따라 사실 확인을 위해 아프가니스탄과 파키스탄을 다녀오기도 했다. 상원 시절에도 여러 차례 다녀온 터라 누가 어떤 짓을 꾸미는지 잘 알고 있었다. 최근의 방문 후 귀국할 때는 아프가니스탄의 전망을 크게 우려했으며, 향후 어떤 식으로 아프간 전쟁을 치를지 대안을 세운 바 있다.

"2분만 시간을 내주세요. 한두 가지 드릴 말씀이 있습니다." 3월 국가안전보장회의에서 오바마가 아프가니스탄 정책에 대해 첫 번째 결정을 내리기 직전이었다. 물론 바이든은 그렇게 말해놓고 20분 이상을 얘기했다.

그는 우선 아프가니스탄에 외국이 개입할 때마다 역사적으로 어떤 함정이 있었는지 참석자들에게 상기시켰다. 현재 파견한 지상군 병력으로도 미국의 성공은 요원하며 상황이 악화일로인 곳에 병력을 증원하는 것은 무책임한 처신이라는 것이다. 아프간 정부를 신뢰하기 어려운 작금의 상황에서 추가 파병은 재앙과 정치적 반발을 낳을 뿐이며 전쟁을 향한 국민의 감정도 나빠질 것이다. 증원부대를 보내면 기껏 "실패를 연장할 뿐이다"라고 말했다.

그럼에도 불구하고 오바마 행정부는 병력 증강에 동의했다. 오바마도 상황을 질질 끌고 싶지 않았고 자칫 아프가니스탄이 '제2의 베트남'이 될까 불안도 했다. 바이든이 초기의 증원 결정에 별로 영향력을 미치진 못했지만, 아프가니스탄에서 미국의 역할을 줄여야 한다는 주장만큼은 대통령의 생각 속에 자리를 잡았다. 3월 증원을 결정하면서도 무제한적인 대규모 국가 재건에 부정적인 의견을 덧붙인 것도 그래서였다.

후일 오바마와 국무장관 힐러리 클린턴은 〈뉴욕타임스〉와의 인터뷰에서 바이든의 견해를 지지하며, 정책 결정에도 크게 참조했다는 점을 강조했다. 부통령을 향한 지지발언은 백악관 내의 갈등 운운하는 매체들의 헛소리를 잠재우고, 조언자이자 파트너로서 바이든을 신뢰하고 있음을 알리기 위한 의도가 다분했다.

〈타임스〉는 아프간 임무를 축소하는 데 부통령의 입김이 작용했다고 보도했다. "참석자들의 증언에 따르면 바이든은 오바마가 아프가니스탄에 대해 새로운 접근법을 세우는데 영향을 주었다. 군사적·외교적·경제적 관여의 확대 수준을 상대적으로 축소한 것이다."

아프간 문제에서 외교전문가로 활약한 바이든

병력을 증강하고 몇 개월이 흘렀으나 전쟁의 추이는 여전히 안개 속이었다. 탈레반은 부활하고 하미드 카르자이Hamid Karzai 대통령 치하의 아프가니스탄은 부패했으며 온통 비효율적이었다. 그와 반대로 미국 국민은 점점 전쟁의 미몽에서 깨어나고 있었다.

8월 아프가니스탄 대선에서 카르자이가 재선에 성공했으나 득표수 부풀리기 등 부정선거 의혹이 만연했다. 8월 미군 47명이 작전 중 사망했다. 8년간의 기나긴 전쟁 중에도 최악의 달이 된 것이다.

그해 가을 두 번째 전술 검토 회의에서 오바마는 폭넓은 토론과 포괄적인 논쟁을 원했다. 바이든은 자신의 제안을 고수하면서도, 오바마의 부탁에 따라 바람잡이로서의 역할을 수행했다. 참석자들을 자극해 어떤 견해든 빠짐없이 밝히도록 유도한 것이다.

바이든 스타일은 종종 진가를 발휘했다. 한 번은 오바마에게 늘 불안했던 주제를 건드렸다. 아프가니스탄의 가파른 금융비용 증가와 그 돈이 제대로 쓰이는가의 문제였다.

"실상을 얘기해드릴까요?" 바이든이 토론을 끊고 상황실 고문들에게 말했다. "올 한해만 아프가니스탄에 얼마가 들어갈까요?"

누군가 650억 달러 얘기를 하자 바이든이 다시 물었다. "파키스탄에 들어가는 돈은 얼마나 될까요?"

그 비용은 22억 5,000만 달러로 크게 낮았다.

"계산해보면 30대 1로 아프가니스탄에 들어가는 비용이 월등히 높습니다. 그래서 묻는데요. 알 카에다는 대부분 파키스탄에 있고 핵무기도 그곳에 있습니다. 그런데 우리는 파키스탄에서 1달러를 쓸 때마다 아프가니스탄에서 30달러를 쏟아 붓고 있어요. 그게 전략적으로 말이 되나요?"

아무도 대답하지 못했다. 바이든은 극적인 방식으로 참석자들을 자극해 분석 능력을 더 예리하게 만들었다. 매크리스털로 대변되는 군 세력이 병력과 자금을 더 늘리라고 요구했지만 바이든은 대통령을 위해서라도, 자신이 목소리를 높여 포괄적인 논쟁을 유도해야 한다고 믿었다.

바이든은 상황실에서의 활약으로 줄리 스미스Julie Smith의

지지를 이끌어냈다. 스미스는 2012년과 2013년 부통령의 국가 안보 부보좌관으로 일했다. 참모진에 합류하기 전만 해도 바이든이 말을 함부로 하고 외교정책에 대해서도 이따금 정도를 이탈한다고 들었건만, 정작 함께 일을 하고 보니 부통령은 소문과는 전혀 다른 사람이었다.

"상황실에서의 바이든은 매우 신중했어요. 아주 조용하고 예의바른 분이셨죠." 스미스의 회상이다. 바이든 역시 오바마 스타일의 리더십을 인정했고 거기에 따랐다. 위압적이고 관심 유발적인 성격도 오바마에게 가장 중요한 순간들마다 도움이 되었다.

"상황실의 바이든은 관심을 끌지도 않고 장내를 압도하려들지도 않았어요. 그런 것과는 거리가 먼 분이셨죠." 스미스는 회상했다.

대중 앞에서의 조가 여전히 사교적인지 몰라도, 상황실의 진중한 분위기에서는 자신의 떠버리로서의 본능을 다스렸다. 스미스의 말처럼 "바이든의 그런 모습 덕분에, 둘의 관계가 전문적이고 사적인 차원 모두에서 긍정적인 방향으로 펼쳐졌을 것이다."

가을 전략검토를 시작하기 전, 바이든은 데이비드 액셀로드를 집무실로 호출해 매크리스털의 아프간 작전 확대 운운에 우려를 표했다. 대통령에게 보낸 평가서에서 장군은 만일 미국이 병력과 자원을 더 보내지 않을 경우 아프가니스탄이 큰 혼란에 빠진다는 끔찍한 전망을 덧붙였다. 밥 우드워드도 1급 비밀보고서를 보고는 장군이 각본에 어울리지 않는 용어들을 함부로 남발하고 있다고 지적했다. 패배, 실패라는 단어가 거듭 등장한 것이다.

매크리스털은 자기 제안대로 작전이 이루어지지 않을 경우, "전략적 패배의 위험을 피할 수 없다"는 경고를 했다. 병력 증원을 요구할 때도 장군은 경고하는 투였다. "현 상황대로라면 실패는 불가피하다." 다시 말해서 병력을 실질적인 수준으로 증원해야 한다는 것이다. 수치를 구체적으로 언급하지는 않았으나 일반적으로 최소 4만 명 수준으로 판단했다.

"대통령이 내게 악역을 맡아 달라고 하시더군요. 나는 기꺼이 그렇게 할 생각입니다." 바이든의 말에 액셀로드도 동의했다. 바이든의 우려가 아니더라도 오바마는 대통령 후보 시절부터 "아프가니스탄 국가 재건과 무제한적 개입에 반대했다"고 엑셀로드는 덧붙였다.

우드워드가 9월 21일자 〈워싱턴포스트〉 전면에 매크리스털의 보고서를 보도하면서 전략회의에도 어두운 그림자가 드리워졌다. 우드워드에게 자료를 건넨 자가 누구인지 억측이 남발했고, 당연하다는 듯 매크리스털과 연줄이 있는 펜타곤 인사에게 시선이 쏠렸다. 다만 여전히 억측 수준이었다. "소문에 따르면 매크리스털 팀이 아니라 나토 사령부였다." 조지타운의 법대 교수 로사 브룩스Rosa Brooks의 말이다. 당시 그는 국방부 정책 담당 차관 미셸 플러노이Michèle Flournoy의 자문으로 일했다.

국방장관 게이츠도 나름 짚이는 데가 있기에, 후일 회고록 《임무Duty》에서 그 사실을 폭로했다. "공직을 떠나기 전, 믿을 만한 내부자에게서 매크리스털의 참모가 펜타곤과 백악관 모두에 불만을 품고 평가서를 흘렸다는 얘기를 들었다. 난 크게 분개했다." 그래도 게이츠의 판단에 따르면 매크리스털이 배후는 아니었다. "만약 스탠이 사실을 알았다면 크게 놀랐을 것이다."

하지만 매크리스털의 견해가 전국적으로 관심을 받으면서 책임자들이 대통령을 압박하기 시작했다. 바이든의 호소를 거부하고 매크리스털 계획에 올라타라는 것이다. 군부의 최고위직 대부분이 매크리스털 편이었다. "보고서를 누설한 탓에 대통령은 볼모 신세가 되었다. 워싱턴에 회자하는 속어를 그대로 인용한다면, 대통령은 완전히 새 됐다."

오바마는 크게 격노했다. 이 조심스럽고 위험천만한 전략을 비밀로 하기로 했건만 관련자들의 약속이 깨지고 말았다. "이제 비밀 검토가 아니라 난상토론이 되어버렸다." 액셀로드의 탄식이었다.

평가보고서가 신문과 케이블TV를 강타한 후, 오바마는 게이츠와 합동참모 본부장 마이클 멀린Michael Mullen을 불러들여 맹공을 퍼부었다. 보고서 누출을 허용한 게 단순히 부주의해서였나? 아니면 군수통치권자로서의 대통령을 깔보자는 건가? "어느 쪽도 정당하지 않아요." 당시 대통령의 격노를 액셀로드는 이렇게 설명했다. "오바마는 쉽게 화를 내는 분이 아니건만 그때는 완전히 사람이 달라 보였습니다."

〈뉴스위크〉의 에반 토머스가 카불의 연합사령부에서 매크리스털을 만났다. 〈워싱턴포스트〉가 보고서를 보도한 다음 주였다. 장군은 토머스에게 평가서 소동 때문에 "자신도 크게 놀랐다"고 했다. 매크리스털의 동료도 비슷한 말을 했다. "그러니까 이런 이야기였어요. '왜 나한테 이런 일이 생기는 거지?'"

어느 날 저녁 토마스는 매크리스털과 함께 식사를 했다. 메뉴는 연어샐러드, 치킨, 딸기쇼트케이크였다. 토머스가 보기에 장군은 '크게 혼란스러운 표정'이었다. 그의 말마따나 고국에서의 소문 때문에 "고민도 컸다". 이런 말도 했다. "워싱턴의 어느 전문가들과의 의견차이 때문에 사임할지도 모르겠다."

하지만 매크리스털은 뼛속 깊이 군인이자 지휘관이기에 억측은 단연코 거부했다. "그건 내 책임이자 의무입니다. 신성한 의무죠." 민간인 지도자들에게 명백한 사실을 전달하고 싶었을 것이다. "물론 지시는 수행해야겠죠. 내 조언을 거부하더라도 사임할 생각은 없습니다." 그가 토머스에게 말했다.

바이든 스타일, 마침내 오바마의 마음을 사로잡다

백악관도 쉽게 굽히고 들어갈 생각은 없었다. 오바마는 국가안보자문단을 소환해 자신의 결정을 재확인하고 아프가니스탄의 대안들도 처음부터 재검토하기로 했다. "목표는 현실적이고, 무엇보다 국익에 부합하여야 합니다. 물론 달성 가능한 목표들이어야겠죠."

백악관 참모들과 펜타곤 고위급이 모두 참여한 회의라서 긴장감은 팽배했다. 바이든은 대통령의 수석 바람잡이로서 자기 역할을 다했다. 그는 군바리들이 들고 온 가설들을 물고 씹고 뜯기 시작했다. "대통령은 굴하지 않고 토론이 이어지기를 촉구했다. 군 지도자들의 제안에 대해서는 바이든이 악마의 변호사 역할을 맡았다." 쥴스 위트커버가 자신의 자서전에서 밝혔다.

바이든이라면 매크리스털은 분명히 상대도 시기도 잘못 골랐다. 지금껏 조의 매력은 대통령에게 확실하게 먹혔다. 그를 아는 사람들이 대개 그랬듯, 오바마도 점점 조를 흡족히 여겼다. 바이든은 대통령 유세에 뒤늦게 편승한 사람이다 보니 신중한 성격의 후보자가 무턱대고 신뢰할 리가 없었다. 일리노이에서 상원까지 오바마와 생사고락을 함께 해온 내부자들과는 근본적으로 달랐다. 조는 그들과 달리 열심히 해서 신뢰를 얻어야 했다. 그리고 마침내 특유의 우직한 충성심과 우애(정직할 필요가 있을 때는 물어뜯기도 했지만)가 기적을 만들어냈다.

국가안전보장회의 부보좌관이자 연설문 작성관 벤 로즈도 관계의 발전을 지켜보았다. "예순여섯 살이었으니 오바마보다 20년은 더 나이가 많았죠. 정치 스타일도 더 구식이었고요. 예를 들어 웨스트윙 복도를 걷다가 사람들을 만나 얘기할 때면 팔을 잡고 끝까지 놔주지 않았거든요."

대통령은 바이든 스타일을 마음에 들어했다. "오바마는 바이든이 이런 식의 정치에 재능이 있다며 좋아했어요. 그러니까 가족 어른들을 향한 사랑과 헌신으로 바이든을 사랑하게 된 겁니다." 로즈가 회고했다.

바이든은 대통령을 대신해 국정의 주도권을 위해 길을 닦아주었다. 웨스트윙에 입지를 다진 후에는 상원 체육관에 로커를 마련하고 종종 그곳을 찾아가 과거 동료들에게 심리 중인 법안을 설명했다.

경기부양 법안을 두고 전운이 감돌 즈음, 바이든은 백악관의 부탁을 받고 투표에 중요한 공화당 상원의원 6인을 포섭하기 시작했다. 그는 오랜 세월 의회에서 갈고 닦은 '설득의 기술'을 한껏 구사해 마침내 그중 세 표를 확보했다. 바이든의 수석 참모 론 클레인Ron Klain의 말처럼 "덕분에 결과도 큰 차이를 만들어냈다."

초기에는 말실수의 거장으로 어렵게 출발했지만, 바이든은 빠른 시간 안에 성실하고 총명한 대통령 파트너로 성장했다. 백악관 내에서도 오바마의 핵심 브레인으로 부상했다. 사적으로 또 공적으로, 핵심 과제들에 대한 바이든의 직감은 오바마의 냉철한 지성을 훌륭하게 보완해주었다.

오바마의 보건 개혁입법을 위한 협약 체결식에서 조의 말실수조차(마이크를 틀어놓은 채 대통령 귀에 이렇게 속삭인 것이다. "와, 한마디로 대~박이네요!") 쉽게 가라앉거나 바이든 특유의 열정으로 둔갑해버렸다.

얼마 후 백악관 언론담당 비서관 조시 어네스트Josh Earnest도 트위터를 통해 조의 탄성에 공개적으로 동의했다. "예, 그렇습니다. 부통령의 말씀이 옳습니다. 한마디로 대…박이었죠."

대통령의 절친이자 고문인 밸러리 재럿도 바이든의 말실수를 변호하고 나섰다. "우리 모두 이따금 우리가 한 말을 변명해야 할 때가 있습니다. 바로 그 점 때문에 부통령이 그렇게 사랑스럽습니다. 다들 그렇게 말하지 않습니까. '오, 이런, 그렇게 말할걸!' 그럼 언론매체는 득달같이 달려들어 뺑튀기를 하고 맙니다. 하지만 우린 부통령을 개조할 생각은 추호도 없습니다."

하지만 외교정책에서는 '사랑스러운' 바이든도 비판을 받왔다. 몇 년 동안 판단 오류가 일부 있었다. 그리고 이들 비방자들에게 최근 아프가니스탄 발언은 그 패턴을 그대로 답습한 실수였다.

토머스 릭스Thomas Rick는 〈월스트리트 저널〉과 〈워싱턴포스트〉에서 군사문제를 다룬 베테랑 기자인데, 어느 〈외교〉 블로그에 '조 바이든은 오판의 끝판왕'*이라는 제목으로 짧은 논평을 하나 올렸다.

그는 바이든이 "자신이 무슨 말을 하는지도 모른다"며 비난했다. 바로 매크리스털의 반란진압 전략 문제였다. 목표는 선량한 시민을 보호하고 탈레반을 무찌르고 아프간 정부를 지지한다는 것이었다. 릭스가 보기에 그 작전은 바이든의 주장과 달리, 그렇게 포괄적이지도 않고 돈이 많이 들어가지도 않았다. "소문이지만 브리핑 시간에 바이든이 졸았다는 얘기도 있다. NSC에 요구한다. 바이든이 다시 입을 놀리기 전에 부통령과 지지자들에게 반란진압 브리핑을 다시 해줄 의향은 없으신가?"

다른 사람들은 바이든의 외교정책 선택이 종종 오락가락한다고 지적했다. 1991년 바이든 상원의원은 사담 후세인을 쿠웨이트 밖으로 몰아내기 위한 페르시아만 전쟁에 반대했다가 2003년 이라크 침략에는 찬성표를 던지고, 2007년 이라크 증파에는 다시 반대했다. 이라크 증파는 대체로 성공적이라는 평가를 받은 바 있다. 릭스는 다른 포스팅에서 이렇게 묻기도 했다.

"바이든이 최근에 올바른 선택을 한 적이 있기는 한가?"

바이든은 자신의 외교정책 성과에 관심을 환기하는 방식으로 반

* 원제는 "Just How Wrong Can Joe Biden Be?"다.

박을 시도했다. "핵 군비 통제에서, 발칸에서의 인종 청소 종식 그리고 테러 위협에 맞서기까지 부통령은 지난 30년간 미국 정책의 고비마다 옳은 선택을 했을 뿐 아니라 지속적으로 시대를 앞서 온 분이다." 바이든의 홍보비서관 제이 카니Jay Carney의 말이다.

우연인지 필연인지, 매크리스털의 런던 연설 다음 날, 오바마는 전용기를 타고 코펜하겐으로 날아갔다. 2016년 하계올림픽을 시카고에 유치하기 위해 개인 자격으로 국제올림픽위원회에 로비를 할 참이었다. 오바마는 미국 대통령으로서는 처음으로 미국 도시의 이익을 위해 위원회에서 직접 연설을 하기로 했다. 그렇게 하면 시카고가 리우데자네이루 등 여타의 경쟁도시보다 우위에 서리라 확신도 했다.

　　대통령은 비행 중 매크리스털의 런던 연설을 보고는 격노해 참모를 불렀다. "여기에서 끝내야겠어요. 이건 전혀 도움이 안 돼."

　　〈워싱턴포스트〉의 보도에 따르면 매크리스털은 오바마의 지시로 급하게 일정을 조정해 부랴부랴 덴마크로 달려갔다. 오바마가 다섯 시간의 짧은 방문을 위해 코펜하겐 공항 활주로에 앉아 있는 동안, 장군은 전용기 계단을 뛰어 올라가 객실로 들어갔다. 두 사람은 전에 딱 한 번 만났다. 6월 매크리스털이 아프가니스탄 보직 명령을 받을 때였다.

　　매크리스털은 비망록에 한 문단으로 그 모임을 회고했다. 그는 따뜻한 만남으로 여겼다. "배우자들과의 첫 만남은 물론 일대일 회담에서도 대통령은 주제에 집중했다. 그래도 시종 친근하고 우호적이었다. 당시의 연설에 대해 누구도 언성을 높이거나 하지 않았다."

우드워드는 저서 《오바마의 전쟁》에서 25분간의 대화에 관해 언급했다. "오바마, 매크리스털 어느 쪽도 연설 얘기를 꺼내지 않았다. 다만 두 번 다시 그런 일이 일어나지 않으리라는 점만은 두 사람 모두 확인했다." 매크리스털은 평소의 전쟁 평가를 재차 확인했지만 오바마의 권위에 복종했다. 그가 통수권자에게 말했다. "대통령 각하, 임무를 주시면, 우리는 어떤 수단을 써서라도 반드시 완수하겠습니다."

대통령 참모진은 특유의 '애매모호' 화법을 구사했다. 불편한 만남을 묘사할 때는 '생산적'이었으며 "대통령은 전쟁을 선도하는 사내를 존중하면서 얘기를 풀어나갔다." 후일 오바마가 참모들에게 이렇게 말했다. "그 양반, 마음에 들어요. 좋은 사람 같더군." 〈워싱턴포스트〉의 기사에서는, 백악관에 문의했지만 "오바마가 매크리스털을 꾸짖었는지 여부를 확인해주지 않았다."

코펜하겐에서 귀국하는 길에 국제올림픽위원회에서의 청원마저 실패했다는 소식을 들어야 했다. 시카고는 2016년 올림픽 경선에서 1라운드에서 패배했다. 네 개의 도시가 나와 경쟁했건만 기껏 4등에 머물고 만 것이다.

전용기를 타고 뉴파운드랜드와 노바스코샤 사이의 캐벗 해협 상공을 날아가면서 CNN을 보고 대통령은 크게 당혹해했다. 참모진들도 마찬가지였다. 귀국 후에는 역시 스포츠 용어를 빗대어 자신의 올림픽 유치 노력을 묘사했다. "스포츠에서 내가 가장 가치 있다고 여기는 일 하나는 훌륭한 경기를 펼치고도 질 수 있다는 사실이다." 그가 로즈가든에서 말했다.

롤링스톤의 폭탄 기사, 패륜아 장군

11월 말경 오바마는 마침내 아프가니스탄 전략을 결정했다. 3개월간의 격렬한 논쟁 끝이었다. 집무실에서 국가안보팀을 전원 소집해 자신의 명령을 정리한 6페이지 자료를 넘겨주었다.

"3만 명을 증파하되 규칙은 엄격할 겁니다." 매크리스털에게 추가 자원을 제공해 아프간 안보팀을 창설하고 지역 통치를 개선하는 대신 임무를 재정립하겠다는 뜻이다. 이 전쟁은 대반란작전도 국가건설도 아닙니다. 그쪽은 지출이 천문학적이에요." 사실 그도 인정했듯 '대반란 전략의 측면도 상당수 포함'되어 있었다.

대통령은 무제한의 군사작전이 아님을 강조하며 1년 이내 작전이 어떻게 진행되는지 평가 분석을 하고 그 다음 7개월이 경과한 후, 2011년 7월부터 미군병력 감축을 개시한다고 지시했다.

"조금씩 발을 뺄 때가 됐어요."

테러와의 전쟁을 파키스탄에서 수행하자는 바이든의 분석도 대통령의 지시에 따라 추진력을 얻었다. 이틀 후 오바마는 웨스트포인트의 육군사관학교에 나가 4,000여 명의 생도들 앞에서 자신의 전략을 설명했다.

병력 증강은 알 카에다를 끌어내리기 위한 노력을 돕기 위해서였다. "전체적인 목표는 동일합니다. 아프가니스탄과 파키스탄의 알 카에다를 색출하고 척결하고 괴멸시켜 미래에 미국과 동맹국들을 절대 위협하지 못하도록 할 것입니다."

대통령은 고심 끝에 타협안을 마련해 현장의 요구를 다시 조절하도록 했다. 지리멸렬한 개입을 끊어내려는 고육책이기도 했다. 바이든과 매크리스털은 각자 나름대로 실익이 있었다. 물론 새로운 전략의 목표는 교착상태의 종언이어야 했다. 하지만 계획은 어긋나고 말았다.

7개월쯤 후인 2010년 6월, 매크리스털 장군이 아프가니스탄 카불의 나토 연합사 본부 자기 방에서 잠을 자는데, 새벽 2시경 수석 참모 찰리 플린 대령이 잠을 깨웠다. "사령관님, 문제가 생겼습니다."

총격전이 벌어진 것도 아니고 사제폭탄에 병사들이 죽거나 다친 것도 아니었다. 이번 공격에 장군이나 부하들에게 물리적인 위협은 없었다. 위협은 신문기사에서 나왔다. 그의 경력을 통째로 날려버릴 정도의 기사 폭탄들이 융단폭격처럼 터진 것이다.

매크리스털은 엄격한 규율을 세워 하루 네 시간밖에 잠을 자지 않지만, 그날 밤은 수면 시간이 더 짧았다. 플린이 어둠 속에서 외쳤다. "〈롤링스톤〉에 기사가 나왔는데 최악입니다." 후일 장군은 비망록에서 위험한 언론을 비난한 바 있다. "도대체 그 이야기가 어떻게 문제가 될 수 있었지?"

적어도 1개월간 장군은 〈롤링스톤〉의 기자 마이클 헤이스팅스Michael Hastings의 동행을 허락해주고 카불이든 어디든 함께

다녔다. 미국인들에게 아프가니스탄 임무를 정확하게 알릴 기회가 되리라 믿었던 것이다. 매크리스털과 지휘부가 격전을 치르는 동안에도 헤이스팅스 기자와 함께했다. 헤이스팅스가 합류하자 군인들도 더 '군바리'처럼 굴었다. 기운 좋고 입 더러운 마초들… 게다가 임무를 수행하는 것도 제멋대로였다. 그런데 군인들은 헤이스팅스가 언론계 안팎에서 '말썽꾸러기'로 통하는 걸 알 턱이 없었다. 〈뉴욕타임스〉의 마크 리보비치도 자신의 저서 《이 마을This Town》에서 이를 지적한 바 있다. 하지만 그것은 이후의 일이다.

헤이스팅스가 어떻게 보느냐에 따라 매크리스털과 참모들이 수행하는 대반란 작전은 성공이냐 실패로 갈리고 기사도 대부분 그런 식이었다. 헤이스팅스의 시각에서 보면 영국, 미국, 아프간 출신의 병사들은 "살인자, 스파이, 천재, 애국자, 정치꾼, 완전히 미친놈 등이 뒤죽박죽 섞여 있었다. 병사들은 자신감이 하늘을 뚫었으나 권위는 철저히 경멸했다."

헤이스팅스는 독자들에게 매크리스털이 자신의 요구를 관철하기 위해 워싱턴 정치를 정면으로 들이받았음을 상기시켰다. "그 싸움으로 바이든 부통령 같은 워싱턴의 꼰대들과 설전까지 벌였다. 바이든은 대반란 작전의 장기화로 미국이 수렁에 빠지고 국제 테러리스트 네트워크는 더 강해질 위험이 있다고 주장한 바 있다." 기자는 6월에 이미 아프가니스탄이 베트남을 누르고 미국 역사상 가장 긴 전쟁이 되었다고 지적하며, 바이든의 통찰력을 은근히 치켜세웠다.

"대통령은 시궁창보다 훨씬 더러운 곳에서 허우적거리고

있다. 시궁창은 다름 아닌 메머드 급의 국가 재건 프로젝트인 바, 이런 식이라면 실제로도 몇 세대 동안 지루하게 이어질 가능성도 있다. 대통령도 원치 않는다고 밝혔으나 피할 수도 없었던 함정이다."

헤이스팅스의 전쟁 비판 기사는 사실 포탄 축에도 들지 않았다. 매크리스털과 그의 팀은 있는 말 없는 말을 다 지껄인 터라, 결국 스스로 만든 함정에 목까지 빠지고 만 격이었다. 군인들은 자신들의 바람에 반대한 워싱턴 관료들을 잊지도 않았고 용서하지도 않았다. 〈롤링스톤〉 기자가 지적했듯 "결국… 매크리스털은 자신이 원하는 바를 온전히 챙겼음에도" 불구하고 앙금은 그대로였다.

어투나 관점 모두에서 〈롤링스톤〉의 기사는 매크리스털 만큼이나 거칠고 직접적이었다. 헤이스팅스는 장군과 워싱턴의 전투를 설명하면서, 매크리스털은 "자신이 타인보다 예리하고 배짱이 두둑하다고 자부하지만 무모함에는 대가가 따를 수밖에 없다." 전쟁 책임을 떠맡은 지 1년도 채 되지 않아 "매크리스털은 갈등의 몽둥이로 거의 모든 사람을 질리게 만들어놓았다."

헤이스팅스는 코펜하겐의 대통령 전용기에서 대통령과 장군이 만난 일도 거론했다. 기사에 따르면 "매크리스털은 대통령에게 호된 질책을 받았다. 대통령이 던진 메시지는 분명해보였다. '아가리 닥치고 조용히 찌그러져 있어.'" 헤이스팅스는 거친 말로 매크리스털을 맹폭했다. "그는 병력 문제를 관철하기 위해 오바마 대통령을 위협하려 들었다. 결국 오바마와 펜타곤의 싸움이었고 펜타곤은 대통령을 엿 먹일 태세를 갖추고 있었다."

기사의 최고 '백미', 아니 '흑미'는 매크리스털과 참모들이 오바마와 바이든 등 대통령 팀에게 보인 불경이었다. 헤이스팅스는 매크리스털 참모의 말을 인용해, 장군과 오바마와의 첫 대면을 '10분 포토타임'이라고 묘사했다. 직접 대면은 대통령이 매크리스털을 아프가니스탄 사령관으로 임명한 직후에 이루어졌다. 참모는 헤이스팅스에게 이렇게 말했다.

"오바마는 그가 어떤 인물인지 제대로 몰랐어요. 여기 미국의 빌어먹을 전쟁을 지휘하는 친구가 있는데 그다지 열심인 것 같지 않다고 본 거죠."

헤이스팅스도 우연히 목격했지만 매크리스털과 참모들은 툭하면 바이든을 깎아내렸다. 장군이 참모들과 함께 파리에 갔을 때였다. 고상한 체하는 도시라며 노골적으로 비웃는 곳이지만, 흐지부지해지는 나토의 지원을 재촉구하기 위해 연설을 하기로 되어 있었다. 프랑스 사관학교École Militaire에서 연설 준비를 할 때도 매크리스털은 바이든을 염두에 두었다. 지난 날 바이든의 성가신 시비가 장군을 집요하게 물고 늘어지기라도 하는 듯 보였다.

매크리스털이 연설문을 검토하면서, 질의문답 시간에 바이든 관련 질문이 나올 것 같은지 참모진에게 물었다. 행여 질문이 나오면 뭐라고 대답하지? "연단에 오를 때까지 뭐가 튀어나올지 어떻게 알겠나? 그게 문제야, 문제."

매크리스털 팀은 바이든을 거론할 경우에 대비해 가상연습을 하기도 했다. 헤이스팅스는 그 광경을 재현했다. "매크리스털과 참모들은 자제력을 잃고 장군은 농담까지 섞어가며 부통령을 조롱했다.

"바이든 부통령이라고 하셨나요? 그게 누구죠?" 매크리스털이 키득거리며 물었다. 수석 참모도 한마디 거들었다.

"바이든? 바이러스 이름인가요?"

감정을 있는 그대로 토해냄으로써 매크리스털과 참모들은 주로 조 바이든과 관계 있는 영역으로 얘기를 끌어나갔다. 리보비치가 《이 마을》에 기록했듯 "장군의 참모진(쉽게 말해 매크리스털 본인)은 분명 본령을 벗어난 행동을 했다. 그러다 본심까지 여지없이 드러내고 말았다. 그야말로 말실수가 아닌가!"

그 이후, 격랑에 떠밀려 매크리스털의 견해는 더 이상 들을 가치도 없어졌다. "논점의 내용이나 장점은 이미 논외가 되었다. 매크리스털이 엉뚱한 게임을 벌이려고 멍청한 홍보 영화를 만든 탓이다." 리보비치의 지적이었다.

6월의 그 날 한밤중에 매크리스털도 〈롤링스톤〉지의 기사를 읽었다. 제목이 '패륜아 장군?'. 하늘이 무너지는 것만 같았다. "그렇게 몇 분 동안 앉아 있었다. 꿈속이라 믿고 싶었지만 불행하게도 실제 상황이었다." 그가 회고했다.

기사를 모두 읽은 후, 엿 먹은 자가 자신이라는 사실을 겨우 깨달았다. 물론 책임도 져야 할 것이다. 헤이스팅스는 매크리스털 자신과 자신의 국제 팀을 조목조목 까발려놓았다. 다만 전우애의 관점에서 보면 그림을 반드시 부정적으로만 볼 필요는 없을 듯싶었다. "기사가 얼마나 공정하고 정확한지 여부와 상관없이 책임은 온전히 내 것이었다. 궁극적인 결과도 너무나 확연했다." 매크리스털은 인정했다.

워싱턴의 전화가 울리기 시작했다. 연합참모 본부장 마이클 멀린이 국방장관 게이츠에게 전화를 걸어 〈롤링스톤〉이 '매크리스털이 잠재적으로 매우 위험인물'이라는 기사를 내보냈다고 보고했다.

"스탠이 도대체 무슨 생각으로 그 기자를 옆에 두었을까? 기사를 읽는 데 정말 기가 막혔다." 게이츠는 그렇게 회고했다. 그는 기사에서 재앙에 가까운 죄에 주목했다. 다른 모욕과 더불어 백악관을 "다이너마이트처럼" 들쑤시고 말았다. 게이츠가 보기에 "기사는 너무나도 터무니없이 장군이 부통령을 조롱하는 장면을 그리고 있었다."

게이츠의 전화가 다시 울렸다. 이번에는 매크리스털의 사죄 전화였다. 국방장관은 이미 그 기사가 전쟁에 미칠 충격을 크게 우려하고 있었다. "도무지 화를 참을 수가 없었다." 게이츠는 '패륜아 장군'에게 버럭 화를 냈다. "도대체 무슨 생각을 한 거야?"

게이츠와 대화를 하면서 매크리스털은 기사가 자신이나 참모들을 모략하거나 '어떤 식으로 왜곡했다'는 주장 따위는 하지 않았다. 그 대신 4성 장군은 웨스트포인트의 훈병 시절 배운 그대로 대답했다. "변명하지 않겠습니다, 각하!"

장군의 사과와 백악관의 분노

조 바이든은 일리노이 행사를 마친 후 부통령 전용기를 타고 워싱턴으로 복귀하던 중에 매크리스털의 긴급전화를 받았다. 장군이 기사 내용에 대해 사과하는 동안 부통령은 가만히 듣기만 했다. 기사를 아직 읽지도 않았지만 그런 기사가 있는지도 몰랐다. 그 다음 바이든은 대통령에게 전화했는데 대통령도 기사에 대해서는 금시초문이었다. 오바마는 언론담당 비서관 로버트 깁스에게 지시해 신문을 구한 다음 백악관 참모들 모두에게 돌렸다.

조너선 앨터의 말에 따르면 오바마는 "기사를 접한 후 너무나 역겨워하며 첫 문단 이후는 대충 넘기고 말았다." 사실 다 읽을 필요도 없었다. 처음 일화가 파리 상황이었는데 그 절정이 "바이든? 바이러스 이름인가요?"였기 때문이다.

앨터가 보기에 매크리스털은 지도자로서의 탁월한 역량과 오바마의 호감이 무기였다. 그런데 지난 가을 백악관을 무례하게 대하고 바이든을 공격한 이후로 입지가 위태로워졌다. 물론 10월의 런던 연설도 한 몫 했다. "2009년 반역의 드라마만 아니었어도 〈롤링스톤〉지의 인터뷰는 기껏 찻잔 속의 태풍 정도로 끝났을 것이다." 앨터가 주장했다.

백악관이 더 일찍이 고위급 장성들 몇 명을 가리켜 압박전략의 책임을 물었다면 비난은 온전히 아프가니스탄 사령관 한 명에게 집중되었을 것이다. "민간 당국과 지휘계통을 경시함으로써 끔찍한 불경의 죄를 지은 것은 매크리스털 본인이었다." 앨터가 결론을 내렸다.

그날 밤 늦게 국방장관 게이츠는 국가안보 보좌관 제임스 L. 존스James L. Jones에게 전화를 걸어 백악관이 그 기사 문제로 크게 '우려'하고 있다고 알려주었다. 게이츠에게 '우려'는 '매우 절제된 표현'이었다.

아내를 포함해 전화 순례를 마치고, 참모들과 한 바탕 위기관리용 토론을 벌인 후 매크리스털은 홀로 외로운 여행을 시작했다. 우선 어두운 사령부 경내를 혼자 달렸다. 보통은 짧게 밤잠을 마친 후 매일 아침 몇 킬로미터를 조깅했지만 그날은 특별히 이른 시간이었다.

그날 밤 늦게 장군은 워싱턴행 비행기에 오를 채비를 했다. 34년의 군 복무 끝에 대통령의 소환명령을 받은 것이다. "운명적인 백악관 회동에 대해 사방에서 억측이 쏟아졌다. 워싱턴은 경야(經夜, 밤을 지새움)를 사랑한다." 리보비치가 꼬집었다.

매크리스털의 귀국 중, 예상대로 워싱턴 앞마당에 폭풍이 휘몰아쳤다. 군인정신으로 무장했지만 경솔한 4성장군의 행동 때문에 백악관과 펜타곤이 새로운 싸움에 휘말린 것이다. 오바마와 부통령은 매크리스털을 해고하는 쪽으로 가닥을 잡았다. 반면 게이츠를 비롯한 군 관계자들은 형 집행 정지를 따내고 싶어 했다.

국방장관은 성명서를 발표해 기사에 실린 치명적 실수를 이해는 하지만 모욕을 당한 관련자 모두에게 사과한 이상 필요한 조치는 취했다고 주장했다.

백악관은 자비를 베풀 사안이 아님을 분명히 했다. 언론담당 보좌관 로버트 깁스는 언론브리핑에서 거듭 그 다음날 대통령과 장군의 단독회동이 예정되어 있음을 지적했다. 기자들이 깁스에게 질문을 퍼부었다.

장군의 불경에 대해 대통령은 어떤 입장인가? 대통령이 아프간 사령관을 신뢰하고 있는가? 두 사람은 아직 전화 통화를 하지 않은 상태인가? 매크리스털은 군복을 벗게 되나? 깁스의 기본적인 대답은 "회동 이후에 다시 얘기하도록 하죠"였다.

기자들이 해고 가능성을 집요하게 묻고 늘어지자 깁스도 마침내 그 선택도 회동의 안건에 들어있다고 인정했다.

"대통령이 이 일을 접했을 때 보좌관도 함께 있었나요? 그렇다면, 잠깐만 설명해주시죠? 놀라시던가요? 아니면 화를 내셨습니까?" 한 기자가 물었다.

"내가 지난 밤 신문을 구해드렸습니다." 그리고 잠시 머뭇거리다가 대답했다. "크게 화를 내셨죠."

"어떻게요?"

깁스는 강조해서 반복했다. "화를 내셨습니다. 여러분도 봤다면 아셨을 거예요."

초조한 웃음소리가 잔물결처럼 장내를 훑고 지나갔다.

국방장관 게이츠는 언론브리핑과 거의 같은 시간에 오바마를 예방했다. 어떻게든 매크리스털의 군복을 지켜주고 싶었다. 게이츠는 부통령과 측근들이 정적의 약점을 간파하고 끌어내리기 위해 안간힘을 쓴다고 보았다. 매크리스털의 무례한 증파 요구 때문에 여전히 반감이 존재한다고 믿었던 것이다.

게이츠는 대통령과 만나기 전 바이든이 게이츠에게 전화했다. 바이든은 〈롤링스톤〉 기사와 관련해 대통령과 어떤 대화를 나누었는지 애매하게 '얼버무리려' 했다.

"지난 밤, 대통령을 화나게 만든 건 내가 아니요. 난 그저 기사를 읽었는지 물었을 뿐이요." 바이든이 주장했으나 게이츠는 믿지 않았다. 회고록에도 소회를 밝혔다. "오늘날까지 매크리스털이 바이든과 백악관 참모 그리고 국가안보 참모진들에게 해고 통지를 받았다고 믿는다."

대통령의 최측근 자문이자 기사에서 조롱거리가 된 인물로서, 바이든은 최전선에 서서 자신의 견해를 밀고 나갔다. 대통령 또한 매크리스털과 부하들이 부통령에게 가한 모욕을 심각하게 받아들였다. 작가 조지 패커George Packer는 오바마에게 청원하는 두 개의 이질적인 목소리를 묘사하면서 "바이든이 이미 대통령의 귀를 장악했다"고 지적했다.

게이츠가 대통령과 단독회동을 시작했을 때 오바마의 제일성은 "난 매크리스털을 해임하자 쪽입니다"였다. 그 이유에는 분명히 바이든에 대한 모욕이 있었다. 오바마는 그 전날 기사에 대한 바이든의 반응을 설명하며 게이츠에게 이렇게 말했다. "조는 이번 문제에 단호합니다." 게이츠가 대통령과의 면담에 대해 물었을 때 바이든은 그런 식으로 대답하지 않았다. 게이츠는 회고록에 이렇게 썼다. "바이든을 믿느니…."

그날 밤 오바마는 집무실 밖 안뜰에서 연설원고 작성자이자 국가안보 부보좌관 벤 로즈에게 두 개의 연설문을 준비하게 했다. 매크리스털과의 회동에서 어떤 결론이 나올지 불확실했기 때문이다. 장군의 미래를 살릴 것인가 죽일 것인가.

"어떤 결정을 내릴지 알려주지 않았으나 매크리스털의 옷을 벗기는 결정 쪽 지침에 더 많은 시간을 할애하기는 했다. 그런 식으로 힌트를 주신 것으로 이해했다." 후일 로즈는 저서 《있는 그대로의 세상The World as It Is》에서 밝혔다. 로즈가 보기에 그때쯤에는 "화를 내기보다 아쉬워하는 쪽이었다. '스탠은 좋은 사람이야.' 대통령이 중얼거렸다."

다음 날 아침 매크리스털은 앤드류스 공군기지에 착륙한 후 샤워를 하고 녹색 군복을 입었다. 8시 30분에는 게이츠와 연합참모본부장 마이클 멀린Michael Mullen을 만났다. 1시간쯤 후 잠깐 대통령 오바마와 만나 자신의 행동을 사과했지만 변명은 없었다. 대통령 집무실을 떠날 때 매크리스털은 더 이상 아프가니스탄의 사령관이 아니었다. 군복을 벗게 된 것이다.

게이츠는 장군과 바이든 두 사람을 모두 비난했다. 이번 위기로 백악관과 군부의 균열이 확연히 드러나고 전쟁 관리에서 정치의 역할도 크게 훼손되었다. "매크리스털은 이미 바이든을 비롯해 백악관 정적들 그리고 국가안보 참모들에게 지휘봉을 빼앗길 빌미를 제공했다. 그 기사는 그저 사소한 실수에 불과했다." 게이츠가 탄식했다.

오바마는 백악관과 펜타곤의 갈등을 봉합하고 싶어 했다. 그 때문이라도 핵심 과제에 집중할 필요가 있었다. 합의된 전략에 따라 아프가니스탄 문제를 해결하는 것이다. 더 이상의 분쟁을 막기 위해 카불 사령관으로 데이비드 퍼트레이어스David Petraeus를 임명했다. 중부사령관 페트레이어스는 매크리스털의 직속상관이자 이라크 대반란 작전을 성공으로 이끈 유명한 장군이다. 결과적으로 강등에 가까운 인사였지만 장군은 임명에 복종했다. 통제 불능의 사고를 위해서도 완벽한 해결책으로 보였다.

오바마는 로즈가든 연설에서 사령관 교체를 알린 후 국가안보위원회NSC를 소집했다. 더 이상 혼란 때문에 국정의 발목을 잡힐 수는 없었다. 그는 참모진들에게 절대 이번 결과를 축하하거나 이용하지 말 것이며 승리자처럼 굴어서도 안 된다며 입조심을 시켰다. 의견통일이 필요한 시점이었다. 벤 로즈가 지적한 대로, 오바마가 불러 모은 참모들은 "아프간 사고 와중에도 제 고집을 부린 강성들이었다. 회의는 길지 않았으나 대통령은 평소와 달리 언성까지 높였다. '우리가 한 팀이 되지 못하면, 다른 사람들이 치고 들어올 겁니다. 정말로.'"

오바마가 매크리스털을 쳐낸 데에는 두 가지 목적이 있었다. 군부에 대한 민간 통제를 회복하고 부통령을 지키는 것. 그 밖의 효과는 매크리스털 위기 도중에 발생했다. 장군의 행동은 의도치 않은 결과를 낳았다. 버락과 조가 더 가까워진 것이다. 둘의 유대는 서로를 지켜냄으로써 강화되었다. 행정 고문 케이트 베딩필드가 표현했듯 전쟁터의 포화를 이겨내며 두 사람은 진정한 '전우'로 성장했다.

버락과 조는 격렬한 도발에 시달리며 서로 특별한 이해관계가 생겼다. 한 사람을 공격하면 암묵적으로 파트너를 공격한 셈이 되었다. 베딩필드의 말대로 "대통령은 부통령의 뒤를 지켰다. 부통령이 항상 자신을 지켜준다는 사실을 알기 때문이다. 그 점이 관계의 버팀목이 되어주었다."

　　매크리스털은 우습게도 말실수의 대가인 조 바이든과의 싸움에서 자기 입에 총을 쏜 셈이 되었다. 총격 사건 이후, 코미디언 제이 레노Jay Leno가 무심코 핵심을 찔렀다. 말실수의 세계라면 바이든이 갑옷을 획득했다는 얘기였다. 사실 매크리스털과의 전투에서 조야말로 최후의 승자였다.

　　레노는 〈투나잇쇼〉 시청자들에게 이렇게 얘기했다. "매크리스털 장군이 옷을 벗은 까닭은 오바마 대통령을 비롯해 백악관 참모들에게 인격모독적인 말을 했기 때문이죠. 사실 조 바이든도 그 얘기를 듣고 충격을 먹고 말했죠. '뭐? 막말하다가 짤릴 수도 있지. 뭐? 근데 나는 왜 안 짤렸냐고? 내가 언제 막말을 했나?'"

12장

세상에,
어떻게 이런 일이?

바이든은 사람들의 이목에서 벗어나
뒤편으로 한 걸음 물러섰다. 관심은
오로지 대통령과 동성 결혼에
대한 대통령의 견해에 집중되었다.
바이든은 이슈에 불을 붙임으로써,
동성애자들의 시민권 요구를 수면
밖으로 이끌어냈지만, 행정부의 공식
입장에 쏟아지는 찬사는 아쉽게도
온전히 오바마의 것이 되었다.

바이든은 오바마와 함께 재선할 수 있을까

상원에서 36년, 버락 오바마 대통령의 부통령으로 4년, 조 바이든은 일요일 아침 정치쇼의 단골손님이었다. NBC의 〈미트 더 프레스〉에는 40번도 더 나왔을 것이다.

하지만 2012년 5월 첫 주말의 출연은 중요했다. 경제, 국가안보, 중국, 아프가니스탄 등의 이슈를 정면으로 다룰 필요가 있었기 때문이다. 그 밖에도 2012년 대선에서 매사추세츠 주지사 출신의 공화당 경쟁자 미트 롬니Mitt Romney를 상대로 국민이 오바마 대통령을 계속 지지하도록 포석을 깔아야 했다.

바이든의 참모진은 오바마 참모진과 합동으로 부통령 교육에 나섰다. 〈미트 더 프레스〉의 사회자 데이비드 그레고리David Gregory가 던질 예상 질문도 뽑아냈다. 훈련 시간도 길고 집중적이라 며칠간 열두 시간 이상이 걸렸다.

임무는 명료했다. 메시지에 집중할 것.

6개월 후면 유권자들이 투표를 할 것이다. 오바마 대통령은 이번 주말에 공식적으로 재선 캠프를 꾸리고 5월 5일 토요일에는 격전지 오하이오주와 버지니아주의 집회에 연이어 참석했다.

콜럼버스에서는 오하이오 주립대학의 샤틴스타인 센터 Schottenstein Center 무대에 올랐다. "사람들이 이번 선거의 의미를 묻는다면, 여전히 희망을 얘기한다고 대답해주십시오." 대통령이 선언했다. 넥타이를 벗고 소매를 말아 올려서인지 젊고 호리호리해 보였다. 특유의 억양도 후보자답게 경쾌했다. "오하이오여, 난 여전히 믿습니다. 우리 정치가 소문만큼 분열된 것은 아니라고 믿습니다." 그리고 2004년 민주당 전당대회 무대에서 화려하게 데뷔한 후 내내 주장해온 후렴구도 등장했다. "난 지금도 굳게 믿습니다. 말하기 좋아하는 지식인들이 얘기하는 것보다 우리는 공통점이 더 많습니다. 우리는 민주당이나 공화당이 아니라 미국 시민입니다."

오하이오주는 아슬아슬해 보였다. 2008년 공화당 후보 존 매케인 상원의원을 겨우 4.6% 차이로 물리쳤다. 선거를 6개월 앞둔 지금, 대통령과 롬니는 백중지세였다. 미국 경제는 위태롭고 지난 정부에서 물려받은 금융위기를 완전히 회복한 것도 아니었다. 실업률도 8%를 상회했다.

캠프는 대통령의 성공을 강조할 필요가 있었다. 강점이 하나는 있었다. 크라이슬러와 제너럴모터스에 대규모 긴급재정을 투입한 덕에 자동차 제조업에 숨통이 트였다. 이는 오하이오 유세에서도 강조한 바 있다. "오늘날 우리 자동차 산업은 세계 정상에 올랐습니다." 외교정책에서는 이라크 병력 감축을 자랑했다. "9년 만에 처음으로 이라크에서는 미국인들의 싸움이 없어졌죠."

샤틴스타인 센터에 모인 관중의 열기는 뜨거웠으나 2만 석의 경기장을 가득 채우지는 못했다. 〈톨레도블레이드Toledo Blade〉에서도 지적했듯 "빈자리가 적지 않았다." 향후의 고된 유세를 통해 오바마 팀은, 전투를 치르듯 정교하게 상황을 장악해야 했다. 참모진들이 모두 동의했듯 실수는 금물이다.

오바마의 토요 유세 이후, 일요일 바이든의 〈미트 더 프레스〉 출연은 주말 유세의 마무리 펀치로 조율되어 있었다. 사전광고를 보면 사회자 데이비드 그레고리가 NBC의 화려한 세트장으로 걸어가 초특급 게스트에게 질문 세례를 퍼부었다.

그가 두 손을 맞잡으며 선언했다. "오늘 아침, 부통령 조 바이든과 독점 인터뷰가 있습니다. 일자리와 경제, 국가안보 정책을 논하고 부통령이 미트 롬니를 어떻게 보고 있는지 알아볼 것입니다. 그러고 보니 오바마 캠프에서 아주 중요한 주말이군요."

NBC 워싱턴 스튜디오 세트장의 자기 자리에 앉을 때, 바이든은 빳빳한 차콜색 정장, 흰 셔츠, 청색 줄무늬 타이 차림으로, 대통령의 2인자 이미지를 풀풀 풍겼다. 그레고리는 형식적인 인사치레를 마치자마자, 경제 문제로 바이든을 몰아붙였다.

"일자리는 좀체 늘지 않고 실업률은 여전히 높지 않습니까?" 당혹스러울 만도 하건만 부통령은 매력적이고 지적으로 예봉을 피하며, 오바마가 취임했을 때의 암울한 경제 상황을 지적했다. "오바마 행정부가 들어서기 몇 개월 전 일자리 400만 개가 사라지지 않았나요?" 그레고리의 주장과 달리 바이든은 현재 불황 징후는 없다고 단언했다. 지난 26개월간 일자리도 꾸준히 증가하지 않았던가.

사회자는 다소 민감하지만 이미 해결된 문제 하나를 질문했다. "대통령 유세 얘기 좀 하죠. 오늘 이곳에 출연하셨다는 사실로 볼 때 재선 티켓을 거머쥔 셈이라 말해도 되겠습니까?"

예고 없는 질문이었다. 그레고리는 해답까지 짜 맞춰 넣었다. 바이든이 지금 자기 앞에 앉아있는 것만으로 부통령 티켓을 확보했다는 것이다.

하지만 그 질문에는 역사적인 선례가 있다. 공화국 초기, 대통령들은 자기 이익에 부합할 때마다 부통령을 교체해버렸다. 토머스 제퍼슨Thomas Jefferson 대통령은 부통령 애런 버Aaron Burr가 마음에 들지 않는다며 1804년 선거에서 갈아치웠으며, 같은 해 애런 버는 결투에서 알렉산더 해밀턴을 살해했다. 19세기가 저물기 전 '팽' 당한 부통령도 몇 명이 더 있었다. 20세기에도 프랭클린 루스벨트는 네 차례의 대통령 임기 중 부통령만 셋이었다.

오바마의 재선과 관련해 바이든의 입지를 묻는 것으로 그레고리는 정치 파트너십의 핵심을 건드렸다. 충성은 영원하지 않다. 바이든을 버리고 힐러리 클린턴을 지명할 경우의 충격을 측근들이 비밀리에 계산하고 있을 때도 오바마 대통령은 굳이 말리지 않았다. 오바마의 고문 데이비드 액셀로드는 개인적으로 러닝메이트 교체에 반대했다. "바이든을 힐러리로 교체할 경우 나약하고 불충한 것으로 비쳐질 것이다." 그가 회의록에서 한 말이다.

조용했던 논란은 2010년 10월이 되면서 전국적 이슈로 돌변하고 말았다. 밥 우드워드가 자신의 저서《오바마의 전쟁》을 들고 CNN의 〈존 킹 USA〉에 출연한 것이 계기였다. 인터뷰 말미에 킹이 우드워드에게 이번 대선에서 오바마가 바이든을 털어낼 가능성에 대해 물었다.

"2012년 대선에서 열세에 몰릴 경우 러닝메이트를 힐러리 클린턴으로 바꿔야 한다고 생각하는 사람들이 많죠. 조사를 해보셨으니 아시겠지만 그런 일이 정말 일어나겠습니까?"

　　우드워드는 워싱턴에 정예 취재원이 탄탄하기로 유명한 기자였다. "협상 테이블에 올라가 있기는 하죠. 힐러리 클린턴의 참모들도 2012년이라면 가능성이 크다고 믿고 있습니다. 오바마 대통령에게도, 여성, 라틴계, 퇴역자 등 2008 예비선거에서 힐러리와 함께 뛰었던 인사들이 필요하거든요. 임무 교체야 늘 있으니 아예 불가능한 일은 아니죠."

　　백악관은 재빨리 부인하고 나섰다. 다음날 언론담당보좌관 로버크 깁스가 CNN의 모닝쇼에 출연해 이렇게 선언했다. "백악관의 어느 누구도 이를 가능하다고 보는 사람은 없습니다."

　　하지만 논란은 좀체 수그러들지 않은 채 2012년 유세까지 이어졌다. 바이든이 〈미트 더 프레스〉에 출연하고 2주 후, 보수파 칼럼니스트 윌리엄 크리스톨이 〈위클리 스탠다드Weekly Standard〉에 야비한 글을 써서 오바마에게 바이든을 제거하라고 요구했다.

　　"진심으로 오바마 대통령에게 권하노니 조 바이든을 버리십시오. 물론 대통령도 그렇게 생각하겠지만." 크리스톨은 최근 〈폭스뉴스〉 여론조사를 가리켰다. 오바마는 52%, 바이든은 41%였다. "다시 말해서, 바이든은 이번 가을 오바마의 행운을 끌어내릴 것이다." 크리스톨은 힐러리 클린턴까지 들먹였다. 2008년 예비선거에서 클린턴의 득표율이 1,800만 표이며, 얼마 전 〈워싱턴포스트〉 여론조사에서 65%가 힐러리를 선호했다. 또 힐러리가 백인 노동계급과 중산층 유권자를 오바마에게 선물할 것이라는 얘기도 했다.

크리스톨은 곧바로 계산까지 끝마쳤다. "바이든-힐러리 교체가 번잡스럽고 혼잡스러울까? 아니 그렇지 않다. 바이든은 충성파가 많지 않기에 혼란도 크지 않을 것이다." 오히려 바이든이 경기장 밖에서 오바마-힐러리 카드를 위해 열심히 뛰면 그 효과는 엄청날 것이다. "바이든은 캠프 관계자로 3류 매체 시장에서 여전히 쓸모가 있다. 그런 매체들이야 유명인사의 방문만으로도 고맙다 하지 않겠는가? 아무리 미래가 안쓰러운 유명인이라고 해도 말이다."

백악관은 바이든을 고집스럽게 고수했다. 여론조사와 포커스그룹의 결과를 보면 러닝메이트 교체가 별 이득이 없던 터라 애초부터 고려사항이 아니었다. 조는 살아남았으나 그의 심적인 고통과 혼란은 여전히 상처로 남아있었다. 바이든 입장에서는 참모들이 바이든의 미래를 두고 저울질하는 동안, 오바마가 뒷짐만 지고 있는 바람에 대통령의 신뢰를 의심할 이유가 잔뜩 생긴 것이다.

〈미트 더 프레스〉 출연 당시, 대선 티켓을 향한 입지가 굳건한지 물었을 때 바이든은 즉답을 피하고 고개를 갸웃하며 웃기만 했다. 그레고리가 키득거리며 다시 물었다. "자신 있다는 말씀인가요?"

바이든은 고개를 들며 씩 웃었다. "의심할… 의문의 여지가 없으니까요." 말투는 경쾌했지만 속은 들끓었다. 무례함을 떨치려는 듯 두 손을 가볍게 흔들기도 했다. 그리고 그레고리의 질문이 던진 모멸감을 유머로 얼버무렸다. "도리가 없잖아요? 이미 오바마-바이든이라고 인쇄물도 찍었는데?"

그레고리는 바이든의 약점을 간파하고 계속 물고 늘어졌다. "한창 소란스럽기는 했었죠? 그래서 화가 났습니까? '음, 대통령이 클린턴 장관을 끌어들인다면 재선은 따 놓은 당상이다. 그러니 교체가 당연하지 않은가?' 이런 식이었죠?"

바이든은 그레고리의 조롱에 맞서 자신의 가치를 증명했다. 오랜 세월 대중의 관심을 받으며 살아온 그가 아닌가! 바이든은 인터뷰의 초점을 자신이 아니라 오바마 대통령을 보호하는 식으로 방향을 틀었다. 그래도 마음은 여전히 불편해 어휘 선택에서 실수하기도 했다.

"내가 화가 난 지점은 클린턴 대통령이 나약해서 도움이 필요하다는 식의 암시입니다." 바이든은 즉시 자신의 실수를 깨달았다. "내 말은…" 하지만 그레고리가 선수를 치며 교정해주었다. "오바마 대통령이겠죠?"

바이든이 말을 더듬었던 시절, 어머니가 해준 얘기가 있다. 네 잘못이 아니라 네 마음이 혀보다 조금 더 빨랐을 뿐이란다. 그의 어머니는 늘 좋은 얘기만 했다. "조이, 너 정말 잘생겼구나. 조이, 어쩌면 운동을 그렇게 잘하니? 조이, 너만큼 머리가 좋은 애는 보지 못했어. 할 말이 그렇게 많은 걸 보니 정말 아는 것도 많은 모양이네."

바이든은 칠순의 나이지만 스스로 절제하고 말을 똑바로 하려고 애를 썼다. 이따금 제대로 발음할 때까지 음절 하나를 수차례 연습하기도 했다. 어떻게든 들끓는 속내를 이겨내려 하건만 감정이 복마전처럼 숨어 긴장할 때마다 계속 발을 걸고 있었다.

그럼에도 바이든은 당황하지 않고 아무 일도 없었다는 듯 얘기를 이어갔다. 부통령 후보 교체 논쟁이 불편한 이유는 자칫 대통령이 나약하다는 오해를 불러일으킬 수 있기 때문이다. 그의 설명이다.

마침내 바이든의 충성을 증명하는 전형적인 사례가 등장했다. 조 바이든 대신 힐러리 클린턴이 뛰어야 한다고 주장하는 사람이 있다면, 그건 오바마 대통령이 이번 선거에서 뭔가 전환점이 필요하다는 주장이리라. 하지만 바이든 자신이 보기에도 터무니없는 얘기였다. 지금껏 자신을 향한 비난을 대통령의 신뢰로 바꿔놓지 않았던가. 조는 띄엄띄엄 말을 끊어가며 대통령의 힘과 일관된 성격에 대해 설파했다.

"내 생각에는… 그러니까 우리에게는 가장 강한 대통령… 최고의 후보자가 있습니다. 그분은… 그 양반은 아주 강직하기도 하죠. 그래서… 내 생각에는… 물론 최고의 후보자입니다."

캠프를 강타한 바이든의 동성 결혼 찬성 발언

어느 모로 보나, 바이든과 그레고리간의 공방은 정치 방송에서도 매우 특별한 장면으로 기억될 것이다. 하지만 매체들은 대체로 무시했다. 그리고 부통령이 몇 개월 후 선언한 얘기만 물고 늘어졌다.

그레고리가 민감한 문제를 건드렸을 때 조는 여전히 입지를 확고히 다지지 못했다. 행정부 내에서도 '바이든 문제'는 미해결 상태인 채 떠돌아다녔다. "아시겠지만, 대통령 말씀이, 게이 결혼, 동성 결혼에 대한 견해가 진일보했다면서도 결국 반대했죠. 부통령 견해도… 진일보했나요?" 사회자가 물었다.

바이든은 주저하지 않고 실제로 나아졌다고 대답했다. 문제는 대통령보다 빠르고 더 진보적이었다. 몇 주 전 부통령은 로스앤젤레스에서 게이와 레즈비언의 권리를 옹호하는 모임의 회원 서른 명과 사적으로 만나 자신의 견해가 오바마와 다르다고 인정하면서도 특별한 견해를 밝히지는 않았다. 그런데 전국적으로 중계되는 TV 방송에 나와 속내를 밝힌 것이다.

"자, 제 생각에는… 음, 좋은 소식이라면…" 조는 팔꿈치를 테이블에 얹고 기도라도 하듯 두 손을 깍지 꼈다. 질문이 복잡하지는 않았다. 그는 동성 결혼의 기준은 이제 분명하다고 선언했다. "누구를 사랑할 것인가?" 그는 그 말을 두 번이나 강조했다. "누굴 사랑합니까? 당신이 사랑하는 사람에게 성실할 건가요?" 그는 결혼은 누구에게나 같은 문제라고 설명했다. "결혼 당사자가 레즈비언이든 게이든 남녀이든 상관없습니다."

그레고리는 다시 유도신문을 시도했다. "현재 부통령의 신념인가요?"

"예, 난 그렇게 믿습니다." 바이든이 대답했다.

그레고리는 지금 막 바이든이 오바마 대통령과 다른 목소리를 냈다는 것을 간파했다. 그가 계속 밀어붙였다. "지금은 동성 결혼을 찬성하신다는 말씀이죠?"

바이든은 함정을 피하기 위해 지금 개인 자격으로 발언하고 있음을 강조했다. 즉, 자신이 백악관을 대변하지는 않는다는 점을 확실히 했다.

"전… 저는… 그러니까, 전 미국 부통령입니다. 정책은 이미 대통령께서 결정하셨죠." 그가 해명을 시도했다. 이를테면 자신의 견해를 벼리기 위한 포석인 셈이었다. "예, 아무렇지 않습니다. 남성과 남성의 결혼, 여성과 여성의 결혼, 남성과 여성의 결혼 모두…" 속도는 조금 조절했지만 견해는 분명하게 밝힌 것이다. "권리, 시민권, 시민으로서의 자유, 모두 동등하게 누릴 자격이 있습니다. 솔직히 말하면 그 너머 무슨 차이가 있는지 잘 모르겠군요."

오바마 팀은 나름 치밀한 계획을 바탕으로 유세를 시작했지만 갑자기 혼란에 빠지고 말았다. 부통령이 TV 생방송에 나가 동성 결혼을 찬성한다고 선언한 것이다. 대통령이 그 문제를 두고 미적거리고 있음을 모르는 사람이 없건만. 바이든 폭탄은 오바마 팀을 강타했다. 그렇잖아도 대장 때문에 좌불안석이던 바이든 참모들이 허겁지겁 수습에 나섰다.

"바이든의 인터뷰 원고를 보고 완전히 충격에 빠졌죠. 대통령을 비롯해 백악관 식구들도 마찬가지였어요." 데이비드 플루프의 회고였다. 플루프는 2008년 선거사무장에서 지금은 대통령 수석고문으로 일하고 있었다.

바이든이 매력적인 이유는 사리분별보다 자기 마음을 따르기 때문이다. 그 점은 동시에 사람들을 아주 가끔 황당하게 만들기도 했다. 충동적이고 부주의한 순간이면, 노련한 정치가라기보다 과거 스크랜턴이나 윌밍턴 주변에서 뛰놀던 철없는 꼬마에 더 가까웠다. 어린 조이는 말더듬 습관에도 불구하고 지도자이자 모험가였다. 도전을 두려워하지 않았던 아이. 그가 바로 조 바이든이다.

스크랜턴 시절 8~9세의 조이와 친구가 건설현장에서 작업 중인 덤프트럭을 구경하고 있었다. 친구가 문득 조이를 도발했다. 거대한 트럭이 진창을 가로지르며 오락가락할 때 그 아래에서 달리기를 할 수 있느냐는 것이다.

"말도 안 되는 얘기였다. 절대로. 그냥 농담으로 던진 말인데… 조이는 정말로 해냈다. 덤프트럭은 화물을 가득 실은 채 뒤쪽을 올리는 중이었다. 물론, 그 속도가 빠르지는 않았다… 조이는 키가 작았다… 조이가 옆에서 트럭 아래로 달려 들어갔다. 앞바퀴와 뒷바퀴 사이로 들어가자 앞 차축이 머리 위를 살짝 스쳐 지나갔다. 조금만 건드려도 곤죽이 되는 순간이었다… '말더듬이' 조이는 재빨랐다. 앞바퀴가 그를 놓치고 지나갔다."

리처드 벤 크레머가 1992년 대통령 정치를 다룬 저서 《성공의 조건》에 쓴 얘기다. 1998년 대통령 경선 실패 당시의 조를 그리면서 크레머는 그에게서 옛날의 그 아이를 보았다. "조 바이든한테는 배짱이 있었죠. 그에겐 분별력보다 배짱입니다."

분별력보다 배짱을 더 중요하게 여기는 조이지만 그 역시 백악관의 식구였다. 사리분별이 분명한 대통령이 옆에 두고자 한 것도 결국 조의 두둑한 배짱 가득한 대범함 때문이었다.

바이든은 별다른 생각 없이 대통령을 부추겨, 동성 결혼 문제에 대해 용기를 갖게 하고, 또 자신의 바람과 관계없이 그 문제를 정면으로 맞닥뜨리도록 이끌었다. 바이든은 자신의 행동이 어떤 결과를 가져올지 몰랐다.

〈미트 더 프레스〉에서 동성 커플도 보통사람들처럼 동일하게 시민권을 누릴 자격이 있다고 화끈하게 선언한 후, 바이든은 더 나아가 자신의 견해를 사례까지 들며 설명했다.

로스앤젤레스에서 게이 옹호자들과 만난 비밀 모임 얘기를 한 것이다. 모임의 질의 시간, 누군가 이렇게 물었다. "하나만 묻겠습니다. 우리를 어떻게 생각하시는지요?"

바이든은 대답 대신 그 모임의 게이 커플 한 쌍을 특정해 그 집을 방문하고 두 사람이 입양한 아이 둘도 만났다. 집으로 들어가자 일곱 살, 다섯 살 아이가 꽃다발을 건넸다. 부통령은 전국의 시청자들에게 당시 모임에서 그 두 남자에게 한 얘기를 그대로 전했다.

"아이들이 두 남자를 볼 때 두 눈에 얼마나 사랑이 가득했는지 국민 모두가 보았으면 합니다. 아이들은 부모의 사랑을 전혀 의심하지 않고 있었죠."

오바마의 참모 데이비드 플루프는 바이든의 행동에 분개했다. "이런 망할! 세상에, 어떻게 이런 일이!" 그가 〈미트 더 프레스〉 각본을 읽으며 소리쳤다. 동성 결혼에 대한 대통령의 견해에 변화가 있다고 선언해 봐야 정치적 반향이 크지 않다고 확신하고 오바마에게도 그 문제에 함구할 것을 조언했다. 대통령도 정치적 편의주의에 민감한 터라 고문의 조언을 수용했다.

그 문제에 대한 오바마의 행보는 길고도 이율배반적이었다. 1996년 시카고에서 일리노이 주 의원에 도전할 때였다. 그는 게이 신문의 한 설문에서 동성 결혼 합법화에 찬성한다고 밝혔다. 하지만 2004년 미국 상원 후보였을 때는 지지를 철회하며, 결혼이란 남녀의 문제라고 말하기도 했다.

전국 무대에서의 동성 지지는 사실상 난감한 문제였다. 2008년 대통령 유세 당시 결혼의 권리를 변경하는 문제에 대해 공식적으로 반대 입장을 밝히면서도 측근들에게는 견해가 바뀌고 있다고 알리기도 했다.

2011년 백악관 시절에는 원점으로 돌아왔다. 측근들에게는 동성 결혼을 인정한다고 선언했지만, 참모들은 그저 그가 '진일보'했다는 정도로만 밝히기로 했다. 진보적인 지지자들에게는 오바마의 함구가 정치적 결단력의 결여로 비쳐졌다. 하버드 법대 교수 랜달 케네디Randall Kennedy는 저서 《집요한 유색 논쟁The Persistence of the Color Line》에서 당혹감을 드러냈다.

오바마가 인종 불평등에서 동성의 권리까지 민감한 주제마다 입을 다물었기 때문이다. "그에게는 진보적 개혁을 촉발할 자유주의적 본능과 의지가 있지만, 그렇게 할 경우 정치적 대가가 너무 크리라는 두려움에 맞닥뜨리고 말았다."

케네디는 대통령이 동성 결혼 문제를 두고 미적거린다며 비난했다. "그가 언급한 입장 역시 여론의 진일보에 좌지우지될 뿐이었다. 대중이 동성 결혼을 흔쾌히 받아들인 다음에야 오바마도 그렇게 할 것이다."

대통령 오바마는 동성 공동체의 권리에 공감을 드러냈다. 그는 클린턴 시대의 "묻지도 말고 말하지도 말라Don't Ask, Don't Tell" 정책의 철폐를 이끌고 또 승리했다. 클린턴은 게이들이 군에 입대할 권리를 공개적으로 거부했다. 오바마는 또한 1996년 법무부의 결혼보호법에 대한 지지도 철회했다. 결혼보호법은 결혼을 남녀의 결합으로 규정하고, 다른 주에서 획득한 동성 결혼을 인정하지 않도록 허용했다. 최고 법정은 2013년 그 법이 헌법에 위배된다고 판결하게 된다.

동성 결혼에 대해 오바마의 견해가 딱 여론만큼 바뀌었다지만, 플루프를 비롯해 참모들은 그가 동성 결혼을 인정한다고 해도 입장 발표는 임기 말에나 가능하다는 점을 분명히 했다. 참모들은 내부 여론조사를 벌이고 포커스그룹을 모집했지만 결과는 애매모호했다. 플루프가 보기에 2012년 대선을 앞두고 오바마가 동성 결혼을 찬성한다고 직접 발표하는 것은 너무 위험이 컸다.

하지만 오바마는 동성 결혼에 대한 자신감 결여에 늘 가슴이 아팠다. 아내 미셸과 오랜 친구이자 고문인 밸러리 재럿은 그에게 정치에 끌려다니지 말고, 그냥 느낀 바를 공표하라고 조언했다. 오바마의 대통령 선거 수석전략가 데이비드 액셀로드, 대통령의 수석고문 댄 파이퍼 역시 후보자가 유권자들을 끌어들이려면 솔직하게 진심을 말해야 한다고 얘기해주었다.

다른 사람들도 대통령의 용기를 촉구했다. 공화당 국가위원회 의장 출신인 켄 멜만Ken Mehlman도 오바마에게 진짜 자신의 모습을 보여주라고 조언했다. 대범하고 강한 리더십이야말로 어떤 이슈에 대해 자신이 어느 편인지 알리는 것보다 더 중요할 때가 있으며, 동성 결혼은 오바마가 리더십을 확인할 좋은 기회라는 것이다. 멜만은 2010년 커밍아웃을 선언한 바 있다.

바이든이 〈미트 더 프레스〉에 출연하기 전 백악관에서도 오바마가 어떻게 접근하면 좋을지 고민한 바 있다. 참모들도 정교한 전략을 꾸려 동성 결혼을 주요 시민권 문제로서 포괄적으로 다룰 생각이었다. 오바마가 올바른 방향으로 마음의 변화를 얘기한다면 정치도 그의 편이 되어줄 것이다.

다만 선언의 청사진은 지지부진했고 온갖 회동, 유보, 재검토 등의 방해를 받았다. 결국 5월 첫 주 대통령 재선 유세 이후에 선언하기로 가닥을 잡았다. 그 다음 일정이 5월 14일 뉴욕의 LGBT*(성소수자) 행사에 참여하기로 되어 있었는데 그때 오바마가 ABC의 정오 토크쇼 〈관점The View〉에 나가 심경의 변화를 토로할 참이었다. 참모들도 준비에 박차를 가했다.

"순서와 계획을 준비하느라 정신이 하나도 없었죠." 플루프의 설명이었다. 그는 대통령에게도 역사적 순간임을 확신했다. "난 그 순간이 오로지 대통령의 것이기를 바랐죠."

하지만 플루프와 참모들이 계획한 기막힌 '안무'는 바이든이 〈미트 더 프레스〉에 나가 나불대는 바람에 순식간에 공중분해되고 말았다. 부통령은 동성 결혼에 대해 바뀐 심정을 토로했던 소수 측근 중 한 명이었으나 대통령이 국민을 상대로 첫 공개를 하기로 했다는 계획은 금시초문이었다.

전용차로 〈미트 더 프레스〉 스튜디오를 떠나면서 부통령의 홍보부장 샤일라그 머레이가 바이든에게 말했다. "아무래도 대통령의 선수를 빼앗으신 것 같은데요?"

* 성적소수자들을 의미하며 레즈비언Lesbian과
게이Gay, 양성애자Bisexual, 트랜스젠더Transgender의
앞 글자를 땄다.

참모진의 비난 그래도 오바마의 선택은 바이든

대중의 반응은 빠르고도 당혹스러웠다. 케이블 뉴스 채널들은 끊임없이 바이든의 논평을 두고 떠들었다. 신문 헤드라인도 다투어 대통령의 곤경을 강조했다. AP 통신은 "동성 결혼에 대한 오바마의 애매한 태도를 검증하라"고 요구하고, 〈보스턴 헤럴드〉도 "부통령이 대통령의 이슈를 말아먹었다"고 진단했다.

행정부 내에서도 오래전부터 느릿느릿 불을 지피던 동성 결혼 문제가 갑자기 뜨거운 이슈로 떠오르며, 오바마에게도 견해를 밝히라는 압력이 쏟아졌다. 그 후 며칠간 백악관 밖에서는 박수갈채가 쏟아지는 반면 웨스트윙에서는 총칼이 날아들었다.

동성권리 지지자들이 바이든을 지지하고 나섰다. "미국 부통령이 공개적으로 결혼의 평등을 지지한다고 선언했다. 고마운 일이다. 머지않아, 대통령은 물론 공화당, 민주당의 지도자들이 부통령과 궤를 같이하기를 빌어본다." 채드 그리핀Chad Griffn이 선언했다. 그리핀은 오바마 캠프의 국가재정위원회 소속이었다.

백악관 내에서는 오바마 참모진들이 바이든을 비난하고 익명으로 매체에 누설도 했다. 잘 짜놓은 계획을 부통령이 망쳤다. 심지어 바이든이 과욕에 빠져 2016년 백악관 입성을 노리는 통에 현 행정부에 대한 책임을 외면했다는 얘기까지 나돌았다. 바이든으로서는 억울할 따름이었다.

대통령의 피해를 최소화하기 위해 고문들은 백악관 내에 정책 불일치는 없다는 점을 강조했다. 부통령은 그저 사전준비 없이 말했을 뿐이며 어느 경우에도 그의 언급이 과거 오바마 대통령이 말한 바와 다르지 않다는 말도 덧붙였다.

데이비드 액셀로드는 심지어 바이든의 견해가 "대통령의 입장과 완전히 일치하며, 결혼한 사람들은 동성인지 이성인지 여부와 관계없이 동일한 권리와 자유를 누릴 권리가 있다"고 주장했다.

오바마의 참모들이 바이든을 비난하고 나섰지만, 정작 오바마는 바이든의 논평보다 백악관 내의 혼선을 두고 더 역정을 냈다. 그도 바이든과 생각이 같았기 때문이다.

〈미트 더 프레스〉 이후 이틀간 유세여행을 다녀야 했지만 바이든도 백악관의 흥분을 감지하고 있었다. 뜨거운 이슈에 대해 스포트라이트를 훔쳤으니 분명 이기적이며, 또 오바마를 압박해 동성 결혼 문제에 대한 견해를 공개적으로 밝히도록 강요했다는 점에서 이중적이라고 쑥덕거린다는 얘기도 전해 들었다.

백악관의 공격에 조는 놀라면서도 가슴이 아팠다. 자기야말로 백악관 내에서도 최고의 팀플레이어가 아닌가? "왜 다들 나를 못 잡아먹어 안달인지 모르겠군. 내가 일부러 정견발표를 한 것도 아니잖아. 질문이 들어와 어쩔 수 없이 대답한 것이고." 그가 한 측근에게 불만을 토로했다.

웨스트윙 참모들의 흥분도 이해는 되지만, 정작 당사자인 오바마는 조를 추궁할 의도가 전혀 없었다. 굳이 하겠다면 부통령의 해명이나 사과를 들을 의향이 전혀 없지는 않지만, 부통령은 이틀간 여행 중이었고 사과하겠다는 소식은 들려오지 않았다.

월요일이 되면서 바이든 이슈가 백악관의 통제를 벗어나기 시작했다. 교육부장관 안 던컨이 MSNBC의 정치토크쇼 〈모닝 조 Morning Joe〉에 출연했는데, 이번에도 오바마의 고문들은 잔뜩 긴장한 채 지켜볼 수밖에 없었다.

이번 방송은 스승감사주간을 기념하기 위해 마련된 것이라, 시작은 NBA 스타 출신의 샤킬 오닐Shaquille O'Neal이 모자와 가운을 입고 플로리다의 배리 대학에서 교육학 박사학위를 수여하는 장면을 보여주었다.

대화가 예기치 않게 동성 결혼 논쟁으로 바뀌면서 프로그램은 신이 나서 대통령의 곤란한 입장부터 치고 들어갔다. 공동사회자 조 스카보로Scarborough는 MSNBC 정치 분석가이자 저자인 마크 할페린Mark Halperin이 행정관료 모두에게 이번 이슈에 대해 질문할 계획이라고 설명했다.

"이 문제부터 시작하겠습니다. 먼저 장관님께 여쭙죠." 스카보로가 말했다.

할페린이 마이크를 건네받았다. "긴장을 푸셔도 됩니다, 장관님. 어차피 내각 전부를 이 자리에 모실 참이니까요. 장관님 생각에도 동성의 남성과 여성이 미국 내에서 법적으로 결혼할 수 있어야 합니까?"

공동사회자 미카 브레진스키Mika Brzezinski가 화면 밖에서 '끙' 소리를 냈다. "오, 이런, 처음부터 그 얘기요?"

던컨이 주저 없이 대답했다. "예, 대답 못할 이유도 없겠죠."

"과거 그 문제를 공개적으로 언급한 바 있나요?" 할페린이 물었다.

던컨은 단도직입적으로 대답했다. "공개적으로 질문 받은 적도 없는 것 같은데요?"

화면 밖에서 누군가의 목소리가 들렸다.

"오케이, 뉴스가 되겠어."

던컨은 워싱턴의 스튜디오에 앉아 인터뷰를 했다. 이어폰으로 질문을 받았다. 참모들이 옆에서 답변을 들었지만 질문을 들을 수는 없었다. 아무튼 '동성 결혼'이라는 단어는 장관의 입에서 한 번도 나오지 않았다. 후에 던컨의 회고에 따르면 참모들이 함께 밖으로 나가면서 이렇게 말했다. "오, 오늘 인터뷰, 정말 잘 빠졌어요."

던컨을 비롯해 그 누구도 지뢰밭에 들어갔다는 사실을 깨닫지 못했다. 교육부장관도 바이든 논쟁은 완전히 금시초문이었다. 그 전날 일요일 토크쇼도 보지 못했고 조의 언급에 대한 기사도 접하지 못했다. 그의 참모들도 던컨의 인터뷰에서 동성 결혼이 어떤 역할을 했는지 감도 잡지 못했다.

동성 결혼 문제는 던컨도 의외였지만 후일 돌아보니 자신의 대답 방식이 자랑스럽기도 했다. 그도 바이든처럼 있는 그대로 말하고 정직하게 대답했다. "대답할 때 좌고우면하지 않았어요. 솔직하게 말할 수 있어 실제로도 편안했거든요." 워싱턴 정치인들처럼 애매모호하게 대답하거나 교묘하게 얼버무릴 생각은 추호도 없었다.

그리고 머지않아 자신이 어떤 사고를 쳤는지 깨달았다. 바이든과 던컨 둘 다 의도치 않게 동성 결혼에 대해 대통령을 압박한 꼴이 된 것이다.

"그 일 때문에 잠깐 고통스러웠을지는 몰라도, 이 문제와 관련해 대통령의 마음이 어디에 있는지 잘 압니다. 공개적으로 말하지 않았을 뿐, 그분도 마음 깊숙이 간직한 생각이 있었죠. 내가 보기엔 부통령과 내가 대통령이 마음을 정하도록 부추겼을 뿐이에요."

대통령이 사임하라고 할까 봐 불안하기는 했다. 자신이 저지른 일이니 얼마든지 감수할 수 있지만 대통령은 한 번도 그 문제를 거론하지 않았다. "백악관에서 딱 한 번 전화가 오긴 했죠." 그는 전화가 온 사실을 인정하면서도 굳이 발신자는 밝히지 않았다. 그 사람은 이렇게 말했다.

"솔직하게 말해줘서 기쁩니다. 정말 잘하셨어요." 자기가 행정부의 스트레스를 자극하고 내부자 중에 화를 내는 이가 있다는 정도는 던컨도 알고 있었다. "백악관을 정말 정말 믿습니다. 사실, 그때 나를 버스 아래로 던져버릴 수도 있었거든요."

바이든 쪽에서는 교육부 장관의 〈먼데이 조〉 인터뷰를 좋아했다. 후일 두 사람이 그 얘기를 하며 웃다가 바이든이 이렇게 실토했다. "솔직히 나를 밀어준 악당이 당신이라 기쁘더군."

던컨의 TV 출연 이후 일부 민주당 의원이 대통령에게 바이든과 교육부 장관의 뒤를 따르라고 촉구했지만 대통령도 참모들도 어떤 단계를 취할지 아직 정리가 안 된 상태였다.

그날 늦게 언론담당 비서 제이 카니가 백악관 브리핑실에 나타나더니 흰 색의 두터운 바인더를 뒤척이며 말했다. "따로 발표할 내용은 없습니다. 그러니 곧바로 질문을 받겠습니다." 그는 동성 결혼에 대한 오바마 대통령의 견해에 대해 질의응답을 이어갔다.

한 기자가 물었다. 오늘은 안 던컨, 어제는 바이든 부통령, 두 분이 대통령과 맞서기로 작정한 건가요?

"대통령님의 견해라면 저도 정보가 없습니다." 카니가 가까스로 대답했다. 던컨의 논평에 대해서는 역시 '개인의 견해'일 뿐이라며 선을 그었다.

"대통령께 그 문제를 질문한다면 어떻게 대답하실까요?"

"대통령이야말로 견해를 밝혀야 할 당사자인데요."

카니는 질문의 융단폭격에도 불구하고 자신의 대본에서 한 발짝도 벗어나지 않았다. "그 질문에 대해서는 저도 더 이상의 정보가 없습니다."

얼마 전 노스캐롤라이나주에서 동성 결혼 금지법이 통과했는데, 거기에 대한 대통령의 입장이 궁금했다. 노스캐롤라이나는 동성 커플의 결혼을 금지한 서른 개 주에서도 마지막이었다.

"대통령께서는 동성 커플의 권리와 혜택을 부인하는 차별적이고 분열적인 어떠한 시도에도 오래전부터 반대 입장이셨습니다."

한 기자가 카니의 대답이 여전히 애매모호하다고 불평했다. "대통령은 동성 결혼 금지에 반대하는 겁니까? 아니면 동성 결혼을 지지하지 않는 겁니까?" 기자로서는 당연히 혼란이 있을 수밖에 없지 않느냐며 투덜댔다.

화요일이 되자 대통령의 참모들은 더 이상의 침묵이 바람직하지 않다고 판단했다. 뭐든 할 필요가 있었다. 언론담당 비서가 기자들의 공격을 막아내는 장면을 보면서 오바마도 동정심을 느낄 정도였다. "아무래도 제이를 수렁에서 구해줘야겠어."

오바마, 동성 결혼을 공식적으로 인정하다

화요일, ABC의 〈굿모닝, 아메리카〉의 앵커 로빈 로버츠Robin Roberts가 백악관의 전화를 받았다. 대통령이 다음날 일대일 인터뷰를 하고 싶어 한다는 것이다. 다만 로버츠는 대통령이 정확히 어떤 말을 할지 알지 못했다. "인터뷰 주제가 뭔지 지침도 없고 암시도 없었어요."

　인터뷰가 있기 전 수요일 아침, 유세에서 이틀 전에 돌아온 바이든이 잠시 대통령을 붙잡았다. 일일 정보 브리핑이 있은 직후였다. 〈미트 더 프레스〉 인터뷰 이후 대화가 끊어져 오바마가 불편해하고 있다는 정도는 바이든도 잘 알고 있었다. 조는 물의를 빚어 미안하다고 사과했다. 자기 얘기가 골칫거리가 될 줄은 상상도 못했다는 것이다.

　"다시 바이든의 편에 서기 위해 대통령한테 필요했던 것도 그저 사과 한마디였다." 마크 할페린과 존 하일먼John Heilemann이 공저 《더블다운Double Down》에서 지적했다.

　조는 대통령 참모들이 자신을 냉대했다며 여러 차례 불만을 토로했다. 버락은 사람들의 비아냥에 관심을 끊고 신문과 TV 뉴스도 신경 쓸 필요 없다고 충고했다. 대통령은 조를 둘러싼 소란 따위에 그다지 개의치 않는 듯 보였다. 조에게도 그의 논평이 개인적으로 별 문제 아니라고 말했다.

할페린과 하일먼의 저서를 보면 버락은 조와의 관계를 지켜내고 싶어 했다. 그 누구도 둘 사이를 갈라놓지 못한다는 사실을 바이든이 알아주기를 바랐다. "두 사람은 함께 이 일을 극복할 것이며 절대 흩어지지 않을 것이다."

조는 회고록에서 〈미트 더 프레스〉 논쟁을 '바이든의 말실수'로 규정하고 "그로써 백악관과 2012년 선거캠프 담당자들을 완전히 뒤집어놓았다"고 시인했다. 하지만 자신과 버락의 관계는 "티끌만큼도 흔들리지 않았다"라고 말했다. "그 문제를 논의할 때 대통령은 '내가 모두를 뒤집어놓았다'며 농담까지 했다. 선거 캠프야 당연히 할 일이 생겼겠지만 그렇잖아도 껄끄러운 문제인데 나까지 나서서 해명할 필요는 없다고 깔끔하게 정리해주었다."

대통령의 TV 인터뷰 전, 오바마와 로버츠는 내각 회의실 가죽 의자를 마주한 채 자리를 잡았다. 다들 웃거나 만면에 미소를 지었으나 세팅 자체는 엄숙했다. 프랑스식 흰색 문에 황금 빛 커튼이 있고, 벤자민 프랭클린의 흉상이 모퉁이에서 노려보고 있었다. 오바마는 대통령답게 빳빳한 청색 셔츠 차림에 어깨에 성조기를 장식했다. 창밖으로 백악관의 평화로운 정원이 내다보였다.

오바마가 대화 상대로 로빈 로버츠를 선택한 이유는 믿을 수 있기 때문이었다. 그녀는 오바마 가족의 친구이기도 했다. 이 존경스러운 아프리카계 미국인과는 강한 유대감과 스포츠를 향한 사랑 그리고 편안한 인터뷰 역사를 공유하고 있었다.

테이프가 돌아가면서 로버츠가 곧바로 핵심을 치고 들어갔다. "대통령님, 지금도 동성 결혼에 반대하십니까?"

현직 대통령이라는 점에서 그의 대답은 충분히 충격적이었다. ABC 뉴스는 수요일 오후 특별보도라는 이름으로 그 소식을 내보냈다. 조지 스테퍼노펄러스와 다이앤 소여Diane Sawyer가 공동 앵커를 맡았다. 소여가 선언했다. "백악관발 임시 속보입니다. 오늘 우리나라에는 역사적으로 중요한 정치적 문화적 순간이 되겠군요. 주제는 동성 결혼입니다."

그리고 백악관 인터뷰 이후 대기 중인 로빈 로버츠를 연결했다. 로버츠는 약간의 배경 설명과 더불어 대통령의 대국민 심경 변화를 소개했다. 이윽고 오바마가 화면에 나타나 차분한 어조로 얘기를 시작했다. 사흘 전 히스테리에 빠진 모습과는 사뭇 대조적이었다.

"이렇게 말하고 싶군요. 전에도 말했지만 난… 이 문제에 대해 관점의 변화를 거쳐왔습니다. 게이든 레즈비언이든 미국인은 누구나 공정하고 동등하게 대해야 한다는 생각에는 전혀 흔들림이 없습니다… 나는 LGBT 공동체를 위해 보다 광범위한 평등을 주장했습니다. 다만 동성 결혼 문제를 주저했을 뿐이죠. 이를테면 동성결합*으로 충분하리라 여겼기 때문입니다… 하지만 세월은 흘렀고 그동안 친구, 가족, 이웃들과 많은 대화를 나누었습니다. 내 참모들에 대해서도 생각해봅니다.

이성 관계이든, 동성 관계이든 다들 놀랍도록 헌신적인 사람들이고 함께 아이들도 키웁니다. 육군, 공군, 해군 병사들도 있습니다. 나를 대신해 저 밖에서 싸우면서도 여전히 불이익을 받는다고 느끼고 있죠… 예, 결혼을 인정받지 못하기 때문입니다.

* Civil Union: 동성 간의 결합을 뜻한다. 대부분의 주에서 동성결합을 합법으로 여기지만, 동성 결혼까지는 아니다. 동성결합은 세금, 의료 등의 혜택에서 정식결혼보다 불이익을 받으나 동성 결혼을 인정하는 주정부는 지극히 제한되어 있다.

어떤 시점에 비록 개인적으로나마 이렇게 결론을 내렸습니다. 내가 앞장서서라도 동성 커플이 결혼을 인정받아야 한다고 확인해줄 필요가 있겠구나 하고 말입니다."

대통령의 동성 결혼 인정은 순식간에 기자들의 머릿속으로 빨려 들어가 종이, 온라인, TV로 보도되고 논의되고 쓰나미처럼 거대한 논쟁을 불러 일으켰다. NBC는 정규 프로그램으로 편성해 경쟁사의 보도를 앞질렀다.

CNN 역시 '속보' 로고까지 띄워가며 재빨리 방송을 준비했다. 울프 블리처Wolf Blitzer가 빽빽 소리를 질러댔다. "실로 역사적이고 엄청난 분수령이 아닐 수 없습니다… 대선이 6개월도 채 남지 않은 시점이라 정치적 의미도 상상을 초월합니다."

ABC는 〈월드뉴스 나이트World News Tonight〉의 독점뉴스를 다음날 〈굿모닝 아메리카〉에서 재방송했다. 〈GMA〉는 로버츠와 대통령이 백악관 복도를 산책하는 영상을 방송했다. 배경으로 새들이 시끄럽게 지저귀며 날아다녔다.

로버츠가 전날 일요일 바이든의 논평에 대해 물었다. "부통령이 이 시점에서 조금 섣부르셨나요?"

오바마는 내내 차분한 표정을 유지했다. 그는 이미 대선 전에 입장을 발표할 생각이었다고 말했다. 부통령을 가볍게 질책하기는 했으나 그 역시 부통령을 이해한다는 점을 더 부각했다. 부통령이 다소 성급하기는 했지만 국민을 어떻게 대해야 하는지 깊은 고민을 한 결과라는 것이다.

버락은 조에 대해 이렇게 말했다. "어쩌면 그분이 자신의 하늘에서 조금 더 올라간 이유도… 영혼이 고귀하기 때문이겠죠."

공화당은 대통령의 반전을 조롱했다. 대통령이 정치책략에 열중한다면 공화당원들이 11월 선거에서 대통령 반대표를 던질 것이라고 위협했다. 그와 대조적으로 대통령은 신문 사설란을 싹 쓸이했다.

〈뉴욕타임스〉는 칭찬으로 기사를 시작했다. "이 나라에서 권리의 평등을 확장하려면 늘 강력한 국가 리더십이 필요했다. 여기에는 결혼의 권리도 예외가 될 수 없다. 오바마 대통령은 지난 수요일 바로 그 리더십을 발동했다." 〈캔자스 시티스타 Kansas City Star〉도 역사적 순간에 주목했다. "역사상 처음으로 동등한 시민권을 요구했던 수백만 게이와 레즈비언들이 미합중국의 대통령을 자기편으로 여길 수 있게 되었다."

대통령의 정치적 입지가 위기에 처할 수 있다는 플루프의 우려는 그저 우려에 그쳤다. 바이든도 결과적으로는 대통령을 부추겨 국가의 분위기와 어우러지도록 만들었다. 이는 그 주 여론조사에서도 확연히 드러났다. 갤럽 조사에 따르면, 미국인의 50%가 동성의 법적 결혼권을 지지한다고 답했다. 민주당이 65%, 무당 층이 57%, 반면 공화당은 22%만 공감을 표했다.

결국 오바마도 대통령으로서 이슈를 선점한 것이다. 바이든은 사람들의 이목에서 벗어나 뒤편으로 한 걸음 물러섰다. 관심은 오로지 대통령과 동성 결혼에 대한 대통령의 견해에 집중되었다. 바이든은 이슈에 불을 붙임으로써 동성애자들의 시민권 요구를 수면 밖으로 이끌어냈지만, 행정부의 공식 입장에 쏟아지는 찬사는 아쉽게도 온전히 오바마의 것이 되었다.

로빈 로버츠는 인터뷰 도중 대통령에게 물었다. "그래서 누구한테도 유감이 없으시다고요?"

오바마도 여기까지 오는 과정이 매끄럽지 않았음을 알기에, 조금 더 차분하게 처리하지 못한 점이 아쉽다고 인정했다. "하지만 끝이 좋으니 다 좋겠죠?" 그가 덧붙였다.

13장

누구보다 소중한
친구

"대통령과 부통령이 늘 티격태격하는
나라에서 둘만은 정말로 가까웠다.
늘 '힙하다'며 자부심을 드러내던
행정부에서도 그 둘의 사랑만큼은
구식이며 고전적이라 아니 할 수
없다."
그 순간을 가능하게 만든 사람은 바로
조 바이든이었다. 지난 세월 조는
자신의 개성만으로 차갑고 신중한
버락의 마음을 녹였다.

조와 버락, 두 남자의 공통점은 극진한 가족 사랑

조 바이든은 먼저 세상을 떠난 아들 보를 가슴에 묻었다. 2013년 8월 23일, 그는 펜실베이니아, 스크랜턴의 옛집에서 가까운 사람들과 담소를 즐기고 있었다. 늘 성실한 부통령의 모습이었다. 며칠 전 델라웨어, 윌밍턴에서 비행기로 날아온 까닭은 오바마 대통령과 함께 학생들의 등록금을 인하하기 위해서였다.

두 남자는 청색 셔츠와 짙은 색 블레이저를 입었지만 노타이라 오히려 캐주얼해 보였다. 다만 조가 분위기를 돋우려 애쓰고는 있어도 어쩐지 마음이 무거운 듯 보였다. 사람들과 얘기할 때도 최근 아들을 괴롭히는 건강공포증 얘기를 먼저 했다.

2주도 채 지나지 않은 일이다. 아들 셋 중에서도 장남인 보가 인디애나에서 가족 휴가를 즐기던 중 문득 몸이 피곤하고 정신까지 혼미해졌다. 그 일을 시작으로 일련의 기이한 일들이 이어지며 마흔네 살의 아들을 향한 걱정이 늘어만 갔다.

신체뿐 아니라 정신건강까지 잃게 될 것만 같았다. 체격이 좋고 건강해서 장거리 달리기도 거뜬히 해내건만, 이따금 현기증이 나고 자주 균형감각을 잃었다. 게다가 이명 증세도 있었다. 조깅을 하는데 제트기 엔진 폭음이 머리 바로 위에서 터지는 것이다. 그러면 달리기를 멈추고 후다닥 길옆으로 피했지만 정작 하늘에는 아무것도 없었다.

보는 델라웨어의 검찰청장이며 두 번째 임기에 들 정도로 인기도 높았다. 가정에 충실했던 보는 2008년 첫 번째 임기를 중단하고 주 방위군에 들어가 이라크 파병을 나가기도 했다. 검찰청장으로 세 번째 도전할 생각이었지만, 언젠가는 아버지처럼 의회에 진출하거나 대통령 경선에 도전해볼 가능성까지 염두에 두고 있었다.

2008년 민주당 전당대회에서 부통령 후보자 아버지를 소개했기에 국민은 여전히 그의 매력과 잘생긴 외모를 기억하고 있었다. "안녕하세요, 전 보 바이든입니다. 물론 조 바이든이 제 아버지이십니다."

정치가로서 태도 면에서 보는 부친과 확연히 달랐다. 차분하고 교양이 넘쳤으며 대중 앞에서 말할 때도 지적이면서도 신중했다. 〈내셔널 저널National Journal〉의 노라 캐플란 브리커Nora Caplan-Bricker의 글을 보면 "보 바이든을 묘사하기 위해 사람들이 자주 쓰는 어휘는 '신중', '차분' 등이다. 말인즉슨, 수다로 유명한 부친과 전혀 닮지 않았다는 뜻이다."

조의 친구 버락 오바마처럼 보는 자신의 감정을 통제했다. 델라웨어의 대법원 판사 윌리엄 T. 퀼런William T. Quillen은 부친과 아들 둘 다 잘 알았는데 그의 평가에 따르면 아버지가 "좀 더 극적이었다."

아이러니하게도 극적인 드라마는 오히려 보의 몫이었다. 시작은 그가 세 살 때 일어난 자동차 사고였다. 그 사고로 어머니와 갓

태어난 여동생이 목숨을 잃었다. 아버지가 미국 상원에 처음 당선되고 불과 몇 주 되지 않았을 때였다. 사고를 당한 보가 세상과 처음 만난 것은 아버지가 병원에서 취임선서를 하는 영상이었다. 병원 성당에서 의식을 거행하는 동안 보는 다리에 트랙션을 하고 있었고 바로 밑 동생 헌터는 형의 침대에 앉아 있었다.

그로부터 수십 년이 흐른 2010년의 어느 날 아침, 보가 잠에서 깨었을 때 몸 한쪽이 마비되고 말을 할 수가 없었다. 증세는 뇌졸중에 가까웠으나 병원에서 몇 시간 이후에 증세가 거짓말처럼 사라졌다. 보는 아버지를 불러서 마법을 보여주었다. 다리와 팔이 아무 문제없이 움직인 것이다.

위기는 바이든 가족의 특별한 유대를 더욱 굳게 다져주었다. 1972년의 비극적인 자동차 사고 이후, 조의 누이이자 첫 상원 유세를 관리했던 밸러리가 스물일곱의 나이에 그의 집으로 이사해 두 아들을 돌봐주었다. 가족의 연대는 거의 본능에 가까웠다. 오바마의 수석고문 데이비드 액셀로드도 그런 모습을 잠깐 보았다. 2008년 유세에서 러닝메이트 후보로 최종 인터뷰를 할 때였다.

바이든은 자리에 앉기 전 보에게 키스하며 끝나자마자 손주들을 보고 오겠다고 했다. 바이든 가족의 끈끈한 애정에 액셀로드도 강렬한 인상을 받았다. 후보자 버락에게 보고할 때에도 액셀로드는 그 광경을 잊지 않았다. "오바마 의원에게 제일 먼저 한 얘기도 그랬다. '그 가족은 정말 특별해 보였습니다.' 사랑이 눈에 보였다. 보기만 해도 따뜻하고 다정한 가족이었다."

2010년 보의 건강이 갑자기 나빠지면서 대통령과 부통령의 연대는 더욱 단단해졌다. 버락도 조만큼이나 가족에게 헌신적이라서 조가 아이들을 얼마나 사랑하는지 알고 있었다. 보가 마비에서 벗어나고 조가 백악관으로 돌아왔을 때 버락은 얼른 달려가 위로해주었다. 대통령도 그때쯤 조를 가족처럼 여기던 터였다.

액셀로드도 두 사람을 지켜보며 여전히 애정 표현에 거침이 없음을 확인했다. "그때 집무실에 있었어요. 제 방은 대통령 집무실 바로 옆방인데 갑자기 대통령께서 부랴부랴 복도를 달려 내려가시더군요. 바이든이 돌아왔다는 소식을 들으셨거든요. 나도 밖으로 나가 어디로 달려가는지 지켜보았습니다." 대통령은 복도 끝 부통령 집무실 근처에 가 있었다. "그때 두 사람이 포옹하는 장면을 목격했어요."

오바마가 달려가 포옹하면서 조도 대통령에 대해 많은 것을 알게 되었다. 대개의 경우 버락은 자신의 감정을 억눌렀다. 적어도 감정을 숨기는 데에는 초인적인 사람이었다. 편모슬하의 혼혈 소년이 살아남기 위해 그리고 후일 정치계에서 우뚝 서기 위해 반드시 필요한 생존전략이었다.

하지만 이따금 버락도 감정이 흘러넘치며 그간의 절제력을 무력하게 만들었다. 조는 종종 이렇게 말했다. "사람들은 오바마의 감정이 메말랐다고 수군거리지만… 절대 그렇지 않아요."

뇌졸중 공포 이후 보가 좋아 보이기는 했지만, 가족은 물론 대통령을 포함해 지인들의 불안은 여전했다. 오바마는 모든 회의에 준비를 철저하게 하는 사람이다. 늘 서류를 읽고 오기에 당면 과제에 대한 심층 토론은 당연지사였다. 하지만 어느 날 모임에서만큼은 이상하게 마음이 심란해 보였다. 액셀로드가 당시를 회고했다.

"거의 집중하지 못하시더군요. 대통령은 창밖만 내다보고 사람들은 계속 얘기했죠." 오바마의 마음이 다른 곳에 가있었던 것이다. "그러다가 갑자기 이렇게 말씀하시는 겁니다. '보한테 무슨 일이 생기면, 조가 어떻게 이겨낼지 걱정이야.'"

병마와 싸우는 아들을 지켜보며 서로의 마음을 열다

3년 후 오바마의 우려는 현실이 되었다. 보가 휴가 중 몸과 정신이 엉망으로 꼬이면서 시카고의 노스웨스턴 메모리얼 병원으로 실려 왔다. 스캔 결과는 뇌종양이었다. 보는 윌밍턴의 집으로 돌아와 필라델피아의 토머스 제퍼슨 대학병원에 입원했다.

실험과 스캔을 거듭한 끝에 신경과 의사들은 몇 가지 잠재적 진단을 내렸다. 양성 종양에서 잠재적으로 치료가 가능한 림프종, 그리고 교모세포종… 교모세포종은 전파가 빠른 치명적인 종양이다.

며칠 후 보와 그의 아내, 형제들과 배우자들, 조와 질이 부통령 전용기를 타고 세계 최고의 암치료센터로 유명한 텍사스 대학 MD 앤저슨 암센터로 날아갔다. 그곳 의사들은 교모세포종으로 진단하고 수술 준비를 했다. 바이든 가족은 비밀경호단, 보안 전화기 한 대와 함께 커다란 방에서 지내게 되었다.

8월 9일 월요일, 신경외과의사 레이먼드 사와야Raymond

Sawaya가 '의식하개두술awake craniotomy'을 집도했다. 보는 수술 내내 의식이 있고 프롬프트에도 반응했다. 이렇게 하면 뇌의 일정 부위를 절단하지 않아도 되고 따라서 심각한 인지뇌손상을 피할 수 있다고 한다.

보가 수술실에 들어가고 7시간을 넘겨서야 사와야 박사가 바이든 가족을 만나러 왔다. 좋은 소식이라면, 골프공보다 조금 더 큰 종양을 제거하고 합병증도 없다는 것이었다. 대수술을 받은 흔적은 머리 왼쪽의 흉터밖에 없었다. 다행히 언어능력, 정신활동, 운동근육에도 수술 후유증은 없었다.

다만 나쁜 소식도 몇 가지 있었다. 종양 모두를 제거하지 못한 것이다. 더욱이 병명이 교모세포증, 그것도 4단계였다. 의사가 이 충격적인 소식을 전하자 조는 방구석으로 물러나 앉아 고개를 푹 숙였다. 회고에 따르면, 말 그대로 땅바닥에 내동댕이쳐진 기분이었다. "가족 중 아무도 보지 않아 다행이었어요. 난 묵주를 찾아 주님께 기도했습니다. 부디 이 난관을 이겨낼 힘을 주소서."

보도 아버지를 잘 알기에 부친 걱정부터 했다. 조는 강한 사람이지만 마음만은 여리기 그지없었다. 게다가 이미 아내 네일리아와 어린 딸을 잃고 절망과 어둠 속에 빠지지 않았던가. 수술실에 들어갈 때 보는 의사의 손을 잡고 애원했다. "선생님, 부탁합니다. 아버지를 잘 다독여주세요."

의사는 곧바로 약속했다. "보, 당신이 옆에서 돌봐드리면 됩니다."

나쁜 소식은 그다음 날 터졌다. 유전자 검사를 해보니 보에게는 암의 성장을 늦출 변종이 존재하지 않았다. 결국 과감한 치료 계획을 세워야 했다. 보와 같은 환자의 경우 일반적으로 수명이 12개월에서 14개월 수준이지만 조는 실낱같은 희망에 매달렸다. 치료 후 2% 정도는 종양이 소멸되면서 회복되는 경우도 있다고 들었다. "보가 아니라는 법도 없잖아?" 조의 생각은 그랬다.

보도 아버지만큼 강인한 성격이라 포기할 생각은 없었다. 가족이 주변에 모였다. 그는 가능한 방법 중 가장 적극적인 치유를 택했다. 기본 화학요법보다 투약을 세 배로 늘이고 시약 실험에도 참여했다. 약효 향상을 목표로 개발한 신약은 물론 비승인 약물까지 가리지 않았다. 종양을 지독한 악성으로 만드는 변종이 있는데 이를 억제하기 위한 용도였다.

8월 21일 수요일, 가족의 내밀한 아픔이 공개되었지만 보의 상태가 위중하다는 사실만큼은 엄격하게 비밀에 부쳤다. 부통령은 보가 텍사스에서 '성공적인 치료'를 받고 있다는 정도로 발표했다. "상태가 좋아서 내일이면 퇴원해 델라웨어 집으로 향할 겁니다."

목요일에 부통령 전용기는 보와 가족을 싣고 집으로 향했다. 오후에 윌밍턴 바로 외곽의 뉴캐슬 공항에 착륙해, 오후 4시경 일행은 SUV 몇 대에 나눠 타고 델라웨어, 그린빌의 부통령 자택에 도착했다. 승객들은 검은 유리창에 가려 보이지 않았다.

그날 일찍이 보는 자신과 아내, 바이든 부부의 사진을 트위터로 내보냈다. 병원이지만 모두 활짝 웃고 있었다. 단골식당에 가서 점심 식사라도 하려는 듯 복장도 가벼웠다. 최소한 사진에서는 지금 막 뇌수술을 마쳤다는 징후를 어디에서도 찾을 수 없었다. 보는 일어선 채 모친과 아내를 끌어안고 있었다. 사진은 좌측에서 촬영한 덕에 절개를 시행한 오른쪽 머리는 보이지 않았다. 보는 트위터로 최신 메시지를 내보냈다. "집으로 가는 길! 어서 돌아가고 싶다. 고마워요, 휴스턴."

다음 날 8월 23일 금요일, 조는 스크랜턴에 있었다. 오바마도 함께 래커워너 대학Lackawanna College 학생회관에서 2,500명가량의 사람들과 이야기하는 중이었다. 조가 지지자들의 사랑으로 성장했다지만 스크랜턴에서는 그 사랑이 넘치고도 넘쳤다. 어쨌든 홈그라운드 아닌가.

"예, 말씀드리겠습니다. 다들 아들 문제를 걱정해주셨으니까요. 사실 이곳이 더 낫기도 하지만 델라웨어의 집에 오니 상황도 좋아지네요. 아들 보는 괜찮습니다." 학생회관이 박수와 갈채로 들썩거렸다.

대중이든 지인이든, 조는 보의 상태를 있는 그대로 알릴 생각이 없었다. 아들의 상태와 치료는 은밀하게 진행되어야 한다. 주말쯤 버락이 전화를 걸어 안부를 확인하고 도와줄 일이 있는지 물었다. 하지만 대통령을 직접 만나면 모를까 가족의 상실감을 밝히고 싶지는 않았다. "가족 외에 보의 병에 대해 안 사람은 버락이 처음이었다." 조가 회고했다.

대통령한테만큼은 알려야겠다는 생각이 들었다. 개인적인 고통이 아무리 크다고 해도, 조는 여전히 오바마를 대신해 책임져야 할 주요 안건들이 있었다. 조의 말대로 "여전히 나를 의지할 수 있고, 또 어떤 일이든 결코 균열이 생기지 않게 하리라는 믿음을 대통령에게 주고 싶었죠."

그 밖에 자기 자신을 위한 동기도 있었다. 보의 담당의사도 바이든에게 희망을 잃지 말 것을 부탁했다. 더 중요하게는 일상의 목표에 집중해야 한다고 했다. 조는 워싱턴으로 돌아가자마자 자신의 수석 참모 스티브 리체티Steve Ricchetti에게 보의 싸움을 전하고, (물론 가장 힘든 얘기는 빼고) 자신이 집중할 일과를 마련해 달라고 지시했다.

"부통령이 이 고통을 헤쳐 나갈 수 있도록 뭐든 돕고 싶었습니다. 이렇게 말씀하시더군요. '전에도 적잖은 비극과 슬픔을 겪었지만 이겨낼 방법은 정신없이 바쁘게 일하는 것뿐이더군요.'"

바이든은 리체티에게 일정을 가득 만들어 집중해서 일할 수 있게 해달라며 고집을 부렸다. 보와 자신을 위해서라도 아들의 병과 싸우면서도 일할 수 있다는 사실을 보여주어야 했다. 조와 보가 서로를 응원하는 핵심이 거기에 있었다. 절대 굴하지 않기.

버락과 조가 스크랜턴에 동행은 했지만 두 사람 모두 마음이 편치만은 않았다. 조는 보의 건강 상태를 버락에게 알리기로 결심했다. 단골식당에 가서도 버락은 채근하지 않았다. 조도 너무 상세히 얘기해서 공연히 대통령을 괴롭히고 싶지 않았다.

대통령은 조의 아픔을 의식해 학생회관에서의 논평으로 부통령에게 우호의 메시지를 전했다. 형식은 군중이 대상이었으나 동시에 조에게 직접 말한 셈이다. "스크랜턴을 사랑합니다. 스크랜턴이 아니었으면 조 바이든도 없었을 테니까요."

박수갈채가 끝나자 대통령이 말을 이었다. "오늘은 조와 내게 특별한 날이죠. 5년 전 오늘 2008년 8월 23일, 내 고향 일리노이 스프링필드에서 선언했죠. 조 바이든을 내 러닝메이트로 결정했다고."

군중이 다시 환호를 보냈다.

"정치인으로 살면서 가장 근사한 결심이었어요. 난 이 분을 사랑합니다. 마음도 따뜻하고 사람들을 배려하죠. 여러분도 알아주셨으면 좋겠어요. 운 좋게도 제게는 조가 있습니다. 러닝메이트로서가 아니라 친구로서 말입니다. 그의 가족도 사랑합니다. 고맙습니다, 조, 5년 전 내 청을 받아주셔서."

행사가 끝난 후, 조는 보와 함께 있기 위해 윌밍턴으로 날아갔다.

고통스러운 보의 투병, 더욱 돈독해진 조와 버락

보는 3주 동안 업무를 보지 못했다. 공공행사에도 몇 개월째 참석을 미루었다. 2013년 말쯤 집중치료 덕분에 희망의 징후가 보이자 11월 지역신문을 불러 상태가 좋다고 자랑했다. "의사 선생님들이 깨끗한 건강증명서를 선물하셨어요."

하지만 2014년 4월경, 보의 운명이 곤두박질치기 시작했다. 말은 더듬거리고 스스로도 사고능력이 쇠퇴하는 것 같다며 우려했다. 병원에서는 실어증의 원인을 찾아내지 못한 채 환자에게 다른 신약을 실험해보기로 했다.

조는 초조했다. 아무래도 검찰청장 자리에서 내려와야 할 텐데 그럼 생계가 막막해 가족이 위험에 처할 수 있기 때문이다. 그는 버락과 둘이 식사를 하면서 최근의 근심을 털어놓았다.

"그래서 어떻게 하실 겁니까?" 버락이 물었다.

"예, 큰 아이한테 돈이 많지는 않지만 걱정할 정도는 아닙니다." 조가 대답했다. 의원 중에서도 조는 개인 재산이 가장 적은 편에 속했다. 어쨌든 아들을 위해 자금을 마련할 생각이었다. "윌밍턴의 집을 다시 저당 잡힐 수 있을 겁니다. 필요하면 해야죠. 걱정할 필요 없습니다."

버락의 얼굴에 근심의 파도가 스쳐 지나갔다. 매주 점심을 함께하면서 두 남자는 국가와 세계에 닥친 위기를 논했다. 경제 위기, 전쟁, 대량 살상 등등. 하지만 바로 그 순간, 세상의 비애는 전부 쓸려가 버리고 개인적인 문제만 남았다.

버락이 자리에서 일어나 마호가니 테이블을 돌아가더니 두 손으로 조의 어깨를 잡았다. 은밀한 식당은 두 남자를 위한 성소가 되었다. 벽에는 버락의 두 딸 사진이 걸려 있었다. 무하마드 알리가 사인한, 빨간 권투장갑 한 켤레가 유리 상자 안에 놓여 있었다.

버락은 조에게 책을 팔아 약간의 자금을 마련하겠다고 말했다. 친구가 집을 두 번씩이나 저당 잡히는 게 못마땅했다. "그러지 말아요." 버락은 조의 뒤에서 위압적인 목소리로 말했다. 손은 여전히 친구의 어깨를 움켜쥐었다. "돈은 내가 줄 겁니다. 그 정도는 나한테 있으니까. 언제든 갚으면 되잖습니까."

조의 오랜 친구이자 고문 테드 카우프만은 조가 어떻게 사람들을 움직여 자기편으로 만드는지 보았다. 그저 조답게 굴면 그만이다. "조를 친구로 두면 일어나는 일이다. 그러니까 너무 좋은 친구인지라 사람들, 좋은 친구, 가족, 친구들은 정말로 그를 위해 뭐든 하고 싶어 했다."

오바마도 예외는 아니었다. 조가 부모로서 아들의 질병 때문에 더욱이 돈 때문에 고통을 겪는 모습은 버락도 보기가 힘들었다. 버락은 도울 방법을 모색했다. 카우프만의 회고대로 "오바마가 얼마나 아파하는지 보일 정도였다."

바이든 가족은 오바마의 도움을 받아들이지 못했다. 조에게 버락의 재정지원 제안은 그 진의를 넘어선 커다란 의미가 있었다. 교육부장관 안 던컨이 보기에 제안은 진심이었지만 진짜 의미는 그 상징성에 있었다. "돈이 아니라 우애의 문제였다. 고통과 고민, 근심과 공감을 함께하는 문제였으며 무엇보다 애정의 문제였다. 상상을 초월하는 번민의 시기에 대통령의 사랑은 부통령 자신에게 너무도, 너무도 감동적이고 의미 깊었다."

둘의 애정은 서로의 개성이나 사고방식, 성장배경 등 심각한 차이를 극복했기에 더욱 빛이 났다. "애초에는 서로 극과 극이었죠." 2012년과 2013년 바이든의 국가안보 부보좌관 줄리 스미스의 말이다. "오바마는 전형적으로 '내성적인 범생이'였고 바이든은 '외향적인 사고뭉치'였으니까요." 줄리는 오랫동안 환영행사, 회동, 연설무대 등에서 두 남자가 대중을 대하는 모습을 지켜보았다.

2012년 시카고의 나토 정상회담 당시 오바마는 눈에 띄게 힘들어했다. 얼마나 지쳤는지 가벼운 환담에도 조바심을 냈다.

"에너지가 급속도로 빠져나가는 것처럼 보였어요. 불안하게 눈동자를 굴리거나 털썩 주저앉기도 했죠. 그러니까, '아, 정말 못 해먹겠네' 하는 심정이랄까요?" 스미스가 말했다.

거의 모든 이가 그런 식으로 반응했지만 조 바이든만은 달랐다. 언젠가 바이든과 여행을 할 때도 완전히 서로 다른 두 남자가 그렇게 극적으로 가까워지는 모습을 확인하고는 '대단한 걸' 하며 고개를 가로저을 수밖에 없었다.

"세월이 갈수록 바이든은 대중을 만나고 악수를 하고, 누군가와 식사를 하고, 조명을 받으면서 에너지를 얻었다." 오바마에게 재충전의 시간이 필요하다면, 바이든은 힘을 얻기 위해 군중 속으로 뛰어들어 사람들을 더 많이 만났다. 버락과 조는 서로 이질적인 존재들이며 성격도 크게 달랐다. 하지만 친구가 되면서 그 간극을 보기 좋게 초월했다.

8월 보는 앞으로 펼쳐질 지난한 싸움에 앞서 각오를 다졌다. 힘은 점점 약해지고 오른팔과 다리의 감각도 사라져가고 있었다. 의사가 새로운 시약을 권하며 심각한 부작용이 있을지 모른다고 경고했지만 꿈쩍도 하지 않고 잘 버텨냈다.

2015년 1월, 임기 말이지만 델라웨어주의 검찰청장으로 초인적인 의지로 계속 근무했다. 다음 달, 바이든 가족은 끔찍한 뉴스에 직면했다. 새 종양이 급속도로 보의 뇌 전체로 번지고 있었다. 조는 회고록에 이렇게 기록했다. "그보다 끔찍한 뉴스가 어디 또 있을까? 사와야 박사가 원래의 종양을 제거하던 그날부터 다들 두려워했던, 바로 그 순간이 기어이 온 것이다."

보는 암 치료 때문에 바짝 말라만 가고 피부도 변색이 되고 있었다. 그래도 굴하지 않겠다며, 실험도 거치지 않은 신종 면역제치료법을 받아들였다. 당연히 위험도 그만큼 커졌다. 새롭게 시도하는 방법은 우선 수술을 통해 암세포 일부를 제거하고, 특별한 바이러스를 배양해 암세포에 투여하는 방식이다. 환자 자신의 면역시스템으로 암과 싸우게 하려는 것이다.

일면 성공 가능성도 엿보이긴 했지만 그럼에도 불구하고 조의 바람은 조금씩 고갈되고 있었다. 바이든은 부통령 관저에서 의사들, 보, 둘째 헌터와 전화회담을 통해 구체적인 내용을 전해 들었다. 그 후에는 아내 질 앞에서 무너질까 두려워 침실에 숨어 묵주를 어루만지며 기도를 드렸다. 조로서는 달리 방법이 없었다.

3월 초, 부통령은 백악관을 대표해 과테말라로 넘어가 과테말라, 온두라스, 엘살바도르 대통령들과 수뇌회담을 갖기로 했다. 해당 국가들의 비효율적 정부를 자극하기 위해, 몇 개월간 행정부 나름대로 노력해온 결과였다. 이를 계기로 세계 최고 수준의 갱단 폭력에 맞서고 살인 비율을 끌어내릴 생각이었다. 조는 고민이 많았다. 여행을 취소하고 보와 함께 있을까? 아니, 부통령으로서의 의무는 수행해야겠지?

버락에게 전화해 지금 당장은 의무 수행이 어렵겠다고 말하면, 당연히 얼마든지 보와 함께 지내라고 말해줄 것이다. 다만 취소할 경우 보가 실망할 수도 있었다. 아버지가 조국에 대한 책임을 저버렸으니 왜 아니겠는가.

행여 상대가 다른 대통령이었다면 사임했을 가능성도 있었으나 오바마를 실망시킬 수는 없었다. 무슨 일이 있더라도. "버락에게 진 빚이 있습니다. 내 친구이기도 하고요. 대통령은 나를 믿고 신뢰를 지켰죠. 나를 의지도 했어요." 결국 보에게 일정을 전하고 조는 제트기 편으로 과테말라로 향했다.

워싱턴으로 돌아오는 길에 조는 잠을 제대로 이루지 못했다. 1972년 자동차사고 때도 하늘을 원망했지만 지금도 마찬가지였다. "왜, 왜, 보가 고통을 받아야 하지? 난 피곤했고 또 지독한 운명에 조금 화도 났다. 왜 이런 일이 내 아들에게 일어난 거지? 무슨 죄를 지었다고?"

3월 말, 조와 보, 가족은 조의 수술을 위해 휴스턴의 MD 앤더슨 암센터로 돌아갔다. 가족이 우왕좌왕하는 가운데에서도 바이든은 아들 헌터에게 감동했다. 굳건히 형제로서 보의 곁을 지킨 것이다. 복잡한 암 치료 과정을 가족에게 설명해주고, 형이 말을 하지 못하면 대신 형의 입장을 대변해주었다. 보는 다행히 수술을 잘 견뎌냈다. 병원에서는 4월 2일에 살아있는 바이러스를 종양에 투입하기로 했다.

수술 전, 조와 버락은 워싱턴에서 만나 점심을 함께했다. 그때쯤 바이든은 보의 치료 과정에 대해 대통령에게 꼬치꼬치 다 보고하고 있었다. 물론 감정은 최대한 억제했다. 식당 분위기는 지극히 공적이었으나, 4월 1일 두 사람의 대화는 지극히 사적이었으며 거의 전적으로 보에 집중했다.

조는 치료 전략을 대략 설명하면서도 의도적으로 차분하고도 중립적인 표현을 선택했다. 자칫 초연함을 잃으면 당장이라도 눈물이 터질 것만 같았다. 어쨌거나 어설픈 연기로 눈치 빠른 대통령을 속일 수는 없었다. 대통령의 두 눈에도 눈물이 촉촉이 고였다. "감정을 드러내는 분이 아니었기에 나도 기분이 편치만은 않았다. 그리고 보니 어느새 오히려 내가 그를 위로하고 있었다." 조가 회고했다.

마침내 버락이 간단하게 말했다. "삶은 이래저래 어렵군요."

다음 날 아들의 주사투여 문제로 화제가 바뀌었다. 조는 그날 밤 그곳으로 날아가 보가 수술을 끝내고 내일 아침 깨어났을 때 함께 있기로 마음을 정했지만, 버락에게는 어떻게 해야 할지 모르겠다며 한숨을 쉬었다.

"조, 당연히 오늘 밤 내려가야죠." 대통령이 재촉했다.

몇 시간 후 조는 전용기를 타고 휴스턴으로 날아갔다. 어떻게 할지 이미 마음을 정했지만, 대통령의 격려는 큰 위로가 되었다. 후일 회고했듯 "버락의 얘기를 듣는 건 큰 의미가 있었다."

바이러스 주입을 마친 후 조와 보, 가족들은 계속 희망과 절망의 시소를 타야 했다. 처음에는 바이러스가 종양을 공격했다. 종양의 성장이 둔화되고 바이러스가 보 자신의 면역체계를 이용해 일부 암 세포를 죽이는 징후도 나타났다. 다른 환자의 경우 지금껏 최첨단의 실험이 이렇게 잘 먹힌 적이 없다기에 가족들도 큰 용기를 얻었다.

하지만 윌밍턴 집으로 돌아온 후 보는 이틀간 침대를 벗어나지도 못하고 제대로 먹지도 못했다. 점점 무기력하고 감각도 둔해졌다.

이틀 후, 황급히 필라델피아의 토머스 제퍼슨 대학 병원으로 실려가 가명으로 입원했다. 그의 프라이버시를 보호해줄 필요가 있었다. 지금은 어찌나 약해졌는지 눈 뜰 힘도 없었고 의사소통도 맥없이 엄지를 세우거나 가까스로 "예" 정도만 가능한 수준이었다.

조는 부통령 일정을 하나씩 소화하는 가운데서도 계속 병원을 드나들었다. 여전히 사람들한테는 내색하지 않았다. 국무장관 존 케리John Kerry를 대동해, 방미 중인 일본 총리 아베 신조Shinzo Abe와 점심회동을 하고 사케로 건배도 했다. 케리의 아내, 테레사 하인즈 케리Teresa Heinz Kerry도 반가웠다. 2년쯤 전 발작 증세를 보인 후 대중 앞에 거의 모습을 보이지 않았던 터였다.

며칠 후 5월 3일, 디트로이트 코보센터Cobo Center 무대에 올라 아프리카계 미국인 공동체의 신임과 지지를 과시했다. 그는 전미유색인종지위향상협회NAACP* 주최의 '자유를 위한 싸움 펀드 디너' 60주년 행사에서 7,000여 명 이상의 군중을 상대로 역사적인 연설을 했다.

당시는 흑인들이 한창 동요하던 시점이었다. 불과 2주 전 프레디 그레이Freddie Gray라는 25세 흑인 청년이 코마 상태에 빠졌다. 가난에 찌든 동네에서 마약거래와 폭력 혐의로 체포된 후 볼티모어 경찰에 연행되었는데 그 상황이 꽤나 의심스러웠다. 그레이는 결국 일주일 후 사망하고 볼티모어는 시민들의 격렬한 저항에 직면했다. "우리는 인종, 신념, 피부색 너머를 볼 필요가 있습니다. 하나가 되어 수없이 자기성찰을 해야 합니다." 바이든

---

* National Association for the Advancement of
 Colored People: 미국을 대표하는 흑인 인권단체.
 1909년 윌리엄 두 보아의 주도로 설립했으며,
 지금은 미국 대통령 모두가 얼굴을 비칠 정도로
 영향력이 막강하다.

이 관중들에게 호소했다.

그 즈음, 조는 보의 열 살짜리 딸 나탈리Natalie를 위해 할아버지 역할도 수행했다. 나탈리의 학급 학생들이 백악관 탐방을 마친 후 피자를 먹기 위해 해군천문과학관 안에 있는 부통령 관저로 몰려왔다. 조는 아이들에게 행복한 표정을 지었지만 그 즈음 매일매일 괴로운 나날을 보냈다. 아들이 호전과 악화를 거듭하는 동안 최첨단 기계가 기적을 일으켜 아들을 구해내리라는 희망에 매달렸다.

고난의 시기 오바마 대통령은 대중 앞에 나설 때마다 고통받는 친구에게 위로와 우정의 메시지를 보냈다. 보에 대한 언급은 피했지만 버락 자신이 부통령을 걱정하고 있음을 알렸다.

유쾌하고 유머스러운 농담도 대통령의 논평에 끼어들어갔다. 예를 들어 오바마가 스톡카경주 협회 스프린트 컵 챔피언 케빈 하빅Kevin Harvick을 초대해 백악관 남쪽 복도 아래 자리를 마련했을 때였다. 근처에 하빅의, 적-백 버드와이저 쉐보레 4번 경주차가 서 있었는데 연방 시절의 건축물과 묘한 대조를 이루었다.

하빅과 동료들은 모두 대통령처럼 비즈니스 정장 차림이었다. 평소 버드와이저로 장식한 적백색의 화려한 레이싱복과는 크게 달랐다. 오바마는 그들 뒤에 서서, 한마음 한뜻으로 왕좌에 올랐다며 팀을 치하했다. 하빅은 시즌 초에 새 팀을 구성했지만 빠른 시간에 한 팀이 되었다. 오바마가 배석자들에게 상기시켜주었다.

"다들 기꺼이 서로를 이해하려는 것 같더군요… 조가 우리 팀에 합류할 때처럼 말입니다." 오바마는 이렇게 말하고는 잠시 미소를 지었다. 사람들이 웃었다. 대통령은 이어 팀원들의 팀워크를 칭찬하고 덧붙여 부통령과의 역동적인 관계를 자랑했다. "죽이 잘 맞은 거예요. 케빈도 그렇게 얘기했겠지만, 믿음직한 파트너가 기막힌 조언들을 위기 때마다 여러분 귀에 대고 떠드는데 어떻게 지겠습니까?"

4월 말에도 오바마는 조에게 사랑의 메시지를 전했다. 백악관 기자협회 디너 연설에서였다. 백악관 출입기자 연례 모임이 열린 것은 마이크 펜스 주지사가 사인한 인디애나 법 때문에 시끄럽던 와중이었다. 기업체들이 종교적 이유를 빌미로 동성애자들에게 서비스를 거부하도록 허용한 것이다. 오바마는 특유의 유머를 섞어가며 그 법을 조롱했다. 그러면서도 조와의 특별한 관계에 대한 농담을 잊지 않았다.

"자, 기록부터 확실하게 바로잡을까요? 이따금 조를 골리기도 하지만 그 분은 벌써 7년이나 제 곁에 있었어요. 예, 전 그를 사랑합니다." 턱시도 차림의 오바마가 말하자 사람들은 조가 없음에도 조를 위해 박수를 보냈다. 오바마는 농담으로 자신의 사랑을 이어갔다.

"위대한 부통령일뿐 아니라 위대한 친구입니다. 우리가 이렇게 가까우니 인디애나 어느 식당에 가서 피자 한 조각 사먹을 수 있겠습니까?" 청중들이 휘파람을 불고 고개를 젖히며 웃어댔다. 악법을 향한 비아냥, 그리고 조를 향한 기발한 애정 표현 모두에 박수갈채를 보낸 것이다.

임기 첫 해, 기자들의 그라이디런 클럽 디너에 불참했던 오바마는 임기가 벌써 말기로 접어들고 있다며 농담까지 했다. "사실 예전보다 느긋하고 널널합니다." 마음이 편안한 이유는 곧바로 백악관 파트너에게로 이어졌다.

　바이든 특유의 접촉식 애정표현은 후일 그가 2020년 대통령 경선 준비를 할 때도 논란의 대상이 될 것이다. "조 바이든 식의 어깨 마사지 말이에요. 그게 또 효과가 기가 막혀요." 그 말에 장내는 웃음보가 터지고 말았다.

그 후 몇 주간, 조는 명랑 아빠처럼 유쾌하게 굴었지만 속내는 무기력하기 짝이 없었다. 틈만 나면 보의 침실을 찾으면서도 병실에 들어갈 때면 늘 먼저 마음을 다졌다. 보는 이제 워싱턴 근교 베데스다의 월터리드 국립 군사 의료센터Walter Reed National Military Medical Center에 입원 중이었다. "웃자, 웃자, 웃어야 해." 조는 그렇게 자신을 다독였다.

　이따금 증세 호전이 있기는 해도 전체적으로는 전혀 나아지지 않았다. 한 걸음 나갈 때마다 뒤로 크게 자빠지는 격이 아닌가. 5월 말경, 조는 현실을 인정해야 했다. 언제나 가느다란 기대뿐 아무리 좋은 곳에서 치료해도 보를 구할 수는 없을 것이다.

　전몰장병 추모일* 직후, 가족이 지켜보는 가운데 보의 심장박동이 멈추었다. 조는 그 순간을 일기에 적었다.

　"5월 30일 오후 7시 51분, 마침내 떠났다. 아아, 내 아들, 내 사랑스러운 아들."

---

* Memorial Day: 1865년 5월 30일,
　남북전쟁(1861~1865)에서 전사한 사람들의
　추도식을 거행하며 연례행사로 발전하였으며, 그 후
　세계대전 전사도 함께 추도하고 있다. 대개 5월
　마지막 월요일로 정하고 있다.

전설이자 새로운 역사가 된 대통령과 부통령

보의 죽음으로 미국은 조를 향한 사랑을 재확인했다. 아들의 죽음에 상심한 아버지, 동정심이 조를 향할 수밖에 없었다. 〈보스턴 헤럴드〉의 칼럼니스트 조 바텐필드Joe Battenfeld는 보수파 친구들에게 경고했다. "조 바이든을 마음대로 조롱하라(사실 많이도 조롱했다). 하지만 아무도 그의 뜨거우면서도 따뜻한 가슴을 의심할 수는 없으리라." 전국이 추모 분위기였다.

〈폴리티코〉의 수석 워싱턴 특파원 에드워드 아이작 도버 Edward-Isaac Dovere는 당시의 분위기를 이렇게 적었다. "그는 엉클 조다.* 따라서 아들의 죽음은 미국 가족의 죽음처럼 울려 퍼졌다."

보의 사망으로 버락과 조의 유대도 더욱 강해졌다. 조가 가장 어려울 때 버락은 어깨와 귀를 빌려주었다. "보가 고통을 겪다가 마침내 숨을 거두기까지 대통령이 부통령에게 보낸 지지는 말 그대로 믿기 어려울 정도였다. 내가 보기에 그 바람에 둘은 훨씬 더 가까워졌다." 교육부 장관 안 던컨의 말이다. 조 역시 던컨과의 대화에서 "대통령의 개인적 지지에 크게 감동했고 감사할 따름이다"라고 고백했다.

보가 숨을 거둔 다음날, 대통령은 예정된 백악관 리셉션을 취소하고 부통령 관저에서 조의 가족과 함께 시간을 보냈다. 버락은 보의 죽음을 언급하며 조를 자신의 가족으로 여기는 수많은 국민의 마음을 대신 전해주었다.

"바이든의 가족은 그들이 생각하는 것보다 훨씬 많아요. 사

---

* 미국을 의인화하여 부르는 이름이 엉클 샘이다.
  기자는 이에 빗대어 조 바이든을 미국의 상징으로
  표현하였다.

랑하는 델라웨어에도, 조가 돌아가야 할 상원에도 가족이 있으니까요. 그가 40년 이상 봉사해온 이 나라 전역에 있고 바로 여기 백악관에도 있습니다. 오늘 밤 백악관의 가족 수백 명이… 바이든 가족 모두와 함께 안타까워하는군요."

버락은 친구 보와 그의 가족을 애도한다고 말하며 이렇게 덧붙였다. "조와 질 바이든은 더 없이 좋은 친구들입니다."

백악관은 보의 추도사를 Medium.com에 포스팅했다. 양심, 가족, 의무에 대한 고인의 생각은 물론, 보와 가족, 보와 부친의 멋진 사진들도 덧붙였다. 아들과 함께 사진을 찍을 때면 조에게서도 빛이 났다. 아들과 함께 걷거나 바라보는 것만으로도 그의 두 눈엔 기쁨이 가득했다.

장례 계획 문제라면, 평소 대통령 참모와 부통령 참모 간의 사소한 알력도 눈처럼 녹았다. 보를 향한 존경심, 조와 그 가족을 향한 동정심을 원동력으로 백악관 참모진은 팀원과 협동심을 발휘해 재빨리 준비에 돌입했다. 리즈 앨런 등 몇몇은 오바마와 바이든 양쪽에서 일한 경험도 있었다. 예를 들어 앨런은 바이든의 홍보 부보좌관으로 있다가 오바마 팀으로 넘어갔다.

"바이든 팀에서 5년이면 바이든 가족입니다. 더 이상 부통령을 위해 일하지 않아도 마찬가지죠. 보가 세상을 떠난 후 우린 그의 참모들을 만나 이렇게 말했어요. '우리가 필요하면 얼마든지 도울게요." 바이든 팀은 도움의 손길을 환영했다.

앨런은 장례 주간 내내 언론을 상대했다. 상사들에게도 한 주간 오바마 팀을 떠나 바이든 쪽에서 일해야겠다고 얘기했다. "잠시 자리를 비우겠습니다. 보의 장례를 도와야겠어요. 상사들에게 얘기했더니 흔쾌히 허락해주셨죠. 질문도 없었어요. 그러니까 '그쪽에서 원하면 얼마든지' 같은 식이었죠." 그녀를 비롯해 바이든 팀 출신 일부가 동행했다. "그렇게 우린 델라웨어로 달려갔어요."

오바마 대통령도 '보를 기리는 조사'를 준비하겠다고 제안했다. 조가 받아들이자 버락은 직접 글을 써내려갔다. 만만찮은 일이다. 가족과 국가를 위해 보의 생전 모습을 그려내야 하고 조와의 우정을 지탱해준 '추모의 염원'도 있는 그대로 보여주어야 했다.

1972년의 참사 이후, 조는 조문객을 어떻게 대할지 배웠다. 보가 떠나기 몇 년 전에도 사랑하는 사람을 잃은 군인가족들에게 애도를 표한 바 있었다. 그는 과거 암담한 사고 소식을 전화로 전해 들었을 때의 견디기 어려운 고통을 기억해냈다. 보를 잃은 슬픔이 크긴 하지만 슬퍼하는 군인가족에게 지금은 희망의 말을 전할 수 있었다.

"여러분, 그리고 여러분의 부모님들께도 약속합니다. 언젠가 여러분의 아들이나 딸, 배우자를 생각할 때면 두 눈의 눈물이 아닌 입가의 미소가 먼저 떠오를 때가 올 겁니다. 예, 그 날은 반드시 옵니다."

6월 6일 토요일, 장례식 당일 아침, 델라웨어, 윌밍턴 소재 파도바의 성 안토니오 로마가톨릭교회St. Anthony of Padua Roman Catholic Church 밖에서 서성이던 중, 리즈 앨런에게 이메일이 한 통 도착했다. 오바마 대통령의 연설문 작성 보좌관 코디 키난Cody Keenan

이 발신자였다.

키난은 오바마를 도와 오바마가 직접 쓴 '보를 기리는 조사'를 다듬어 참모들이 미리 볼 수 있도록 최종 원고를 보냈다. 앨런에게도 감정이 요동치는 한 주였다. 몇 시간 후 미사에서도 찢어질 듯한 슬픔에 또 가슴이 찢어지고 말 것이다. 앨런은 주변을 거닐며 오바마의 조사를 읽었다.

"대통령님의 글은 보와 조 바이든을 제대로 평가했더군요. 그분이 아니면 아무도 해낼 수 없었을 겁니다. 덕분에 전 기어이 교회 앞에서 다시 울음을 터뜨리고 말았어요." 그녀가 고백했다.

케이블 뉴스들도 일찌감치 교회에 진을 쳤다. CNN은 미사 예정 시간 30분 전인, 오전 10시부터 생방송을 시작했다. 대담은 곧바로 버락과 조의 우정을 거론했다. 대통령 역사가presidential historian 더글라스 브링클리의 말에 따르면 지금까지 조가 웃음으로 오바마의 하루를 밝혔다면 지금은 대통령이 슬픔에 찬 친구를 위로해줄 때였다.

"오바마 대통령은 조 바이든을 사랑합니다. 사랑이라는 단어가 정치계와 대체로 어울리지 않는 건 사실이지만, 두 사람 사이에 사랑이 충만하다는 것 또한 사실입니다."

조와 가족은 10시 40분경 도착해 영구차 옆에 조용히 모였다. 영구차 내부에 보의 관이 성조기로 덮인 채 누워 있었다. 조는 공군용 선글라스를 착용했다. 그가 잔뜩 우울한 표정으로 하늘을 올려다보는데 영구차 문이 활짝 열렸다. 의장대가 관을 꺼내는 동안 그는 담담한 표정으로 바라보기만 했다. 그러다가 참기가 어려웠던지 잠깐 고개를 떨구고 보의 열 살배기 딸 나탈리를 애잔한 눈으로 보다가 가만히 손을 잡아주었다. 다른 손은 보의 아내 할리를 감싸고 있다가 고개를 돌려 그녀의 이마에 입을 맞추었다.

보의 관이 교회 입구로 향하는 동안 조는 한 손을 들어 가슴에 댔다. 백파이프 소리가 흐느끼듯 따라갔다. 조도 관을 따라 교회 안으로 들어갔다. 아내 질의 손을 꼭 잡은 채였다.

기도와 찬송이 끝나고 레이 오디어노Ray Odierno 장군이 연단에 올라 첫 번째 조사를 읽었다. 보가 세상을 떠나고 이틀 후, 장군은 조에게 전화해 장례식에 참석해도 좋을지 물었다. 장군은 보가 파병 생활을 할 때 최고 사령관이었다. 진심으로 보를 존중해 언젠가 이 나라를 이끌 거목이 되리라 장담한 적도 있었다.

군복 차림의 오디어노가 조문객 앞에 섰다. 거칠고 무뚝뚝하면서도 진지한 표정, 얼굴은 깨끗하게 면도를 했다. 가슴에는 훈장과 기장이 가득했으며 양쪽 어깨에 별 네 개가 줄지어 박혀 있었다. 조사를 읽는 목소리가 부드럽고도 따뜻했다.

"오늘 어떤 말을 해야 할까 고민하다가 2012년 생각을 했습니다. 음… 부통령께서 나라를 위해 희생한 군인가족들을 위해 연설하셨을 때입니다. 부통령께서는 언젠가 여러분의 아들이나 딸, 배우자를 생각할 때 두 눈의 눈물이 아닌 입가의 미소가 먼저 떠오를 때가 온다고 말씀하셨죠." 그리고 가족의 이름을 하나하나 거론한 다음 장군이 말을 이었다. "그 날은 꼭 올 겁니다." 장군은 보의 공직생활을 기리며 그에게 사후 공로훈장을 수여했다.

마침내 오바마 대통령이 천천히 연단을 향해 움직였다. 질은 정장에 흰색 타이 차림인데 표정은 우울하고 두 눈은 지그시 감은 채였다. 버락은 원고를 정리하며 아랫입술을 가볍게 깨물었다. 마치 힘이라도 모으려는 사람 같았다. 그는 바이든 가족을 일일이 호명하는 것으로 연설을 시작했다. 마지막으로 질과 조를 언급할 때는 잠시 울컥하기도 했다. 입술이 보일락 말락 떨렸다.

"우리는 여러분을 위로하기 위해 이곳에 왔습니다. 하지만 더 중요한 사실은 여러분을 사랑하기 때문이겠죠."

오바마는 잔혹한 삶과 신의 운명에 대해 말했다. 운명은 오래전 조를 비탄에 빠뜨리더니 이번에는 다시 보를 데려갔다. "이렇게 무차별, 무작위적으로 운명에 당하다보면, 아무리 좋은 사람도 삶을 다시 보고 아무리 강한 이도 움츠러들고 맙니다. 그럼 비열하거나 냉혹해지기도 하고, 아니면 이기심의 화신으로 돌변할 수도 있겠죠."

여러 모로 닮았으면서도 나름대로 개성이 다른 아버지와 아들, 이 둘은 꿋꿋하게 일어나 어깨를 곧추 세우고 "자신의 짐은 물론 타인의 고통까지 걸머지었습니다. 보호가 필요한 사람들에게 넉넉히 기댈 넓은 어깨를 제공했죠." 버락은 아버지한테서 아들을 보았다.

"보는 아버지와 마찬가지로 심지가 굳은 인물이었습니다. 운명이 아무리 괴롭혀도 절대 굴하지 않고 오히려 다른 사람들의 고통에 한 발짝 더 다가섰죠."

버락은 보의 성품이 선한만큼 조도 선하다는 사실을 알려주고자 했다. 좌절을 딛고 어떻게 일어나야 하는지, 보 역시 아버지에게서 배웠다. 타인보다 잘난 사람은 아무도 없으며, 모든 이가 다 소중하다는 것도 배웠다. 버락이 조를 바라보며 말을 이어 갔다.

"보가 그렇게 훌륭한 인물인 이유는 아버지를 사랑하고 존경했기 때문입니다. 누구나 다 아는 사실이죠."

대통령은 보를 칭찬했다. 보는 자신의 길을 직접 개척했다. 아버지 덕분에 자기 것이 되었을 모든 특권을 거부했다. 보가 20대였을 때의 일화도 소개했다. 스크랜턴 밖으로 나가다가 속도위반으로 걸렸을 때였다.

"경관도 운전면허증의 이름을 알아봤어요. 조가 경찰과 일한 적이 있는 데다 마침 조의 팬이기도 한 터라 그냥 훈방할 생각이었죠. 그런데 보가 끝내 딱지를 끊게 했습니다. 아버지 이름을 팔고 싶지 않았던 거죠."

2001년 9월 11일 테러 공격 이후, 보는 조국을 위해 뭔가를 해야겠다는 생각에 주 방위군에 입대해 이라크에 파병을 나갔다. 배를 타고 도버를 떠나는데 "언론매체들이 달려들어 인터뷰를 하려 했지만 결국 모두 거절했어요. 그저 평범한 병사이고 싶었던 겁니다."

오바마는 보와 부친이 나눈 깊고도 본능적인 사랑을 매우 소상하게 묘사했다. 초보 의원 시절, 조가 매일 통근열차를 타고 워싱턴에서 윌밍턴을 오가며 어린 아들이 잠들기 전 키스를 해주었다는 것도 조문객들에게 일깨워주었다.

"나한테 고백했지만 조가 그렇게 한 이유는 아이들한테 아버지가 필요하기 때문만은 아닙니다. 반대로 그에게 아이들이 필요했기 때문이죠." 보는 아버지의 고통과 슬픔을 이해했다. 그리고 그 덕분에 아버지와 아들은 함께 자신을 뛰어넘어 더 불행한 사람들과 공감하고 배려할 수 있었다.

"그 어린 소년이 어른스러운 결심을 한 겁니다. 보는 의미 있는 삶을 살았습니다. 타인을 위한 삶을 살았으니까요."

이따금 버락은 눈물을 삼키는 듯 보였다. 말을 끊고 크게 숨을 쉬기도 하고, 어려운 말을 할 때에는 손수건을 꺼내 입술을 두드리거나 코에 댔다. 버락은 보의 아이들에게도 아버지의 사랑을 전했다. "아버지가 얼마나 너희들을 사랑하는지 이 세상 말로는 도저히 표현할 수 없구나. 그래도 이렇게 말할 수는 있겠다. 미셸 아줌마와 나, 사샤와 말리아, 우리 모두 바이든 가족이란다. 명예로운 가족이지. 따라서 바이든 가족의 규칙을 영원히 따를 것이란다. 우리는 너희들을 위해 이곳에 있고 또 영원히 너희와 함께 할 거야." 사람들의 웃음이 끝나자 그가 덧붙였다. "바이든의 식구로서 한 말이란다."

버락은 다시 부통령을 보며 말했다. "조와 질에게, 이곳에 온 사람들과 마찬가지로 미셸과 난, 두 분이 우리 삶 속으로 들어오신 데 대해 신께 감사합니다." 버락은 울컥해서인지 입술을 굳게 다물었다. "조와 함께 싸워나가는 오늘이야말로 우리 삶에서도 최고의 기쁨이랍니다. 조, 당신이 제 형님이십니다."

생방송 TV에 비친 교회는 조문객으로 가득했다. 그럼에도 버락은 둘만 있는 것처럼 조에게 얘기했다. "매일 감사한답니다. 조의 넓디넓은 가슴과 자유로운 영혼, 든든한 어깨에 대해서요. 이 세상에서 더할 나위 없이 존경합니다."

이윽고 대통령은 지친 모습으로 연단에서 내려왔다. 그리고는 청중들을 등진 채 걸음을 멈추고 연단을 향해 고개를 숙여 예를 다했다. 그러고는 교회 앞줄을 돌아 조를 향해 걸어가고 조도 자리에서 일어섰다.

두 사람은 서로를 힘껏 끌어안았다. 그 사이 대통령은 눈을 감고 있었다. 버락은 조의 등을 몇 차례 두드리며 위로했고, 포옹을 풀기 전 조와 버락이 번갈아 서로의 뺨에 입을 맞추었다.

둘의 애정이 전국을 강타했다. 백악관의 역사를 뒤집은 것은 단순히 우정이 아니라 그 모습이 전국으로 생중계되었다는 사실이다. 과거의 대통령과 부통령은 이런 식으로 움직이지 않았다. 이렇게 가까운 적도 없었다.

지미 카터 대통령과 월터 먼데일 부통령은 현대 부통령의 모범을 확립하는 데 기여했고 서로를 깊이 존중했다. 그래도 버락과 조의 우정에는 한참 미치지 못했다. 빌 클린턴 대통령과 앨 고어 부통령도 그와 비슷했다. 이따금 긴밀하게 협조하고 고어에게 큰일을 맡기기도 했지만 버락과 조처럼 서로에게 감정적으로 끌리지는 않았다.

다른 극단도 있었다. 리처드 닉슨 대통령은 부통령 스피로 애그뉴Spiro Agnew를 처음부터 끝까지 경멸했다. 닉슨의 자문이자 고문인 존 얼리히만John Ehrlichman의 말처럼, 닉슨은 자기가 암살당하지 않은 것은 순전히 애그뉴의 배신 덕분이라고 여겼다.

"암살자가 제 정신이라면 나를 죽일 생각도 못했을 것이다. 나를 죽이면 결국 애그뉴 꼴이 날 텐데 왜 그 짓을 하겠는가?"

버락과 조는 과거 백악관 파트너십과는 차원이 달랐다. 포옹과 입맞춤? 상상도 못할 일이다. 대통령과 부통령이 애정을 과시한다고? 데이비드 액셀로드가 그 점을 간단히 짚어주었다. "아주 아주 좋은 관계였죠. 고귀한 쪽으로… 당연히 전례가 없었어요."

강성의 정치 평론가들은 전통과의 단절이라며 펄펄 뛰었다. MSNBC의 크리스 매튜스는, 월요일 자신의 쇼 〈하드볼〉에서 토요일의 소위 '파두아 성당의 대폭로'에 대해 한마디 하면서 마무리를 지었다.

버락의 조사가 문제였다. 매튜스는 '부통령을 향한 오바마의 사랑 고백'을 이렇게 치부했다. "요즘 미국정치가 다 이렇다고 생각하는 분들께 내 한마디만 하죠… 여러분이 들은 단어는 '사랑'이 아닙니다. 둘의 '결속'이 보이지 않나요?"

그가 계속 이어갔다. "토요일 저 작은 이탈리아 성당에서 드러난 끈끈한 관계에 주목해야 합니다. 저기 저 제단에서 어떤 일이 드러났는지 알 필요가 있어요. 미합중국 대통령이 언제부터 부통령을 사랑했죠? 더 나아가 모두가 지켜보는 앞에서 그 사랑을 고백해요? 말도 안 돼."

매튜스도 정치에 대해서라면 자칭 낭만주의자였다. 케네디가家와 프랭클린 루스벨트, 윈스턴 처칠 등의 이야기도 그래서 사랑한다고 했고 오바마의 초기 연설들에도 존경할 부분이 적지 않다는 말도 했다. 하지만 교회에서 대통령과 부통령의 '사랑타령'? 아무리 매튜스라 해도 이런 식의 낭만주의적 정치는 듣도보도 못했다.

"세상에나… 이번 주는 정말 인간적이었습니다. 예, 좋습니다, 좋아요. 매일매일 딱 붙어서 일하며 임무에 성공하기도 실패하기도 해온 두 사람이… 예, 헛소리도 잊지 않는 두 남자가 저 최정상의 노고와 갈등 속에서 가장 숭고한 인간적 감성을 찾았다는 얘기인가요? 거리낌 없이 국민에게 그 사실을 까발리고…."

국민에게 진솔하게 감정을 고백한 순간, 오바마-바이든 관계의 전설이 만들어졌다. "'오바마케어'를 위한 최후의 당파싸움을 끝내고, 버락 오바마가 퇴임생활에 적응하고, 조 바이든의 말실수에 대해 마지막 농담을 던진 후 세월이 흐르고 나면… 사람들은 자기 통제가 강한 대통령이 자신의 감정을 솔직하게 드러내던 때를 기억할 것이다. 대통령과 부통령이 연단 앞에서 서로 끌어안고 서로의 뺨에 진심 어린 입맞춤을 나누던 때도 기억할 것이다."

〈내셔널저널National Journal〉의 워싱턴 특파원 조지 E. 콘돈 주니어의 기사는 그렇게 기록했다. 서로에게 진정성을 보이면서 두 사람은 하나의 역사가 되었다.

"대부분의 정치적 순간이 각색되는 시대이지만 그 장면만큼은 진실이었다. 대통령과 부통령이 늘 티격태격하는 나라에서 둘만은 정말로 가까웠다. 늘 '힙하다'며 자부심을 드러내던 행정부에서도 그 둘의 사랑만큼은 구식이며 고전적이라 아니 할 수 없다."

그 순간을 가능하게 만든 사람은 바로 조 바이든이었다. 그것이 그의 일상적인 심성이고 그의 본성이었다. 지난 세월 조는 자신의 개성만으로 차갑고 신중한 버락의 마음을 녹였다. 조는 수없이 버락의 어깨에 손을 얹어 마사지를 해주고, 친구처럼 수다를 떨거나 꾸짖었으며 타고난 흥으로 기분을 북돋아주었다.

난제를 두고 호되게 논쟁을 벌인 후 버락이 의기소침한 듯 보이면, 조는 그의 고통을 보듬었다. 그럴 때면 다른 사람들이 모두 퇴근한 후에도 조는 대통령 집무실에서 머뭇거렸다. "잊지 마세요, 대통령 각하, 이 나라는 지금보다 더 희망에 부푼 적이 한 번도 없었습니다. 그러니 더 나아가 스스로 '희망'이 되셔야 합니다."

조의 솔직한 감정과 자기표현 덕분에 버락도 굳게 닫혔던 마음의 빗장을 열었다. 바이든을 얻지 못했다면, 모르긴 몰라도 대중 앞에서 자기감정을 드러내지도 못했을 사람이다.

두 거인의 결합 덕분에, 전 세계 시민 앞에서의 거침없는 포옹과 키스도 평소의 습관이자 본능임을 증명할 수 있었다. 두 거인이 어떤 차이가 있는지는 아무런 문제가 되지 않았다. 둘은 서로 우애를 다져가면서 성장했다.

바이든이 오바마에게 타이를 풀고 악수보다 포옹을 먼저하고 창밖을 향해 연설하라고 가르쳤다면, 오바마는 바이든에게 자제의 길을 보여주었다. 사소한 것까지 꼼꼼히 챙기는 습관도 심어주었다. "결국 부통령 집무실도 변하기 시작했죠." 바이든의 국가안보 부보좌관 줄리 스미스의 말이다.

버락과 조가 가까워질수록 스미스는 그 마법에 놀라고 말았다. "분명 물과 기름인데… 물과 기름도 세월이 흐르니 자연스럽게 섞이더라고요. 그 반대일 수도 있었겠죠. 서로 싸움만 하다가 끝장내는 겁니다."

버락과 조는 200년 대통령과 부통령의 역사를 다시 쓰면서 고위 공직과 정치의 가시밭길을 헤치고 지속적인 유대를 이루는 데 성공했다. 교육부 장관 출신의 안 던컨의 설명에 따르면 "대통령과 부통령이 아니라 그냥 두 남자였다. 두 남자는 깊은 우정의 힘으로 서로가 가장 어려울 때 누군가 지켜주고 있다는 사실을 깨달았다. 그 힘은 정치와 지위를 초월한다. 더 크고 더 진솔하고 더 근본적이자 더욱 더 인간적인 길이 아닌가."

14장

말문이 막힌 조

이제 이곳에서 두 사람은 대통령과
부통령으로서 함께 마지막 공식
일정을 소화하고 있었다. 비록
두 사람의 슬픔은 물론, 국가의
불확실성으로 그늘이 지긴 했어도
만찬장의 전반적인 분위기는 둘이
8년간 함께 해온 일을 기리고 있었다.

백악관 코만도 팀까지 동원된 특급 비밀 작전

조는 그저 작은 모임인 줄 알았다. 버락, 미셸, 질 그리고 고위 참모 몇 명이 모여 지난 8년간의 여행을 자축하리라 예상했다. 백악관 일정을 봐도 오바마 가족이 바이든 가족에게 건배를 청하는 것으로 적혀있었다. 부통령과 참모들에게 두 차례의 호된 임기 동안 고생했다며 치하하는 쪽이 대통령의 평소 스타일과도 어울리지 않는가.

그런데 2017년 1월 12일, 백악관 국무식당*에 모인 사람들은 언뜻 봐도 무슨 큰일이라도 치르는 분위기였다. 만찬장은 부통령의 가족과 친구, 조가 국가에 봉사한 40년간 인연을 맺은 사람들로 빼곡했다. 대통령 문장을 새긴 연단 앞에도 의자가 줄줄이 이어져 있었다. 이건 지인들만의 조촐한 송별회가 아니잖아! 조로서는 전혀 낌새를 채지 못한 일이다.

백악관의 코만도 팀이 오랫동안 특급비밀 작전을 벌인 터라 실제로 어떤 성격의 모임인지 깜깜했던 것이다.

이제 입장하기 전, 조는 잠시 멈춰서 군중들을 슬쩍 훔쳐보았다. 연단까지 준비했으니 누군가 연설도 할 모양이다. 언론사들도 잔뜩 진을 쳤다. 저 많은 TV 카메라들, 아무래도 가족 간의 가벼운 행사와는 확실히 거리가 있겠다 싶었다.

---

* State Dining Room: 연회를 열거나 외국 국빈, 사절을 위해 만찬장으로 사용하는 식당

"연단은 왜 들어와 있지? 그냥 참모들에게 감사하는 자리 아니었나? 도대체 무슨 꿍꿍이야?" 부통령이 한 측근에게 의아해하며 물었다.

측근 역시 오랫동안 비밀을 지켜온 터라 이제 와서 누설할 생각은 추호도 없었다. 그녀는 부통령의 면전에서 천연덕스럽게 거짓말을 했다. 살짝 미안한 마음이 들기는 했다. 지금껏 한 번도 그런 적이 없건만… "오, 대통령께서 부통령님과 가족, 참모들에게 감사 인사를 하실 모양이에요."

미션은 대성공이었다. 오바마 대통령이 직접 아이디어를 내고 작전을 짜고 모두에게 비밀을 지키고 실수하지 않도록 당부까지 했다. 백악관 참모들도 이번 '비밀' 작전의 중대함을 깨닫고 치밀하게 준비했다.

"오바마는 감동을 원했고 그래서 서프라이즈 파티를 고집했죠. 사실 백악관 내에서 서프라이즈를 하기가 쉬운 일은 아니에요." 대통령 참모 리즈 앨런이 말했다.

특별한 내부자 몇 명만이 음모에 가담했다. "가담자는 정말 극소수였어요. 그러던 중 부통령님과 비밀리에 이라크에 다녀왔는데, 그 바람에 사전에 아는 사람이 더 많아지기는 했지만요." 바이든의 홍보부장 케이트 베딩필드가 회고했다.

비밀리에 움직이기 위해 팀은 특별한 수단에 의지해야만 했다. 부통령을 따돌리고 속이고 정보까지 감추고 거짓말도 해야 한다. 부통령에게 불손한 짓이었기에 스태프 입장에서는 사실 불편하기 짝이 없는 노릇이었다. 그래도 도리가 없었다.

"할 짓은 아니지만 오바마 대통령은 그 순간을 선물하고 싶었어요. 정말로. 우리는 완벽한 성공을 위해 말 그대로 산을 움직였죠. 다들 숭배해 마지않는 오바마와 바이든, 두 분의 우정을 위한 일이잖아요." 앨런이 증언했다.

드디어 그날이 왔다. 부통령이 사정거리에 들어왔다. 만찬장은 부통령의 친구와 가족들로 가득했으나 그에게 어떤 일이 일어날지 아는 사람은 아무도 없었다. 백악관 코만도 팀은 비로소 한숨을 내쉬었다. 비밀을 지켜낸 것이다. 부통령을 완전히 속였다. 조 바이든이 국무식당에 들어가면서 참모에게 투덜댔다. "어째 얘기해준 사람이 한 명도 없었지?"

도널드 트럼프 대통령이 취임하기 8일 전이었다. 지난 1년 반은 정말로 힘들었다. 2015년 아들 보를 잃은 상실감은 여전히 아리기만 하고 2016년 대통령 선거에 나서지 않기로 한 결정도 마음에 걸렸다.

최근 몇 주간 오바마의 참모들은 사무실 짐을 싸느라 분주했다. 일부는 벌써 떠나고, 나머지는 휴대폰, 컴퓨터, 백악관 배지들을 반납할 준비를 하고 있었다. 선거 패배의 충격은 가시지 않았고 대통령 집무실은 분위기마저 암울했다.

사무실마다 이삿짐을 꾸리고 사진, 책상 장식, 기념품들이 상자에 담겨 새로운 거주지로 떠났다. 그동안 수고했다며 인사도 오갔지만 그 인사에는 개인으로나 국가 전체로나 미래에 대한 불안감이 배어 나왔다. 베딩필드도 웨스트 이그제큐티브 애비뉴에 주차한 이사트럭들을 보며 회한에 젖었다. "세상의 종말 같더군요. 정말 세상이 끝나는 기분이었어요."

하지만 세상이 끝나기 전에, 새 대통령이 집무실 왕좌를 차지하기 전에, 오바마 대통령은 마지막으로 할 일이 있었다. 자신이 부통령을 얼마나 소중하게 생각하는지 사람들이 지켜보는 앞에서 바이든에게 알려주고 싶었다. 너무 감상적이지 않는 선에서 얼마나 그를 존중하고 사랑하는지 얘기해주고 싶었다. 그리고 그는 방법을 찾아냈다.

버락은 미국 최고의 시민훈장인 대통령 자유훈장Presidential Medal of Freedom을 부통령 조 바이든에게 수여하기로 결정했다. 임기 중 조가 크게 공헌한 점을 개인적으로나마 치하해주고자 했다. 또한 부통령이 미국을 위해 오랫동안 모범적으로 헌신했음을 모두에게 알리고 싶었다.

대개의 경우 수훈자는 행사가 있기 오래전 선정 통보를 받는다. 이번 경우는 아니지만. 효과를 배가하기 위해 버락은 집무실 조명을 마지막으로 끄기 며칠 전, 그것도 깜짝쇼를 통해 수여할 계획이었다. 그리고 그의 지시에 따라 11월부터 백악관 참모 중에서도 엘리트 그룹이 행동에 돌입했다.

가담자 그룹은 조금씩 아주 조금씩 커졌다. 예를 들어 백악관 서예 담당은 프로그램과 감사장을 기획하기 전 침묵 서약까지 했다. 프로그램이 준비된 후에는, 아무도 모르게 정부 인쇄소에서 백악관으로 가져와 보관했다.

"엉뚱한 사람 손에 들어가면 큰일이잖아요. 우리는 에스코트까지 붙여서 물건을 백악관으로 운반했죠. 한 번도 그런 적이 없었는데 그만큼 중요했어요."

오바마 대통령은 축사를 위해 조의 성격을 정확한 단어로 표현하고 싶었다. 그래서 최고의 연설 행정관을 끌어들여 원고를 작성하게 했다. 원고가 완성된 것은 행사가 있기 불과 며칠 전이었다.

행사 당일 참모들도 절정을 향해 달려갔다. 의전관들이 자유의 훈장 수여에서 전례를 담당했기에 적어도 그중 둘은 준비가 되어야 했다. 한 명은 감사장을 읽고 다른 사람은 훈장을 대통령에게 건네 그가 부통령의 목에 걸도록 준비했다.

그런데 백악관 행사에서 의전관은 어쩐지 뜬금없어 보였다. 자칫 어떤 음모가 진행 중이라는 실마리를 줄 수도 있었다. 결국 그들을 뒷방에 숨겨놓기로 결정했다. 마지막 순간에 등장하면 그만이다.

언론이야 늘 골칫거리지만 이번에는 상황까지 만만치 않았다. TV 방송기자들한테는 그저 백악관 축배 정도로만 얘기해두었다. 그래도 깐깐한 PD들은 정보를 더 달라며 떼를 썼다. 리즈 앨런은 궁지에 몰렸다. 카메라를 부르긴 해야 하는데 그렇다고 있는 대로 털어놓을 수도 없었다.

"'이봐요 생방송을 원하죠? 생방송 할 만한 가치는 충분해요. 믿어도 좋습니다.' 난 그렇게 말했어요." 말인즉슨, 상세한 설명은 빼고 변죽만 울렸다는 얘기다.

이제 기획팀의 준비도 결승선만 남겨두었다. 다들 한 팀으로 최선을 다했다. 케이트 베딩필드도 당시의 긴장감을 생생히 기억하고 있었다.

"자, 다 왔다. 고지가 바로 저기인데 망치지는 말자." 그녀는 혼자 중얼거렸다.

바이든의 수석 참모, 스티브 리체티는 잔뜩 긴장한 상태였다. 평소의 느긋한 성격은 어디에도 없었다. "원래, 세상 태평한 양반이에요." 베딩필드도 그렇게 평가했다. 하지만 훈장 이벤트는 처음부터 끝까지 그를 괴롭혔다. 행사 당일 아침, 심란한 마음에 사람들한테도 무뚝뚝하게 대했다. 베딩필드가 가져온 문제는 거들떠보지도 않고 '다음에 합시다', '다음에 합시다', '다음에 합시다'만 되뇌었다. "지금도 생생하게 기억나요. 그 양반 평소와 달리 잔뜩 긴장했더라고요."

"정신이 하나도 없었으니까요." 리체티도 인정했다.

미션 성공, 부통령을 완벽하게 속인
감동적인 서프라이즈 파티

조가 장내에 들어오자 버락이 그를 불러 연단 자기 옆에 서게 했다. 그 뒤로 국무식당의 거대한 벽난로가 보였다. 둘 다 말끔한 정장, 흰색 셔츠, 청색 타이였다. 며칠 후면 8년간의 동행을 끝내고 도널드 트럼프에게 백악관 열쇠를 건네야 한다.

등 뒤 대리석 난로 선반에는 존 애덤스 대통령이 1800년 백악관에 입주하면서 아내에게 보낸 글이 새겨져 있었다. 그 일부를 보면 이렇다. "정직하고 지혜로운 자만이 이 지붕 아래에서 통치할지니."

국무식당은 귀빈을 모시거나 행사를 하는 만찬장이지만 한때는 토머스 제퍼슨 대통령의 개인집무실이자 서재로 이용되기도 했다. 후일 시어도어 루스벨트 대통령이 공간을 확장하고 벽난로 위에 사슴 머리를 올려놓았다. 사슴은 오래전에 사라지고, 지금은 그 자리, 그러니까 버락과 조의 어깨 바로 위에 링컨 대통령의 초상화가 걸려 있다. 사색 중인지 손으로 턱을 고인 채 먼 곳을 내다보는 모습이다. 천정에는 1902년부터 은색 샹들리에가 매달려 있다.

존 케네디 대통령이 마흔아홉 명의 노벨상 수상자를 환대한 것도 이곳이었다. 그는 준비한 축사를 빌미로 손님들을 빈정거리기도 했다.

"지금껏 백악관 행사 중에 이렇게 기기묘묘한 재능과 지식이 한자리에 모인 것도 처음인 듯하네요. 아, 토머스 제퍼슨이 혼자 식사할 때는 빼고 말입니다."

조가 옆에 서자 버락이 서서히 판도라의 상자를 열기 시작했다. "사실 이 분을 놀라게 하고 싶지는 않아요." 그가 유쾌하게 운을 떼자 사람들이 웃었다.

보의 죽음으로 깊은 슬픔에 빠지고, 2016년 '경선 포기'라는 뼈아픈 선택도 감내한 그였다. 조의 친구와 가족, 참모들도 어떻게든 그에게 위로와 축하를 전하고 싶어 했다. 케이트 베딩필드는 이렇게 회고했다.

"따뜻한 환대의 공간이었어요. 그가 살아오면서 사랑하고 걱정했던 사람이 모두 모였잖아요."

버락이 말을 이어갔다. "처음에는 사람 몇 명 모아서 누군가를 치하하는 자리를 만들고 싶었죠. 이 기적의 여행에 늘 함께했을 뿐 아니라 평생 이 나라를 위해 헌신한 분이십니다. 미국 역사상 가장 위대한 부통령, 조 바이든을 소개합니다!"

버락의 소개를 들으며 조는 어쩔 줄 몰라 했다. 그는 평생 내려오지 않을 동아줄이라도 기다리듯 천정을 올려다보거나 만만한 손님 하나를 골라 인상을 찡그렸다. 상체를 기울여 누군가를 찾아내면 눈썹을 치켜뜨거나 고개를 끄덕였다. 그러다가 문득 대통령의 말이 어딘가 심각하게 흘러가자, 실수하다 걸린 아이처럼 고개를 숙인 채 애꿎은 구두코만 노려보았다.

곧 이어 쏟아질 스포트라이트에 대비해 마음을 다지고 대통령을 향해 존중심도 보여주려는 제스처였으리라.

버락은 짧은 소개를 마치며 "미국 역사상 가장 위대한 부통령, 조 바이든"이라고 선언했을 때 조는 고개를 들지 못하고 집게손가락으로 눈썹을 문질렀다. 그때 청중 한 명이 일어나더니 환호와 갈채로 바이든을 환영했다. 마침내 조가 고개를 들고 눈짓으로 감사를 표했다.

얼굴은 조금 초췌해 보였다. 두 눈에는 눈물이 그렁그렁했다. 그는 어정쩡하게 대통령을 돌아보며 입 모양으로 고마움을 표했다. 하지만 서프라이즈 파티는 이제 겨우 시작이었다.

손님들은 두 남자가 서로에게 어떤 감정인지 잘 알고 있었다. 국정 운영을 위해 키워온 파트너십, 이미 공개적으로 표현한 우애… 서로를 향한 박수와 웃음과 포옹까지 모두. 두 사람의 사진에 발랄하고 기발한 대사를 합성한 이미지들이 인터넷에 넘쳐났다. 모두 버락과 조가 한 팀임을 보여주는 징표들이다. 한가로이 웃기도 하고 때로는 혼돈의 세상을 노려보기도 했다. 끝도 없이 쏟아지는 이미지 속에서도, 네티즌들은 하나같이 두 사람을

'브로bro'로 불렀다.

관중들이 자리에 앉고 바이든이 마음을 추스르는 동안, 오바마는 둘의 우정이 인터넷 유머의 온상이 되었다며 웃었다. 오늘도 애정, 감사, 사랑의 선언이 있을 것이기에 버락은 아예 사전 선전포고를 했다. "오늘은 마지막 기회이니 네티즌들이여, 우리의 브로맨스를 널리 알려주시길."

조가 미소를 지으며 다가가 정말 '브로'처럼 오바마의 어깨를 다독이는 바람에 장내에 다시 웃음보가 터졌다. 오바마가 말을 이어갔다. "대단한 여행이었습니다. 8년 6개월 전, 난 조를 부통령으로 선택했죠. 그때부터 지금까지 그 결정을 후회한 적은 단 한 번도 없습니다."

버락은 비밀의 긴장감을 조금 더 길게 끌고 갔다. 모임의 목적을 밝히기 전, 조의 오랜 경력도 다시 돌아보았다. 상원에서의 세월, 국내와 국외를 아우른 업적, 실세 부통령으로서의 활약, 경기 부양 프로그램 당시의 감시견 역할, 총기 폭력과의 전쟁, 캔서 문샷*의 발의 등.

"조는… 레이디 가가와도 친구랍니다." 그 말에 다시 장내에 웃음이 터졌다. "교황이 방문했을 때는 나보고 성하하고 얘기해보라며 자꾸 찌르더군요. 정말 자상하지 않습니까?"

그때 조가 대통령의 귀에 뭔가 속삭였다. 버락도 눈치를 챘다.

"조의 진솔하고도 정직한 조언 덕분에 난 더 훌륭한 대통령이자 더 나은 지휘관이 될 수 있었습니다. 상황실에서는 매주 둘

---

* 2016년 오바마 대통령은 정부 주도의 암 치료 개발 정책을 발표했는데, 이를 1960년대 달에 인간을 보내려 한 노력에 빗대어 'Cancer Moonshot 2020'이라고 불렀다.

만의 식사 시간을 마련해 작전회의도 했습니다. 조는 언제나 주저 없이 직언을 했는데 저와 의견이 달라도 마찬가지였어요. 아니, 의견이 다를 때 특히 더 했죠. 난 믿습니다. 그 모든 것이 그를 역사상 가장 위대한 부통령으로 만들었다고."

버락은 미국과 백악관을 향한 조의 기여를 나열하면서도 다시 한 번 폭소를 유발했다. "요컨대, 대단히 기막히고도 놀라운 경력이죠. 언젠가 조의 말마따나 '대…박'입니다."

조가 대답대신 청중 앞으로 한 발짝 나서며 오바마를 가리켰다. 언젠가 보건개혁안 문제로 마이크를 켜둔 채 감탄했을 때를 떠올린 것이다. "와, 한마디로 대…박이네요." 마침내, 사람들도 당시를 기억해내고 장내는 웃음으로 가득 찼다. 조가 '음, 난 들 어쩌라고?'라고 말하는 듯 두 손을 들어보였다.

버락은 사나이 조를 소개하며 그간의 독특한 행동들을 강조했다. 특유의 공군 선글라스, 통근열차에서 보낸 시간, 초등학교 시절 수녀들의 길고도 긴 잔소리, 상원 동료들 그리고 특히 그의 부모님… 버락은 장난기가 발동해 그동안 수도 없이 들었을 인용구 하나를 꺼내 들었다.

"어느 누구도 너보다 훌륭하지 못하지만, 너보다 못난 사람도 없단다." 관중들도 그 말의 출처를 기억하고 웃음을 터뜨리고 말았다.

오바마는 계속 이어갔다. "용기는 모든 이의 가슴속에 들어 있지만, 조의 용기는 맹렬하면서도 투명합니다." 그리고 다시 인용했다. "네가 쓰러지면, 조이, 일어나거라." 사람들은 계속 웃었다. "일어나." 버락이 재차 외치자 다시 웃음이 터졌다. 한바탕 박수갈채가 이어지면서 조가 손등으로 눈물을 훔쳤다.

버락은 짐짓 심각한 표정을 하며 조가 겪어온 삶의 역정에 대해 소개했다. 죽음, 슬픔, 말더듬, 어린 아들을 향한 어머니의 지극한 사랑.

"시련 또 시련, 조는 지금의 자신을 만들어준 가치와 도덕성을 한 번도 잊지 않았죠. 그게 바로 조입니다. 활달하고 성실하고 겸손한 영원한 공직자이자 애국자. 하지만 무엇보다 가족적인 남자죠."

버락은 조 가족 특유의 힘도 칭찬했다. 특히 아내 질, 아이들, 보에 대해서는 특별히 모두에게 상기시켰다. "보는 특유의 넓은 어깨와 튼튼한 심장으로 우리를 굽어보고 있습니다."

바이든 가족은 그렇게 에너지로 넘쳤다. "바이든의 아들들, 손주들… 그들은 어디에나 있습니다!" 사람들이 웃자 버락이 덧붙였다. "신기하게도 다 잘생기지 않았습니까?" 버락은 조가 손주들과 물총을 쏘며 놀던 장면도 묘사해주었다. "이 나라를 세운 것은 바로 그런 가족입니다. 내 가족이 우리 자신을 바이든의 명예 가족이라 자랑하는 이유입니다."

버락은 아일랜드 시인 윌리엄 버틀러 예이츠William Butler Yeats를 인용할 생각이었다. "예이츠의 표현대로…" 그러고는 잠시 말을 끊었다. 관중들이 이해한다는 듯 웃었기 때문이다. 실제로 바이든 행사에서 아일랜드 시인의 시구가 빠진 적은 한 번도 없었다. 버락이 인용할 수 있는 시인의 폭은 제한적이었다. 건배를 할 때조차 조는 어김없이 자신의 애송시인 셰이머스 히니의 시구를 꺼내들었기 때문이다.

"아일랜드 시인이라면 당연히 셰이머스 히니를 인용해야 겠죠." 버락의 설명에 다시 웃음이 터졌다. 아무튼 버락이 조에게 자신의 감정을 표현하기 위해 끌어들인 시인은 예이츠였다.

인간의 영광이 어디에서 시작하고 끝나는지 생각하라, 그리하여 그런 벗들이 있어 영광이었다 전하라.

오바마와 바이든 가족의 유대는 깊었다. 버락은 그 얘기도 했다. "내 두 딸과 바이든의 손주들은 가깝습니다. 학교에서도 절친이 죠. 방학이면 서로 자기 집으로 초대해 함께 외박도 한답니다."

아이들과 어른들 모두 얽히고설킨 셈이다. 대통령이 마무리했다. "우리 임기는 끝나가지만 지난 8년의 위대한 선물은 이제 시작입니다. 우리는 영원히 가족으로 살 것입니다."

오바마, 대통령 자유 훈장을 바이든에게 수여하다

장시간의 서론이 끝났다. 버락은 애정을 담뿍 전하고, 왜 바이든이 훈장을 받을 자격이 있는지도 설명했다. 마침내 본론으로 들어갈 때가 되었다.

"자, 조, 당신이 지금껏 미국 동포들에게 보여준 신뢰와 조국에 대한 사랑 그리고 자손 대대로 이어질 평생의 공로를 기리기 위해 이제 의전관들을 이곳 무대 위로 부를까 합니다."

군복 차림의 의전관이 앞쪽으로 걸어 나왔다. 그의 손에는 두 개의 청색 리본이 들려있고 그 아래로 흰색 별 하나와 열세 개의 황금별이 매달렸다. 두 번째 의전관이 선언문을 들고 따라와 마이크 쪽으로 향했다.

"대통령으로서 마지막 순간을 위해, 나는 기꺼이 시민 최고의 영예, 대통령 자유훈장을 수여하고자 합니다."

조는 배를 얻어맞기라도 한 듯 고개를 뒤로 젖혔다. "어떻게 이런 일이!" 입 모양도 놀라기는 마찬가지였다. "말도 안 돼!" 그는 진정할 시간이 필요한 듯 벽난로 쪽으로 돌아서서는 주머니를 뒤져 손수건을 꺼냈다. 관중들이 모두 일어나 함성을 지르고 박수를 쳤다. 장내가 들썩였지만 조는 선반 주변을 맴돌며 얼굴을 감추고는 손수건으로 눈과 코를 훔쳤다.

의전관들은 미동도 하지 않고 정면만 응시했다. 그의 손에서 훈장이 흔들리며 역할을 수행할 때를 기다렸다. 마침내 조가 고개를 저으며 돌아섰다. 아직은 고개를 들지 못했다. 그가 뺨을 불룩하게 만들더니 "후" 하고 바람을 내뿜었다. 이마를 긁적이고 검지로 눈물을 닦아내기도 했다. 이윽고 그가 하늘을 올려다보며 호흡을 골랐다.

마음이 혼란스러웠다. 그는 뒷주머니에서 다시 손수건을 꺼내 코를 훔치고 양쪽 눈을 찍어냈다. 조가 혼란스러운 감정을 추스르는 동안, 버락은 친구를 지켜보기만 했다. 그도 감정을 주체하기 어려운 듯 이리저리 자세를 바꾸기도 했다.

바이든이 천정을 올려다보며 감정을 추스르는 동안 오바마가 말을 이어갔다. "내 임기 최초이자 마지막으로, 이 메달에 또 다른 차원의 존경심을 더하고자 합니다. 최근 3인의 선임 대통령도 단 3인을 위해서만 예비해둔 영예입니다. 요한 바오로 2세,(이 때 바이든은 다리에 힘이 빠진 듯 휘청거렸다. 두 눈은 끔벅이며 천장을 향했다. 버락은 비슷한 영예를 얻은 사람들의 이름을 계속 호명했다.) 로널드 리건 대통령, 콜린 파월 장군."

조의 낯빛이 하얘졌다. 자칫 눈물이 터질까 입술까지 꼭 깨물었다. "신사, 숙녀 여러분, 나는 자랑스럽게 대통령 자유 훈장에, 최고의 영예를 더해 내 형제, 조셉 로비네트 바이든 주니어에게 수여합니다."

마이크 쪽 의전관이 선언문을 읽었다. "반세기 가까이 국민을 위해 봉사하면서 부통령 조셉 R. 바이든 주니어는 국가의 거의 모든 영역에 자취를 남겼다." 감사장에는 경제 회복, 중산층 및 외교 정책, 범죄 예방, 암 치료, 미군 지원 등의 영역에서 이룩한 업적을 기록했다.

또한 "스크랜턴와 클레이몬트, 윌밍턴의 아들은 개인의 참극을 이겨내는 과정에서도 힘과 신앙, 품위를 잃지 않았으며, 마침내 미국 역사상 가장 위대한 부통령의 반열에 들었다. 그럼에도 불구하고 남편, 아버지, 할아버지로서의 본분을 굳건히 지켰으므로, 이에 국가는 미합중국을 위해 평생의 헌신을 한, 부통령 조셉 R. 바이든 주니어에게 감사하는 바이다."

정적이 장내를 채웠다. 오바마 대통령이 의전관에게서 훈장을 인수하기 위해 앞으로 나서자 그제야 카메라 셔터가 불꽃놀이라도 하듯 터지기 시작했다. 의전관은 리본을 든 채 고목처럼 서있었다.

오바마는 양 손에 리본을 잡고 조 뒤에 선 뒤, 흰색 에나멜 별을 타이 위에 드리우고 훈장이 제대로 자리를 잡도록 손을 봐주었다. 그리고 미소를 지으며 조의 어깨를 다독였다. 조가 천천히 돌아서서 둘이 악수를 한 다음 '브로답게' 서로를 끌어안았다.

조가 돌아서서 연단으로 향했다. 혼란스러운 듯 움직임도 무거웠다. 버락이 두어 번 팔을 다독이고 격려의 징표로 다시 한번 등을 두드렸다. 조가 마이크 앞에 서자 박수갈채가 길게 이어졌다. 그가 얼굴을 쓸어 내리는데 격한 감정에 무너질 것만 같았다.

조가 연단을 돌아 나와 첫 번째 줄로 내려오더니 아내 질과 아들 헌터, 딸 애슐리에게 키스했다. 장내는 박수갈채로 떠나갈 듯했다. 이윽고 마이크로 돌아와 말을 하려했으나 관중들의 환호는 그때까지도 끝나지 않았다.

버락은 옆으로 물러나와 친구를 지켜보며 관중들과 함께 박수를 쳤다. 손님 중에는 바이든과 함께 델라웨어에서 자란, 오랜 친구이자 고문 테드 카우프만도 있었다. 그도 당시의 감동을 생생히 기억했다.

"눈물이 핑 돌더군요. 실제로 눈물도 조금 흘렸죠." 그는 버락과 조 생각을 했다. 백악관의 좌불안석에서 8년이라… 최고의 긴장과 관심, 갈등, 정치, 그 속에서 두 사람의 우정은 뿌리를 내렸을 뿐 아니라 꽃까지 활짝 피웠다.

대통령과 부통령의 길은 그의 연출이었다. 수훈의 감동, 놀라움, 그 이면의 사랑. 이 감동에는 받는 자보다 주는 자의 기쁨이 더 컸다. 카우프만은 대통령의 손을 들어주기로 했다. "오바마도 정말 기뻐했어요. 기쁨이 눈에 보일 정도였으니까요. 사랑하는 사람을 위해 뭔가 한다는 것이 얼마나 위대한지."

박수갈채가 끊일 기미가 없자 조는 조심스럽게 손을 저어 분위기를 가라앉혔다. 그 와중에도 휴지로 눈과 코를 훔쳐야 했다. 흥분이 가라앉고 다들 자리에 앉자 조는 관중석에서 수석참모를 찾았다. 그가 리체티를 찾아내고는 아무렇지도 않게 내뱉었다. "리체티, 자넨 해고야."

스티브 리체티, 보스에게 모든 정보를 알리는 게 임무였건만, 두 번의 임기를 거치는 중 상사에게 가장 중요하고 사적이고 극적인 정보를 빠뜨린 것이다. 하지만 성품 좋은 상사는 부하를 용서하기로 했다. '개그맨' 조는 리체티를 해고한 후 잠시 뜸을 들이며 사람들의 박장대소가 끝나기를 기다렸다.

"언론을 위해 정보를 드리자면… 리체티는 제 수석참모입니다." 조는 자기 농담이 모두에게 먹히기를 바랐다.

리체티는 갑자기 시선을 한 몸에 받아야 했지만 농담 소재로 깜짝 등장하는 것도 나쁘지만은 않았다. "다들 그 덕분에 한참을 웃었어요." 웃을 가치는 충분했다. 자신을 포함해 수석참모들은 늘 순조롭게 일이 끝난 다음에야 안도의 한숨을 내쉬었다.

화수분 같은 사람이건만 문득 무슨 말을 해야 할지 난감했다. 조는 한숨을 내쉬었다. "난… 음…" 말문이 막힌 조, 불과 5초 동안의 공백이 영원처럼 느껴졌다. 마침내 그가 입을 떼었다. "전혀… 몰랐습니다. 그저 미셸과 질 당신하고, 버락과 나… 그리고 고위 참모들이 한두 명 모여, 음… 서로 축하 인사나 하는 자리라고 생각했어요. 음…그동안 고생들 많이 했다고 격려하는 그런 모임 말입니다."

8년을 함께해온 두 남자의 마지막 공식 일정

그러고는 거침이 없었다. 20분간 1인 독백이자 독주 무대, 조는 역시 조였다. 감상적이고 겸손하고 유머가 있으면서도 한편으로는 사뭇 진지한… 그는 가족과 아내, 아이들 얘기를 하고, 버락을 향해 헌신과 사랑을 고백했다. 이따금 고개를 떨군 채 생각을 정리하기도 했으나, 일단 마음을 정하면 천천히 신중하게 얘기를 이어갔다.

"아시다시피 별로 한 일도 없이 복만 많습니다. 예, 분명한 사실이에요… 언제나 기댈 사람이 있었기 때문이죠. 아내 질, 그리고 오늘 참석하신 여러분들…."

그는 1972년 아내와 어린 딸을 앗아간 자동차사고를 언급했다. "그때는 아들 보와 헌터의 도움으로 버텼습니다." 아직 걸음마를 하는 수준이지만 아이들 덕분에 무너지지 않았다. 매일 저녁 워싱턴에서 델라웨어까지 달려와 굿나잇 키스할 힘을 준 것도 아이들이었다.

"그러다가 질을 만났습니다. 질이 우리 삶을 구해줬습니다. 질은… 어떤 남자도 위대한 사랑이라면 한 번도 과분합니다. 하물며 두 번은."

"이제 보를 떠난 보낸 이후, 전 여전히 헌터에게 의지합니다. 아들은 이번에도 아주 특별한 방법으로 저를 일으켜 세워주더군요."

현실 세계로 돌아와서는 우선 부통령한테 실제로 아무 권력이 없다는 점을 재차 강조했다. 하지만 버락 아래에서라면 부통령도 예전과 달리 역할이 생긴다고 얘기했다.

"대통령 각하, 저와… 함께 국정을 운영해보자고 말씀하셨죠? 그 말씀으로 제게 책무 이상의 것을 주셨습니다. 지시하신 모든 일들에서 각하는 저와 제 능력을 늘 믿어주셨습니다."

조는 버락을 건너다보며 자신의 찬사가 진심임을 확인했다. 버락은 바로 옆에 서있었다. 조가 잠시 백악관에서의 역사를 되짚어보았다. "대통령–부통령의 역사를 보면 지금껏 우리 같은 관계는 존재하지 않았습니다. 진심입니다. 대통령 각하, 모두 각하 덕분입니다. 각하였기에 가능했습니다."

사실이다. 공화국이 탄생한 이후, 그 어느 대통령 팀도 이들처럼 사적이고 전문적인 영역 모두에서 빛을 발한 적이 없었다. 워싱턴과 애덤스, 애덤스와 제퍼슨, 제퍼슨과 버르도 아니고, 보다 가까이는 케네디와 존슨, 카터와 먼데일, 조지 H. W. 부시와 댄 퀘일, 클린턴과 고어, 부시와 체니도 아니다.

버락이 얼마나 자비로운지 증명하기 위해, 조는 어쩔 수 없이 보가 병상에 있을 때 얘기를 폭로했다. 대통령이 바이든 가족을 금전적으로 도우려 했다는 얘기였다. 그 얘기가 나오자 버락은 당혹스러워 했다. 조는 대통령의 그런 모습을 보면서 그날의 점심 회동 장면을 묘사했다.

버락이 그의 어깨를 잡고 은행에 가는 따위의 무모한 짓은 하지 말라고 말했다. 이번에는 버락도 인정했다. "그 돈을 줄게요. 꼭 줄 겁니다."

조는 버락의 자비로움을 넘어 강한 성격도 언급했다. 대통령이 일하는 모습을 보면 그의 통뼈 같은 뚝심에 늘 감복하고 만다.

"저도 조언했습니다. 방에 마지막까지 남아 세상에서 가장 어려운 문제에 대해 이래라저래라 말을 더했죠." 조는 대통령을 돌아보며 이렇게 덧붙였다. "하지만 내가 방을 나가면 결국 결정은 오로지 대통령의 몫이었죠."

조는 대통령을 향해 한 손가락을 흔들며 그 단어들을 또박또박 되뇌었다. "오롯이… 혼자…" 그리고 그 손가락으로 허공을 찌르며 다시 한 번 강조했다. "그리고 난 절대, 절대, 절대, 절대, 절대로 의심해본 적이 없습니다. 인류의 생사를 가늠할 대통령의 결정에 대해." 오바마의 판단에 오류가 있다는 생각을 해본 적이 없다는 뜻이다. "단 한 번도." 조는 말을 반복하고는 여전히 충분하지 못하다는 듯 다시 선언했다. "단 한 번도."

오바마가 일찍이 지적했듯 조와의 논쟁이 늘 쉬웠던 것은 아니다. 이제 조도 그 점을 지적했다. "의견이 다르면 논쟁을 했습니다. 서로 목소리를 높이기도 했죠. 토론할 때는 계급장부터 떼기로 약속했으니까요. 형제처럼. 하지만 대통령 각하, 각하는 늘 집중포화를 받고 있었습니다."

그 점에서 조는 버락의 지성과 담대함에 경외감을 느꼈다. "그리고 나는 각하의 지성만큼이나 무한한 드높은 정신과 사랑을 보았습니다." 다시 대통령을 돌아보며 "늘 각하를 지켜보았습니다. 어떻게 행동하는지 지켜보았죠. 심한 압박에 눌린 여성이나 남성을 보면 각하는 상대를 먼저 배려하더군요." 그가 관중석의 영부인과 두 영애를 돌아보았다. "예, 미셸, 당신도 알 겁니다. 두 따님도 너무 잘 알겠죠. 버락은 놀라운 사내입니다."

마침내 마무리할 시간이다. "바라건대 후일 이번 임기에 대해 이야기 할 때, 조국을 위해 놀라운 업적을 이룬 놀라운 여행에서 나 또한 그 여행의 일부였다고, 나도 그 여행에 함께했다고 자랑하고 싶습니다."

사람들이 일제히 일어나 버락을 향해 박수를 치고 갈채를 보냈다. 대통령에게 보내는 마지막 인사인 셈이다. 대통령은 미소를 지으며 옆에 서서 조를 가리켰다. 관심을 다시 조에게 돌리라는 신호였다.

조는 환호를 받으며 재킷 주머니에서 종이 한 장을 꺼냈다. 그가 가져온 유일한 메모였다. 청중 앞에서 말을 많이 하기는 했지만 이것만큼은 제대로 하고 싶었다. 그가 메모를 내려다보며 농담을 했다.

"내가 뭔가 떠들 때마다 아일랜드 시인을 끌어들인다는 정도는 다들 아시죠?" 그의 농담에 장내가 터질 듯 박수가 쏟아졌다. 아무래도 다들 기대하고 있었던 모양이다.

시를 인용하기 전 조는 약간의 조미료를 더했다. 우선 버락의 개성을 언급했다. 버락을 오늘의 버락으로 만든 특성들 얘기다. 조와 질은 버락에 대해 얘기를 많이 나누었다. 대통령을 이해하고 싶을 때면 미셸을 찾기도 했다. 그만큼 자신의 임기를 나누어준 사람에 대해 알고 싶었던 것이다.

세월이 흐르며 조는 친구의 본질을 간파했다. 그리고 관중들에게도 그 본질을 폭로했다. "대통령 각하, 각하에게는 특권의식이 단 한 톨도 없습니다. 미셸이나 아름다운 두 영애한테도 마찬가지입니다. 단 한 톨도."

이제 시를 읽을 준비가 끝났다. "셰이머스 히니입니다. 그의 시 한 수를…" 사람들이 박장대소를 했다. 물론 다들 알고 있었다. 이쯤에서라면 당연히 셰이머스 히니가 등장해야 했다.

조는 심각한 표정으로 히니의 시구를 인용했다. 시는 남자이자 대통령으로서의 버락을 조가 어떻게 생각하는지 잘 표현해 주었다.

그대가 그대 자신의 짐을 지니, 이내
스멀거리던 특권의 징후가 소멸했노라.

조는 가슴의 훈장을 두드리다 손가락으로 집어 들었다. "대통령 각하, 이 영광은…" 그리고 잠시 훈장을 응시했다. "… 정말… 정말, 전 받을 자격도 없을 뿐 아니라…" 조가 말끝을 흐렸다. 가슴이 벅찼다. 이윽고 그가 천천히, 조심스럽게 이어갔다. "이건 순전히 각하의 영혼이 얼마나 무한하고 자비로운지 보여줄 뿐입니다." 다시 3초간 침묵이 흘렀다. "전 자격이 없습니다."

조는 한동안 먼 곳을 응시하며 생각에 잠겼다. 손으로는 여전히 메달을 어루만졌다. "하지만…" 그리고 4초가 더 흘렀다. "그래도 각하의 가슴이 내게 준 선물이군요."

그가 버락을 보았다. "탈무드에 이런 말이 있어요. 가슴에서 나온 것은 가슴으로 들어간다. 버락, 당신이… 당신과 당신 가족 모두가 우리 가슴 속에 들어와 점령해버렸습니다. 놀라운 일이 일어난 겁니다… 여러분이, 여러분 모두가 바이든 가족을 정복하리라고는 상상도 못했는데 말입니다."

조는 이미 감정이 탈진한 상태라서 말을 잇기가 쉽지 않았다. "그리고 대통령 각하…" 하지만 다시 말문이 막히고 말았다. 그 후 15초 동안 그가 할 수 있는 말은 고작 "난, 음…" 깊은 한숨에 이어 다시 "난, 음…" 뿐이었다. 이윽고 말문이 열렸다. "대통령께 빚을 졌습니다. 우정에 빚을 지고 가족에게도 빚을 졌습니다."

조는 기운을 회복하고 평소의 조로 돌아갔다. 쓰러지면 일어나는 조, 할 얘기가 끊이지 않는 조. 그가 제일 좋아하는 에피소드는, 둘 만의 점심회동 중에 자신과 버락에게 어떤 운명이 닥쳤는지 실감했다는 얘기였다.

두 사람은 머리에 떠오르는 대로 아무 얘기나 떠들고 있었다. "가족 얘기를 주로 했어요. 그런데 6개월 전쯤 대통령이 나를 보며 이러시더군요. '그거 알아요, 조? 지금 생각해도 신기한데… 우리가 어떻게 이렇게 가까운 친구가 된 거죠?'"

잔잔한 웃음소리가 장내를 덮었다. 조는 눈을 껌벅이며 싱글거리다가 마지막 한방을 날렸다. "그래서 제가 그랬어요. '그게 왜 신기해요?'"

사람들은 웃으면서도 무슨 말인지 이해할 수 있었다. 사실 신기한 우정이었다. 역사적 변수, 정치적 변수, 개인적 변수 등을 모두 뒤집고 이루어진 관계가 아닌가.

이제 이곳에서 두 사람은 대통령과 부통령으로서 함께 마지막 공식 일정을 소화하고 있었다. 비록 두 사람의 슬픔은 물론 국가의 불확실성으로 그늘이 지긴 했어도 만찬장의 전반적인 분위기는 둘이 8년간 함께 해온 일을 기리고 있었다.

"대통령 각하, 내가 살아있는 한, 가족과 함께 늘 각하를 위해 기도하겠습니다. 물론…" 조는 잠시 숨을 고르고는 조용히 말했다. "각하도 그러시리라는 것을 압니다."

조는 버락에게 감사를 표했다. 오늘 자리를 함께한 모두에게도 인사했다. 우레와 같은 박수를 받으며 버락과 조는 악수를 하고 포옹을 했다. 둘이 속삭이며 키득거리기도 했다. 대통령이 조에게 팔을 두른 채 만찬장을 향해 소리쳤다. "여러분, 조 바이든입니다!"

행사는 끝났다. 그 순간은 트위터와 페이스북 포스팅을 타고 전국을 휩쓸었다. 몇몇 뉴스방송에서 실황중계를 한 터라 영상도 순식간에 퍼져나갔다. 그날 오후 4시, 코미디언 지미 킴멜이 트윗을 올렸다.

"여러분이 어느 편인지 상관없다. 조금 전 @JoeBiden에게 바친 @POTUS*의 헌사는 지금껏 내가 본 가장 감동적인 장면이다. 꼭 보시길!"

우리 각자는 멀리서 대통령과 부통령을 지켜보고 우리 자신의 삶을 통해 관계를 이해했다. 버락과 조는 우리가 우정의 희망을 그릴 캔버스였다. 대통령과 부통령이 서로 사랑하고 존중하는데 우리라고 못할 이유가 어디 있겠는가.

---

* POTUS: President of the United States의 머리말

한 여성은 CBS의 게시판에 글을 올려 백악관발의 갈망을 기렸다. 죽기 전에 버락과 조가 서로에게 보여준 그런 애정을 받고 싶다는 것이다. "바이든이 오바마를 보듯, 그런 시선으로 나를 봐줄 남자가 필요합니다."

바이든과 오바마

대통령, 정치, 친구

2019년 4월 초, 다양한 분야의 민주당원 19인이 2020년 대선 경쟁에 뛰어들었다.

아직 발표 전이지만, 그중 가장 잘 알려졌으면서도 여론조사에서 선두를 달리는 후보가 있었다. 조 바이든. 조는 '뜨거운 감자' 격이다. 오랜 경험으로 노동계급 유권자들 사이에서 득표력도 높고 특히 도널드 트럼프가 승리한 주들에서도 가장 빛을 발했다.

문제는 나이. 일흔네 살이면, 당선 후 취임식에 설 때면 미국 역사상 가장 나이 많은 대통령이 될 것이다. 젊은 피와 강성 좌파 덕분에 활기를 띤 민주당은, 보다 전통적이고 중도적인 바이든을 향해 포문을 열었다. 대통령 유세에서의 실적도 걸림돌이었다. 과거 두 번의 출마는 초반부터 삐끗해 김이 새고 말았다. 하지만 그건 버락 오바마의 개혁정부에서 8년간 부통령 직을 보란 듯이 해내기 전의 문제였다.

바이든의 선언이 가까워지면서 여기저기 논란도 거세졌

다. 대부분 바이든의 약점을 건드리는 것들이다. 여성 몇 명이 전직 부통령이 자신의 등을 쓰다듬고 머리 냄새를 맡고 이마에 입을 맞추었으며 대중행사를 할 때에는 코를 문지르기까지 했다고 고발하고 나섰다. 고발인들의 증언에 따르면, 부통령의 행동은 자신들의 의사에도 반하고 그 때문에 크게 불쾌했다는 것이다.

오래전부터 사람들을 친근하게 대하고 신체 접촉으로도 유명했건만 이제 너무 가깝게 접근했다고 욕을 먹는 것이다. 여기저기서 논쟁이 벌어졌다. 바이든이 #MeToo 시대를 무사히 넘길 수 있을까? '미투' 운동은 남성의 접촉에 엄격한 잣대를 요구했다.

물론 조의 거침없는 성격을 지지하는 여성들도 있었다. 그들은 오바마 행정부 안팎에서 자신들이 어려웠을 때 그가 보여준 온정과 위안을 칭찬하고 나섰다. 하지만 대통령 선거 논쟁에 뛰어들기도 전에 언론은 물론 소속당 일부에서도 조가 과연 2020년의 민주당을 대표할 수 있는지 고개를 갸웃거리기 시작했다.

전임 대통령 오바마는 논란 속에서도 침묵을 지켰다. 그의 측근이 이런 말을 하기는 했다. "최근 오바마 대통령을 만난 사람으로서, 난 오바마가 여전히 조 바이든의 세계를 생각한다고 자신할 수 있다. 오바마는 지금껏 조의 인품을 여러 차례 보증했다. 그리고 그 모든 것은 여전히 효력이 있다. 조를 대하는 오바마의 생각은 변함이 없다."

　다만 오바마가 옛 친구를 대통령으로 지지하느냐의 문제
는 또 차원이 다르다. 2016년 임기가 끝나고, 서로 갈 길을 가
면서 둘의 관계도 어쩔 수 없이 변화를 겪었다. 지금은 매일매
일 함께 일하는 팀도 아니고, 행정부와 국가를 위해 서로를 지
켜내야 하는 전우도 아니다. 각자도생하며 미래를 모색하는 유
명 정치인으로 돌아온 것이다.

　오바마에게 이는 자신이 남긴 대통령으로서의 유산을 보
존하고 확대해야 함을 의미했다. 바이든에게는 다음 단계를 가
늠하고 추구해야 할 일이 남아있었다. 즉, 백악관 입성이다. 탈
백악관 시기에 자기 이해의 목표가 있는 개인으로서 버락과 조
의 관계는 긴장과 실망에 직면해야 했다.

2016년 대선까지 도움닫기를 하는 동안 둘의 관계는 새 국
면을 맞았다. 바이든은 전략을 잘 벼려 앞으로 2년 동안 유세
에 대비하고 있었다. 하지만 2015년 5월 말, 아들 보가 사망하
면서 다음 해의 대선을 밀어붙일 수 있을지 여부를 고민해야
했다.

　조의 회고록 《약속해줘요, 아빠Promise Me, Dad》를 비롯해
다른 자료를 살펴보니, 백악관 이후의 미래를 설계하면서 버락
과 조그리고 둘의 우정 사이에 미묘한 상호작용과 긴장을 엿볼
수 있었다. 조는 회고록에서 버락에 대해 호의적으로 표현한

반면, 2016년 대선에서 오바마가 자신을 지지하지 않는다는 사실도 드러냈다. 오바마는 실제로 바이든 일생일대의 야심인 대선 출마를 좌절시켰다.

회고록에 따르면 2015년 1월, 오바마는 조가 2016년 대선을 포기하도록 설득 중이었다. "그는 은근히 반대쪽에 무게를 두고 있었다. 이유야 다양했다." 조는 오바마가 왜 그랬는지 이유 하나를 제시했다. 만일 언론이 2016년 바이든 후보에 초점을 맞춘다면, 오바마를 향한 조명은 상대적으로 희미해지고 백악관 임기 중의 정책과 유산까지 힘을 잃을 것이며, 대중의 시선도 조에게 쏠릴 것이다.

"출마를 선언하는 순간 난 지명을 위해 전력 질주할 것이다. 그건 버락도 알고 나도 안다. 그렇게 되면 백악관발 뉴스는 버락에서 나로 중심 이동을 할 것이다."

오바마는 정치적 고려와 전략적 선택을 바탕으로 바이든의 백악관 야망을 주저앉히려 했다. "대통령은 내가 힐러리를 이길 수 없다고 확신했다. 게다가 오랜 예비 싸움으로 당이 분열될 경우, 총선에서 민주당 후보들이 힘을 못 쓸까 우려했다." 바이든의 분석이었다.

오바마는 공화당 후보를 이기려면 조보다는 힐러리가 더 가능성이 있다고 믿었다. 공화당에 패할 경우 자신의 역사적 입지가 훼손될까 불안했을 것이다. 무엇보다 보건 프로그램이 위기를 맞게 될 것이다. "나도 그 점을 알고 애초에 논쟁을 피했다. 이건 버락의 유산 문제이며 그 유산의 핵심은 아직 틀이 잡히지 않았다."

2015년 이후에도 버락은 친절하고 세심했다. 조가 보의 병마와 죽음으로 허우적거릴 때였다. 대통령이 2016년 출마 여부를 물을 때마다 조는 얼버무렸다. 아무리 함께 난국을 헤쳐 나왔다 해도, 속내 깊은 주제를 두고 버락의 감정까지 세세하게 챙길 여유는 없었다.

"버락이 친구이긴 해도 모든 것을 털어놓을 수는 없었다. 그에게 나도 그 정도는 안다고 설명했다. 내게는 두 가지 선택이 있었다. 가족과 함께 지내는 것도 좋다. 그럼 그동안 재정보증 기반도 닦고 함께 있을 시간도 늘일 수 있다. 아니면, 국가와 세계를 더 나은 곳으로 만들기 위해 10년을 투자하는 것이다. '두 번째가 가능하다면, 남은 삶을 그곳에 쏟을 생각입니다.' 난 대통령한테 그렇게 말했다."

조가 출마 쪽으로 기울자, 오바마는 부드럽지만 단호하게 반대 의사를 전했다. 몇몇 민주당 의원이 바이든을 당의 최고 지도자로 여기던 터라 바이든 추대 운동이 힘을 받기도 했다. 하지만 오바마는 조의 기대를 짓밟아야 했다. "대통령은 신중할 것을 주문했다. 아직은 대외적으로 떠들지 말라는 지시도 있었다."

문득 버락이 이미 마음을 정했다는 생각도 들었다. "나도 이렇게 말하고 말았다. '이봐요, 버락, 당신이 힐러리를 민다고 해도 난 이해합니다.'"

8월 초, 조는 6개월간의 여론조사에서 자신의 최고 기록을 달성했다. 그의 득표는 힐러리 클린턴을 비롯해 양당의 어느 대선주자보다 높았다. 특히 신뢰도, 정직함, 공감능력 점수가 높았다. 경합주인 펜실베이니아, 오하이오, 플로리다의 유권자 조사에서도 클린턴을 눌렀다. 추진력도 쌓이고 언론에서도 바이든 후보를 심각하게 다루기 시작했다. 비공식 선거전은 열기가 달아올랐다.

하지만 조는 여전히 음울한 그림자에서 헤어 나오지 못했다. 보의 죽음이 가슴과 삶에 드리운 그림자가 그만큼 두터웠던 것이다. 정작 후보가 될 경우, 과연 밀고나갈 힘이 있을까? 솔직히 자신이 없었다.

버락과 주간 점심회동 때에도 그는 여전히 흔들렸다. 대선을 위한 에너지를 끌어낼 수 있을지 정말 알 수가 없었다. "대통령도 굳이 출마를 권할 의사는 없는 듯 보였다."

바이든 팀은 조가 출마해 이기리라고 확신했다. 10월, 조가 고민하는 동안 참모들은 어쨌거나 선거캠프를 꾸렸다. 10월 말 회의에서 참모들은 캠프의 출정을 위한 사안들을 점검했다. 수석전략가 마이크 도닐런Mike Donilon은 발표를 하는 내내 조를 지켜보았다. 도닐런은 가까운 친구이자, 지난 30년 이상 조언을 해온 터라 조의 어려움과 기분에 민감했다.

그날 조의 모습은 도닐런도 우려할 정도였다. 조는 입을 꾹 다물었다. 얼굴에는 형언 불가의 고통이 선명했다. 조의 아내질 또한 입을 닫은 채 무언의 메시지만 보냈다. 그녀의 눈에도 두려움이 가득했다. 전략팀장이 자신을 바라보자 조가 무슨 일인지 되물었다. 도닐런은 2년 전 토론을 시작한 이후 바이든 캠프의 성공을 100% 확신했지만, 이번의 대답은 간단하고도 분명했다.

"이 건은 포기합시다."

다음 날 조는 로즈가든을 찾았다. 한쪽에는 조와 질이 서고 반대편에는 버락이 섰다. 오바마는 멋진 세팅을 제공했다. 대부분 대통령 전용으로 쓰던 장치였다. 조는 발표를 하기 전에 '로즈가든을 잠시 빌려주신 것'에 대해 버락에게 감사 인사를 했다. 버락도 농담으로 응수했다. "대⋯박이죠?" 관중들이 웃었다.

마음 편한 순간은 아니었지만, 조는 '어깨를 펴고, 미소를 잃지 않고 최대한 밝은 표정을 유지하기 위해' 무던 애를 썼다. 그는 가족과 함께 아픔과 슬픔을 이겨내겠지만 시간이 조금 필요하다고 말했다. "아무래도 그 과정을 끝내는 순간 현실에서의 대통령 선거도 끝이 날 것 같군요. 그래서⋯ 제가 먼저 끝내겠다고 마음을 정했습니다."

마이크 도닐런은 관중석에 앉아 친구가 2016년 대선과의 밀회를 정리하는 모습을 지켜보았다. 도닐런이 보기에 조 바이든은 발표를 마친 후 "비로소 덜 고통스러워 보이고 더 힘이 없어 보였다."

로즈가든에 서서 이런 선언을 할 생각은 추호도 없었다. 조는 출마를 원했다. 이 세상 무엇보다 대통령이 되고 싶었다. 아들 보도 아버지의 야심에 민감해 아버지가 조국을 위해 훌륭한 후보임을 믿지 않았던가.

"아버지가 출마해야 해요. 꼭 출마하세요." 몇 년 전 그런 말도 했다. 후일 아들은 암과 싸우면서도 "아버지에게 출마를 약속하게 만들었다." 〈뉴욕타임스〉의 모린 다우드가 한 말이다.

오바마가 캠프를 꾸리라고 부추겼다면 결과가 어떻게 되었을까? 그건 아무도 알 수 없다. 버락은 자신의 유산을 지키기 위해 힐러리 클린턴에 판돈을 걸었다. 어쩌면 그녀를 진정한 후계자, 미국의 정치문화에서 자신의 혁명적 이상을 완수해줄 당사자로 여겼을 수도 있다.

여기 최초의 여성 대통령에게 바통을 넘겨준 미국 최초의 흑인 대통령이 있노라. 변화의 물결이 미국을 점령하도다! 조 바이든이 아무리 장점이 많아도 결국 백인 남성이다. 많고 많은 전형적인 대통령 중 하나에 불과하다는 뜻이다. 오바마의 역사적 입지를 완성해줄 구조적 변화의 상징과는 거리가 멀었다.

"바이든도 몇 년 전부터 알고는 있었다. 민주당에서도 최초의 아프리카계 미국인 대통령 뒤를 최초의 여성 대통령이 이어주기를 바랐다." 다우드는 혹평도 서슴지 않았다. 조가 출마를 포기한 대가로 "오바마는 일종의 보상책으로 자유훈장을 수여했다. 조를 밀어내고 그 불만을 누그러뜨리기 위해 훈장을 내민 것이다."

조 바이든은 심장이 뜨거운 사나이다. 버락 오바마는 두뇌가 차가운 남자다. 바이든 대신 클린턴을 택하면서, 오바마는 심장 대신 두뇌를 선택한 셈이 되었다. 우리는 모두 2016년 11월 힐러리 클린턴이 어떻게 되었는지 안다.

그녀가 빼앗긴 중서부 주들에서 조가 강세였다는 것을 모르는 사람은 없다. 오바마는 자신의 유산을 클린턴 통치에 넘겨주지 못했다. 오바마 시대의 업적, 보건, 시민권, 노동자와 소비자 보호, 이민, 교육, 환경보호 등 전 영역에서 도널드 트럼프가 재를 뿌리는 동안 그저 물끄러미 바라보아야 했다.

오바마의 충정은 종종 측정이 어렵다. 조를 향한 신뢰도 무조건적으로 보이지 않았다. 조를 부통령으로 임명한 일이 최고의 결정이었다고 아무리 강조해도 마찬가지다. 2012년 재선 때 부통령 티켓 여부로 바이든이 겪은 대중적 당혹감은 여전히 뿌리 깊은 상처로 남아있었다.

하지만 무엇보다 버락과 조의 관계에 부담이 된 것은 오바마 팀의 전형적인 정치적 편의주의의 책임이 컸다. 백악관을 떠나 각기 다른 길로 떠날 때가 특히 그랬다.

조는 2020년 대통령 출마를 고민하고 있지만, 오바마는 이 번에도 자신의 부통령을 좀체 끌어안지 않았다. 고집스럽게 정 치적 실용노선을 고수하는 탓에 오바마가 초기에 나서는 경우 는 거의 없을 것이다. 민주당 기대주들이 2020년 경선을 고려 하거나 선언할 경우 얼마든지 만나주었다. 오바마의 축복을 원 하는 예비후보들은 구체적인 내용은 함구하고, 그저 선거캠프 의 고충과 민주당이 직면한 대형 이슈들을 논의했다고만 언급 했다.

언론 매체는 오바마와 예비후보들의 한담에 바이든이 상 처를 받았다는 식으로 보도했다. 2018년 상원선거에서 테드 크루즈Ted Cruz에게 아깝게 패했지만, 정치 스타로 부상한 텍 사스 정치가 베토 오루크Beto O'Rourke가 오바마를 만났을 때도 〈배니티페어〉는 바이든이 "당혹스러워했다"고 보도했다.

"오바마가 오루크와 대화를 나누었기 때문이 아니라, 바이 든 자신이 여전히 출마 자체를 고민하는 판에 전임 대통령이 유력한 경쟁자들과 거리낌 없이 회동을 하기 때문이었다."

2019년 1월 하와이 행사에 참여했을 때도 오바마는 지도 자 반열에 '새로운 피'가 필요하다는 입장을 피력했다. 워싱턴 의 정치 전문지 〈더힐The Hill〉은 이를 두고 "바이든이 한방 먹 었다"라고 표현했다. 해당 매체는 익명의 오바마 측근을 인용 해, 바이든을 향한 대통령의 애정이 아무리 끈끈하다 해도 "그

것과 바이든을 낙점하는 문제는 별개"라고 보도했다. "바이든을 좋아하긴 해도… 후계자로 만들지는 않을 것이다. 조는 상처를 받겠지만."

4월 25일 조는 마침내 2020년 민주당 지명을 받겠다고 발표했다. 그래도 버락은 대변인 케이트 힐Kate Hill을 통해 상투적인 논평을 내보냈을 뿐이다.

"오바마 대통령께서는 2008년 조 바이든을 러닝메이트로 지명한 결정을 최고의 선택이었다고 오래전부터 말씀하셨습니다. 선거는 물론 임기 중에도 부통령의 지혜, 통찰력, 판단력에 크게 의지하셨죠. 두 분은 지난 10년간 특별한 유대를 이루었으며 지금도 관계는 여전합니다."

전임 대통령이 애매한 입장을 취하자, 바이든도 이내 마음을 정했다. 예비선거 시즌에 오바마가 특정후보를 지지하지 않도록 요청했다고 발표한 것이다. "누가 지명을 받든 자신의 장점으로 승부해야 한다." 조가 강조했다.

오바마의 참모 데이비드 액셀로드도 〈폴리티코〉와의 인터뷰에서 그 점을 확인해주었다. 전임 대통령은 후보자들이 경쟁하는 과정에서 최고 강자가 지명 받는 것이 민주당과 후보자들에게 최선이라고 믿고 있었다.

"전임 대통령께서 누군가를 점지하리라는 기대는 애초에 하지 않는 게 좋다." 액셀로드는 이렇게 말하면서도 버락과 조가 '진짜 친구'라는 사실은 거짓이 아니라고 덧붙였다. "과거의 대통령, 부통령과 달리 두 분은 8년을 거치면서 점점 더 가까워졌다."

버락과 조는 특별한 목적을 위해 만났다. 선거에서 이기고 대통령과 부통령으로서 국정을 운영하기 위해서. 그런 맥락에서라면 둘은 백악관 파트너십을 정립하는 데 역사적인 성공을 이룬 셈이다. 두 사람은 대통령과 부통령의 협력을 위한 새 기준을 제시했다. 서로의 능력에 의지하고 상대의 오류에 관대했으며, 강력한 파트너로서 미국의 발전에 이바지했다.

그렇게 8년을 거치면서 서로를 크게 존중하게 되었다. 기쁨과 슬픔을 공유하고 독특한 우애 관계를 구축했다. 미래의 대통령 팀을 위한 규범이 된 것이다.

버락과 조의 우정은 특별했다. 둘의 우정은 상상력을 자극하고, 미국이 조화롭게 발전할 수 있다는 희망을 국민에게 심어주었다. 버락과 조는 피부색과 나이, 개인의 실수를 뛰어넘어, 가치를 공유하는 것이 얼마나 중요한지 일깨워주었다.

2004년 감동적인 연설을 통해 버락이 우리 모두에게 얘기했듯이 차이는 우리를 규정하지 않으며 오히려 더 위대하게 만들어준다. 그는 분열을 조장하는 '자유파', '보수파' 같은 개념을 거부하고, "흑인계, 백인계, 라틴계, 아시아계 미국인은 존재하지 않는다"고 단언했다. 오직 "미합중국이 있을 뿐이다." 버락과 조는 바로 그러한 미국을 상징했다.

어느 모로 보나 두 사람의 관계는 아름답다. 도무지 시선을 뗄 수 없을 만치 아름답다. 하버드 대학의 미학과 교수 일레인 스캐리Elain Scarry가 지적했듯 "아름다움은 감동을 유발하고 모든 상념을 정지하게 만든다." 수필작가 로버트 보이어스Robert Boyers도 자신이 만난 '가장 아름다운 친구'에 대해 쓰면서 "아름다움은 강렬한 감동과 관심을 불러일으킨다"고 단언했다. 미의 정의가 그렇다면 버락과 조 커플은 분명 아름다운 존재였다.

두 남자를 보면서 많은 사람이 매료되었으며, 아름다움에 흠뻑 젖은 것과 유사한 기분을 경험했다. 미가 미의 숭배자들을 감동시키듯, 버락과 조도 우리에게 무한한 감동을 주었다.

"미는 생기를 주고 자극을 준다. 심장을 더 빠르게 뛰게 만든다." 스캐리가 저서 《미와 올바름에 대하여On Beauty and Being Just》에서 한 말이다. "아름다움은 삶을 보다 아름답게 만들어준다."

버락과 조의 특별한 관계가 바로 그렇다. 아니, 그 이상이다. 그건 또 다른 차원의 아름다움이다. 스캐리가 지적했듯이, 우리가 아름다운 대상에 감탄하는 이유는 우리 눈에 새롭고 신비롭게 보이기 때문이다.

즉, 선례가 없기 때문이다. 대통령과 부통령으로서 버락과 조는 조화롭게 일하고 서로를 존중했으며 심지어 서로를 사랑했다. 미국이 그동안 지켜본 관계와는 사뭇 다른 풍경이었던 것이다. 그렇게 독특하고 이질적인 모습의 관계는 미의 차원으로 승화해 마땅하다.

　스캐리의 정의를 다시 인용해본다. "아름다운 존재는 마음을 가득 채우고 틀을 온전히 파괴해 '세상에 한 번도 존재하지 않았던' 감정을 드러내준다." 그런 의미에서 버락과 조는 답답한 틀을 부수고 미국인의 마음을 감동, 희망, 기대감으로 채워주었다.

오바마의 대통령 임기, 버락과 조의 우정을 제대로 평가하기에
는 사실 역사의 거리가 길지 않으며 여전히 진행 중이기도 하
다. 당시 행정부의 서류, 오바마와 바이든 관련 서류들도 더 쌓
이고 색인을 붙이고 정리할 필요가 있다.

　백악관 관련자들의 구두 진술도 여전히 부족하기만 하다.
회고록들이 장서를 채우고 있다고는 해도 앞으로 틀림없이 더
많이 출간될 것이다. 요컨대, 할 말이 많이 남았다는 뜻이다. 오
바마와 바이든이 나름대로 2020년 대선에서 영향력이 있으므
로 대선이 어떤 식으로 전개될지도 지켜볼 일이다. 결국 이 시
점에서 오바마 시대의 평가는 주로 저널리즘의 영역이자 '역사
의 초안'으로 남아 있다고 할 수 있다.

다만 풍부한 정보 시대인 덕에 자료가 부족하다고 말할 수는
없다. 비디오, 블로그, 실시간 보도 덕분에, 역사가 만들어지는
대로 엿볼 기회도 충분했다. 활자와 온라인에 넘치는 기사들만

으로도 오바마와 바이든 얘기는 끝도 없이 이어졌다.

　TV 뉴스 프로그램과 케이블 채널의 24시간 잡담 덕분에, 구체적 사실, 해설, 심지어 헛소리까지 얼마든지 구할 수 있었다. 나는 언론매체의 기사를 수없이 연구하고, TV 잡담, 기자회견, 인터뷰 원고들을 읽어 내려갔다.

　오바마와 바이든의 친구, 측근, 참모들이 이제 백악관에서도 멀어졌으니, 역사를 위해서라도 기꺼이 자신들의 견해를 제공해주리라 기대해본다. 실제로도 백악관에서 일했던 사람들 10여 명과 인터뷰를 시도했다. 직접 또는 전화로 시간을 내준 분들께는 지면을 빌려 감사드린다.

버락 오바마와 조 바이든에게도 여러 차례 인터뷰 요청을 했지만 소용 없었다. 한 참모의 조언에 따라 이메일 질문도 보냈으나 전임 대통령으로부터 답신을 받지는 못했다. 일정이야 바쁘겠지만 버락과 조가 따로 시간을 내어 자신들의 복잡하면서도 즐거웠던 우정에 대해 논하지 못했다는 점은 나로서도 의외가 아닐 수 없다.

　세월이 흘러 역사가 오바마 행정부를 평가할 때가 되면 당연히 새로운 진실과 해석이 등장할 것이다. 오바마 행정부의 임기가 끝난 지 얼마 되지 않은 터라, 나 같은 작가로서는 기껏 확보 가능한 자료, 또는 자신의 회고를 들려줄 내부자들에 기대 포괄적이고 대략적인 그림을 보여줄 따름이다.

'맥주 회담'의 장을 쓸 때 하버드 대학 헨리 루이스 게이츠 주니어와 케임브리지 경관 제임스 크로울리에게 면담을 청했으나 둘 다 응하지 않았다. 마찬가지로 스탠리 매크리스털 장군도 인터뷰를 거절했다. 그 밖에는 이 책에 기록한 사건과 관련이 있거나, 새로운 관점을 제시해 줄 법한 사람들, 이를테면 학자, 정치평론가, 고문, 기자들과 여러 차례 인터뷰를 가졌다.

풍부한 기사와 비디오 외에는 참고도서에 의존했다. 오바마와 바이든의 전기, 두 사람의 회고록을 통해 대선 이야기, 정책 평가 등의 정보를 얻었다. 참모, 내각, 장성들의 회고록도 들여다보고 남성 간의 유대와 우정을 다룬 서적들도 구해 탐독했다. 버락과 조 그리고 그 시대를 밝혀줄 역사책과 전기들도 당연히 참고했다.

감사의 글

내 특별한 동반자이자 아내 수전은 오바마–바이든 시대의 비디오를 수도 없이 시청했다. 존 스튜어트의 인터뷰에서 자유의 훈장 수여까지 정확한 팩트체크가 필요했다. 언젠가 보 바이든의 장례 장면을 검토하기에 얼핏 보니 〈레미제라블〉의 '그를 집으로 데려와요Bring Him Home', 그리고 크리스 마틴Chris Martin의 연주 '왕국이 열릴 때까지'Til Kingdom Come'에 맞추어 바이든 가족이 교회 안으로 들어가는 장면이었다. 아내는 혼자 "불쌍한 조, 불쌍해서 어떡해"라며 중얼거리고 있었다. 아내는 자신이 하는 일을 가슴으로 느꼈다. 이 책을 느끼고 있었다. 다른 책들도 그랬지만 이 책 역시 아내가 없으면 불가능했을 것이다. 바로 그 손길 덕분에 책은 더 풍요로워졌다.

무엇보다 아내 수전의 기여가 제일 컸다. 초기에 개념과 윤곽을 잡는 것부터 집필과 제출, 출판까지, 아이디어를 제공하고 자료를 찾아주고 꼼꼼하게 검토해주었다. 오바마와 바이든 참모들과의 인터뷰 필름도 몇 시간씩 끈기 있게 녹취를 떴다. 그녀의 조사 기술은 타의 추종을 불허한다. 한 번은 이렇게 물어보았다. "대통령집무실을 기준으로 백악관 퍼팅 그린이 정확히 어디쯤이지?" 몇 분 후 수전은 백악관의 도해를 전하며 이 정도는 누워서 떡먹기라고 큰소리를 쳤다.

아내는 책에 넣을 사진들을 찾고 분류할 때의 인내심도 초인적이었다. 몇 시간씩 쉬지도 않고 주석을 다는 모습은 나로서도 이해하기 어려울 정도다. 아내가 도와주지 않았던들, 이 책에는 주석도 사진도 없었으리라. 나로서는 도저히 불가능하다. 수전은 또한 꼼꼼하게 팩트체크를 하고 독자들의 취향까지 고민했다. 지나친 개념이 있으면 내게 재고해볼 것을 권했다. 행여 오류나 착오, 터무니없는 결론이 남아있다면 그건 온전히 내 책임이다.

기꺼이 시간을 내주어 인터뷰에 응하거나 도와준 학자들, 오바마와 바이든의 참모들께도 감사드린다. 특히 더글러스 브링클리, 로자 브룩스, 마이클 에릭 다이슨, 데이비드 개로우, 지오프리 그리프, 처크 케네디, 랜달 케네디, 리즈 앨런, 데이비드 액셀로드, 케이트 베딩필드, 토니 블링큰, 안 던컨, 테드 카우프만, 빌 루소, 에릭 슐츠, 줄리 스미스, 허비 지스켄드에게 고마움을 전한다. 다른 분들의 도움도 소중했지만 끝내 익명으로 남기를 원했다.

〈워싱턴포스트〉의 동료들에게도 빚을 졌다. 마티 배런은 좋은 글의 기준을 알려주고, 애덤 쿠슈너는 내가 이 프로젝트를 맡도록 허락해주었다. 트레이스 그랜트 또한 내가 샛길로 빠지지 않게 인도해주었다. 그 밖에도 친구들과 동료들이 아이디어와 열정을 제공하고 도움을 주었다. 그 점에 대해서도 론 찰스, 노라 크루그, 데이비드 로웰, 줄리엣 아일페린, 패트리시아 하워드, 카를로스 로자다, 마가렛 설리번, 에디 팔란조에게 고마움을 전한다.

아셰티Hachette의 총명하고 훌륭한 편집장 폴 휘틀래치, 보조편집자 몰리 바이센펠드, 기획편집자 시스카 셰리펠, 교열편집자 에린 그랜빌. 출판 및 마케팅 팀의 미셸 아이엘리, 후아나 핀스커, 마이클 바스, 퀸 패리얼 그리고 출판인 메리 앤 네이플스에게도 감사한다. 라이터스 하우스Writers House의 에이전트 댄 라자의 꾸준한 지원과 예리한 제안과 통찰력에도 고마움을 전한다.

마지막으로, 두 아이 케이티와 벤을 생각할 때마다 미소를 짓는다. 착하고 친절할 뿐 아니라 전문적인 재능까지 겸비했기 때문이다. 이 책을 위해 생생하고 흥미로운 자료들을 많이 만들어주었다. 케이티는 소셜미디어와 비디오 제작을 담당하고 벤은 음악을 만들어주었다.

바이든과 오바마

전설이 된 두 남자의
유쾌하고 감동적인 정치 로맨스

바이든과 오바마

전설이 된 두 남자의
유쾌하고 감동적인 정치 로맨스

스티븐 리빙스턴 지음
조영학 옮김

초판 1쇄 2020년 8월 20일 발행

ISBN 979-11-5706-210-2 (03340)

만든사람들

기획편집	배소라
편집도움	장시중, 오현미
디자인	이준한
마케팅	김성현 김규리
인쇄	한영문화사

펴낸이	김현종
펴낸곳	(주)메디치미디어
경영지원	전선정 김유라
등록일	2008년 8월 20일 제300-2008-76호
주소	서울시 종로구 사직로 9길 22 2층
전화	02-735-3308
팩스	02-735-3309
이메일	medici@medicimedia.co.kr
페이스북	facebook.com/medicimedia
인스타그램	@medicimedia
홈페이지	www.medicimedia.co.kr

이 도서의 국립중앙도서관 출판예정도서목록(CIP)은
서지정보유통지원시스템 홈페이지(http://seoji.nl.go.kr)와
국가자료종합목록시스템(http://www.nl.go.kr/kolisnet)에서
이용하실 수 있습니다. (CIP제어번호: CIP2020032390)